"中国近现代史纲要"课基本问题与教学

詹小美 主编

中山大学出版社
·广州·

版权所有　翻印必究

图书在版编目（CIP）数据

"中国近现代史纲要"课基本问题与教学/詹小美主编．—广州：中山大学出版社，2019.12
ISBN 978-7-306-06775-3

Ⅰ.①中… Ⅱ.①詹… Ⅲ.①中国历史—近现代—教学研究—高等学校　Ⅳ.①K25

中国版本图书馆 CIP 数据核字（2019）第 263357 号

出 版 人：	王天琪
策划编辑：	嵇春霞　廖丽玲
责任编辑：	王　燕　廖丽玲
封面设计：	刘　犇
责任校对：	卢思敏
责任技编：	何雅涛
出版发行：	中山大学出版社
电　　话：	编辑部 020-84111996，84113349，84111997，84110779
	发行部 020-84111998，84111981，84111160
地　　址：	广州市新港西路135号
邮　　编：	510275　　　传　真：020-84036565
网　　址：	http://www.zsup.com.cn　　E-mail：zdcbs@mail.sysu.edu.cn
印 刷 者：	广州一龙印刷有限公司
规　　格：	787mm×1092mm　1/16　15.5印张　230千字
版次印次：	2019年12月第1版　2019年12月第1次印刷
定　　价：	52.00元

如发现本书因印装质量影响阅读，请与出版社发行部联系调换

1. 中华民族共同体意识调研

2016年7月中旬，课题组在青海省海西蒙古族藏族自治州马海村调研

2017年3月下旬，课题组在云南省迪庆藏族自治州香格里拉市
小中甸镇联合村调研（1）

2017年3月下旬，课题组在云南省迪庆藏族自治州香格里拉市小中甸镇联合村调研（2）

2. 社会主义核心价值观调研

课题组在韶关学院调研

课题组在北京师范大学珠海分校调研

课题组在中山大学南方学院调研

课题组在广东西部沿海高速公路营运有限公司调研

3. 香港廉政剧集

《廉政风云》电影海报　　　　　　《廉政行动 2016》电视剧海报

4. 近代史教学与科研剪影

詹小美教授担任"中国近现代史纲要"课基本功大赛评委

"詹小美名师工作室"(简称"名师工作室")研讨会现场

名师工作室研讨会参与人员留影

名师工作室主持人詹小美教授在青海大学举办讲座

名师工作室主持人詹小美教授在喀什大学举办讲座

序　言

　　历史是过去发生的事实，是人类活动在社会发展中的演变。历史学是记载和解释一系列人类活动进程以及历史事件的学科。作为概念的"历史学"，更多地表现为静态时间中所呈现的动态空间，由此凸显为对历史材料进行筛选和组合的知识形式。在对"史"了解的同时，历史教学首先是再现独立于人们意识之外的过往社会的"客观存在"和"发展过程"，然后是对这种"存在和过程"进行规律性的诠释、价值性的阐析和启示性的探讨。

　　"中国近现代史纲要"（以下简称"纲要"）课是全国高等学校本科生必修的思想政治理论课之一。中国的近现代史，是指1840年以来中国的历史。其中，从1840年第一次鸦片战争爆发到1949年中华人民共和国成立前夕的历史，是中国的近代史；1949年中华人民共和国成立以来的历史，是中国的现代史。"纲要"课以中国近现代社会发展的历史演进为主导，以实现教育客体对中国特色社会主义认同为目标，在呈现历史形态和传承集体记忆的同时，寓价值观引导于知识传授之中，因此具有历史课和政治课的双重性质。本书寄望于教学与科研的互相支撑，爬梳贯穿于中国近现代史发展的历史线索和思想脉络，致力于加深高校教师与学生对中国近现代史核心问题的深层理解。

　　中国近现代历史进程中的思想启蒙、中华民族的形成与中华民族共同体意识、历史记忆建构与政治认同、廉政建设与港澳经验借鉴、社会主义核心价值观的价值引领、史论结合的课程教学，构成了《"中国近现代史纲要"课基本问题与教学》的基本内容。

　　以启蒙为开端的中国近现代思想演进，深刻阐释了启蒙同时作为历史现象和文化现象的深层含义，这两种现象的律动开启了旧中国的转型时代。康德认为，启蒙强调了"要有勇气运用你自己的理智"的思想萌芽，而中国近现代历史进程中的马克思主义启蒙、政治启蒙和个人价值启蒙，正是以"自身存在的前提和结果"（马克思语），指谓了特殊历史时期马克思主义在中国的传播、民主思想的萌发和个人意识的觉醒所荟萃的社会历史文化运动。

中华民族的形成与中华民族共同体意识，指涉民族作为具有共同社会特征的人们在历史发展过程中所形成的人类共同体的演化过程，指涉包括56个民族在内的表现在共同文化之上的共同心理素质和特殊的历史文化联系。中华民族的形成与中华民族共同体意识生发的历史共在性、情感共通性和价值共意性，不仅映射了民族共同体演进的历史写照和文化图谱，而且反映了这种存在的共同体意识的能动性。中华民族的历史形成、中华民族共同体意识培育的应然视角、中华民族共同体意识铸牢的文化方略，以"共同精神和情感基础的民族阐析"（泰勒语），指谓了民族共同体形成的历史回溯与中华民族共同体意识铸牢的现实图景。

历史记忆建构与政治认同达致是共同体生活的重要命题。作为共同体成员共享往事的过程与结果，历史记忆建构反映了具有内聚性的社会群体与其前身不可分割的血脉联系；作为政治存在文化延伸的大众心理，政治认同达致则映照了共同体成员政治身份的确认、归属意识的形成和政治自觉的理性。历史记忆建构与政治认同的逻辑共生、历史记忆建构与政治认同的文化自信、历史记忆建构固基政治认同的演进机制，以"内在的原则和灵魂"（黑格尔语），阐发了政治认同达致的逻辑演进、文化意向和内在机制。

廉政意指"廉洁的政治"，指涉由公正廉明的政局、政制、政策和政德所构成的社会结构良性结合与政治发展制度建设的辩证统一。作为社会治理古老而弥新的政治命题，廉政建设强调公正廉明的政治氛围的营造、廉洁高效的政治法律制度的完善、廉洁奉公的政治道德要求的明辨，确保政治清明政策和措施的落地。廉政建设不仅是社会治理的重要内容，而且是党的建设之题中要义。对新中国成立以来内地的廉政建设的介绍，是从改革开放前后两个历史时期中国共产党廉政建设的经验总结入手，包括不同历史时期廉政建设的具体内容、时代特征和政策指向；澳门地区择取以监控公职人员的财产状况、防范利益冲突为重要措施的财产申报制度，具体从制度建设层面来开展廉政建设；香港地区则是通过阐释廉政公署调查、预防、教育三管齐下的防贪策略，聚焦借助"电视剧集"这一传播媒介全方位开展廉政教育。中国共产党廉政建设对重大现实问题的回答与践行、意态和物态相结合的制度建设保证、廉洁社会建设配之以廉洁文化建设的推进方略，在现实性上注解了"城邦建立的目的是达到最高而广泛的'善业'，谋求至高而广泛的'善果'"（亚里士多德语）。

价值引领作为多元语境下价值共识达致的重要手段，由主体抽象、凝练、升华，表达了实践所指涉的运动、方向和过程。作为居主导地位、发挥统摄作用的价值观，社会主义核心价值观的价值引领，以价值目标、价值取向和价值准则的集合，贯穿于社会价值观体系的各领域、各方面和各环节。社会主义核心价值观在中国梦践行场域中的培育、思想政治工作价值引领的实践逻辑、文化强国建设价值引领的实践向度，诠释价值引领在客观关系系统、力量关系构型、主观见之于客观的中介下，推进中国梦认同的对象性活动；阐析价值引领类型、实践推进理路、高校思想政治理论课拓展，聚焦思想政治工作的价值引领问题；探讨文化强国建设价值引领的背景域，切入校园文化建设的关系链，聚合文化建设实践的问题场。以"所有这些认识的环节（步骤、阶段、过程）都是从主体走向客体，受实践检验，并通过这个检验达到真理"（列宁语）的价值阐发，透视新时代价值引领问题。

教育是人的再生产的文化形式。课堂教学与实践教学是历史再现的方式，是教育功能实现的渠道。历史教学中的史学认识和现实价值、"纲要"课的历史教学、"纲要"课教学四种意识的培养，从客观的历史与历史的客观两重性发生之源的诠释出发，映照史学认识与现实价值之间的关系；阐析问题意识的培养、"纲要"课界限的明确、"历史合力论"的内涵，促进教学互动，厘清课程关系，明辨事件背景；探讨通史通识意识的增强、世界视野意识的拓展、民族危机意识的深入、史论结合方法意识的提升，明晰"纲要"课教学的"古""今"贯通、"中""西"交汇、"危""机"并存和"史""论"交融。以"我们是什么，以及我们被引向何方"（华莱士语）的教化培育，在理论阐释中叙述历史，在历史脉络律动中抽象出理论，以此构筑史学认识的价值系统。

詹小美

2019年6月20日

目　　录

第一章　中国近现代历史进程中的思想启蒙 ……………… 1
　第一节　中国近现代历史进程中的政治启蒙 ……………… 2
　　一、资产阶级领导的政治启蒙运动 ………………………… 3
　　二、政治启蒙对中国现代政治文明的影响 ………………… 5
　第二节　中国近现代历史进程中的马克思主义启蒙 ……… 12
　　一、五四后期的启蒙 ………………………………………… 13
　　二、新启蒙运动 ……………………………………………… 15
　　三、马克思主义启蒙 ………………………………………… 19
　第三节　中国近现代历史进程中的个人价值启蒙 ………… 23
　　一、西方个人主义在近代中国启蒙中的传播 ……………… 24
　　二、近代中国启蒙个人主义追求的差异性与复杂性 ……… 28
　　三、个人价值启蒙在中国的演变 …………………………… 30

第二章　中华民族的形成与铸牢中华民族共同体意识 …… 34
　第一节　中华民族的历史形成 ……………………………… 35
　　一、中华民族自在演化的历史分期 ………………………… 36
　　二、中华民族自觉转向的历史流变 ………………………… 40
　　三、中华民族共同体生成发展的历史逻辑 ………………… 45
　第二节　中华民族共同体意识培育的应然视角 …………… 51
　　一、共同体意识表征下的"石榴籽"效应 ………………… 52
　　二、作为共同体意识价值旨趣的"石榴籽"效应 ………… 56
　　三、"石榴籽"效应的培育向度 …………………………… 59

第三节　中华民族共同体意识铸牢的文化方略 ············ 62
　　　一、中华民族共同体意识的文化阐析 ················ 63
　　　二、中华民族与中华民族共同体的关系同构 ············ 67
　　　三、铸牢中华民族共同体意识的文化路径 ············· 71

第三章　历史记忆建构与政治认同 ····················· 75
　　第一节　历史记忆建构与政治认同的逻辑共生 ············ 76
　　　一、历史记忆认同与区分的逻辑归旨 ················ 76
　　　二、历史记忆固基政治认同的逻辑关系 ··············· 81
　　　三、建构历史记忆固基政治认同的逻辑向度 ············ 85
　　第二节　历史记忆建构与政治认同的文化自信 ············ 90
　　　一、历史记忆的认同与区分 ····················· 90
　　　二、认同的承认与归属 ························ 95
　　　三、记忆固基认同的自由与自觉 ·················· 99
　　第三节　历史记忆建构固基政治认同的演进机制 ·········· 104
　　　一、集体记忆系统的内在机制 ··················· 104
　　　二、政治认同系统的内在机制 ··················· 110
　　　三、历史记忆固基政治认同的实现机制 ·············· 115

第四章　廉政建设与港澳经验借鉴 ···················· 119
　　第一节　新中国成立以来的廉政建设 ················ 120
　　　一、新中国成立初期的廉政建设 ·················· 121
　　　二、改革开放以来至党的十八大前的廉政建设 ·········· 125
　　　三、党的十八大以来对廉政建设的决策部署 ··········· 127
　　第二节　澳门公职人员财产申报制度的改革与经验 ········ 137
　　　一、澳门公职人员财产申报制度的设立与改革 ·········· 137
　　　二、澳门公职人员财产申报制度的运作方式 ··········· 141
　　　三、澳门公职人员财产申报制度改革的经验 ··········· 143

第三节　廉政剧集与香港的廉政教育……………………147
　　一、从《静默的革命》到《廉政行动》
　　　　——树立廉署严格执法的正面形象……………148
　　二、润物细无声——寓教于乐的廉政教育手段………151
　　三、真与美的融合——廉政剧集吸引力的来源………155

第五章　社会主义核心价值观的价值引领……………159
　第一节　社会主义核心价值观在中国梦践行场域中的
　　　　　培育…………………………………………160
　　一、社会主义核心价值观的系统结构…………………160
　　二、中国梦践行场域的系统机制………………………165
　　三、中国梦践行系统推进的价值引领…………………168
　第二节　思想政治工作价值引领的实践逻辑……………173
　　一、思想政治工作价值引领的时代境遇………………173
　　二、思想政治工作价值引领的类型……………………178
　　三、思想政治工作价值引领的践行方式………………182
　第三节　文化强国建设价值引领的实践向度……………186
　　一、文化强国建设价值引领的背景域…………………186
　　二、文化强国建设的实践要求…………………………190
　　三、文化强国建设价值引领的践行方略………………195

第六章　史论结合的"中国近现代史纲要"课教学………200
　第一节　历史教学中的史学认识与现实价值……………201
　　一、如何认识历史………………………………………201
　　二、史学认识的功能……………………………………208
　第二节　"中国近现代史纲要"课的历史教学……………210
　　一、培养问题意识，促进"纲要"课教学中的
　　　　互动效果………………………………………210

二、明确"纲要"课界限，厘清其与相关课程的
　　　　区别与联系……………………………………… 212
　　三、以"历史合力论"理论分析"纲要"课教学中的
　　　　事件背景………………………………………… 214
　　四、"细节论证历史逻辑"的方法可以丰富"纲要"课的
　　　　教学手段………………………………………… 216
　第三节　"中国近现代史纲要"课教学中的四种意识 …… 218
　　一、增强"纲要"课教学中的通史通识意识 ………… 219
　　二、拓展"纲要"课教学中的世界视野意识 ………… 222
　　三、明确"纲要"课教学中的民族危机意识 ………… 225
　　四、提升"纲要"课教学中史实和理论结合的方法
　　　　意识………………………………………………… 227

后记…………………………………………………………… 231

第一章　中国近现代历史进程中的思想启蒙

作为一种历史文化现象，启蒙泛指普及新知，使社会接受新事物，摆脱愚昧和迷信；作为一种思想潮流，"要有勇气运用你自己的理智！这就是启蒙运动的口号"①。在现代汉语中，"启蒙"之意首先源于古汉语的词源语义，即"开启蒙昧"，指人生教育的最初阶段和某一方面知识的初步传授；然后是转译含义，即英文"enlightment"一词所包含的阐明、澄清和照亮。由此出发，启蒙所内蕴的启发和启示，具有引导人们从黑暗走向光明，从遮蔽走向揭示，从愚昧走向智慧的含义。

中国近代启蒙时期大体指的是从1890年前后至20世纪20年代，著名学者张灏将1895年至1924年归为中国思想史上由古典走向现代的转型时代。"此清末民初中西文化激荡的三十年，亦即近代中国的启蒙时代。"②《中国近现代史纲要》第二章和第三章，以戊戌变法和辛亥革命思想启蒙的历史叙事，聚焦了"对国家出路的早期探索"和"君主专制制度的终结"。第四章"开天辟地的大事变"更是以思想启蒙的历史性转变、中国共产党的诞生、中国革命新局面的开创，描绘出思想启蒙所触发的"翻天覆地的三十年"。由此出发，中国近现代历史进程中的思想启蒙以政治启蒙、马克思主义启蒙、个人价值

---

① ［德］康德：《历史理性批判文集》，何兆武译，商务印书馆1990年版，第22页。

② 高力克：《五四的思想世界》，学林出版社2003年版，自序第1页。

启蒙的总体汇聚，构成了"纲要"课教学与研究的重要内容。

第一节 中国近现代历史进程中的政治启蒙

"启蒙"一词在汉语中的呈现，最早见于《风俗通义·皇霸·六国》："每辄挫衄，亦足以祛蔽启蒙矣。"启蒙的最初含义强调从自己常常遇到的挫折和失败中得到教益，从而改正缺点；而启蒙的深刻含义与现实诉求则使政治启蒙既包括文化启蒙，又包括思想启蒙。中国近现代历史进程中的政治启蒙，既有原生的中华文化的继承和发展，又有新增加的西方文化的导入和影响；不仅指涉通过传播新知识、新观念，使人们摆脱愚昧和迷信，而且指涉引入资本主义上升时期的进步思想和西方资产阶级反封建、反愚昧的民主思想对理性的张扬。

作为近代启蒙的重要阶段，戊戌和辛亥时期启蒙运动的发展轨迹与基本诉求，反映了现代政治文明在近代中国的初萌。启蒙与政治运动紧密相连、互相促进，在现实性上表征了政治启蒙无不与民族危机的日益加深密切相关。"救亡式启蒙"与现实政治运动的互构，"可以说是火借风力，风助火势"，只有将"救亡式启蒙"寓于现实政治运动的律动中，"才能形成一场规模宏大、影响深远的运动"①。尽管部分学者曾经将"新文化运动"和"五四运动"分别阐述为文化性和政治性的主导，但更多的学者描绘了"中国的文艺复兴运动不仅在发展方向上走向了政治解决之路，它的实际成效，也落实在政治上"的社会图谱②，进而论证了两者作为政治启蒙运动的同在性。

---

① 李慎之：《不能忘记的新启蒙》，载《炎黄春秋》2003年第3期，第12页。
② 罗志田：《走向"政治解决"的"中国文艺复兴"——五四前后思想文化运动与政治运动的关系》，载《近代史研究》1996年第4期，第152页。

一、资产阶级领导的政治启蒙运动

（一）政治启蒙的肇始

18世纪的西方启蒙思想家，对启蒙与现实政治运动的讨论主要围绕启蒙与法国大革命的关系，他们争论启蒙是革命的准备还是避免革命的最好方式。在近代中国，资产阶级领导的戊戌变法、辛亥革命等政治运动本身就是启蒙运动，由于缺乏以欧洲"精神个体"生成的商业社会为基础的精神文化背景，在政治运动中移植的西方人文主义只能是政治式启蒙话语。所以，近代中国的政治启蒙指的是资产阶级在反对封建专制统治，追求君主立宪和民主共和制度的政治运动中，西方启蒙后逐步确立的与资产阶级民主政治制度相关的现代民主观念在中国的广泛传播，其中以民主的国体、政体问题为主，戊戌和辛亥时期的政治启蒙是近代启蒙的重要阶段。

戊戌维新运动是中国近代史上重要的政治变革和思想启蒙运动。1895年清政府在中日甲午战争中的失败使中国自强求富的努力化为泡影；接踵而至的帝国主义瓜分中国的狂潮，使得每个爱国的知识分子不得不思考更为有效的救国途径。"百日维新"前，康有为、梁启超、谭嗣同、严复等以《国闻报》《时务报》作为宣传维新变法的阵地，翻译出版了一系列政论文章和《天演论》等著作，大力介绍了西方资本主义国家的政治、经济、思想文化等方面的情况，宣传了资产阶级民主思想，对封建专制统治进行了尖锐的抨击，为维新变法进行了舆论上的准备。同时，这些宣传也起到了开启"民智"、解放思想、反对封建蒙昧主义和权威主义的思想启蒙作用。变法失败后，从反思戊戌变法失败的角度出发，启蒙思想家们注重破除民众的奴隶性，呼吁培养具有独立自由品格的现代国民。新民思想的广泛传播，使戊戌启蒙运动大大向前推进。

戊戌之后，资产阶级革命派领导的辛亥革命不仅在政治上推翻了清朝，结束了封建帝制，而且在思想上也是一次划时代的启蒙运动，这集中表现在资产阶级革命运动中民主思想的深入人心,资产阶级民主主义使部分中国人萌发现代民主意识,开始意识到自身享有的各项权利,进而积极参与政治,为民主共和而奋斗。辛亥时期的政治启蒙较多地体现在思想家们对"国"的新构想,呼吁将专制集权式的"皇权"转变为民主参政式的"共和";同时也包括对"民"的新思考,提出要将奴隶式的"臣民"转化成主人式的"国民"。启蒙抓住了问题的本质,因为只有了近代化的新国民,才有可能去追求真正的"民主共和"的新国家。辛亥革命前后,启蒙越来越明确地向专制主义政治统治和封建文化发出挑战,在社会各阶层中都有了相当的影响,甚至武昌义旗一举,连最保守的士绅、旧官僚们都能很快云起响应。这一现象恐怕不能只用"见风使舵"来解释,启蒙所实现的思想观念的转变显而易见,所以陈独秀认为中国用"德先生"(democrocy,"民主"的音译)废了君主。辛亥革命时期的民主思想启蒙为近代中国的民主政治建设奠定了一块坚实的基石。

(二) 政治启蒙的发展

从知识启蒙到政治启蒙,近代启蒙与后发现代化国家强烈的国富民强诉求息息相关。政治启蒙与政治运动不仅在目标指向上趋于一致,就是在具体的实践中,启蒙运动与政治活动也有相当大的重合,启蒙在很大程度上以政治变革的思想宣传面目出现。但是,启蒙与政治的关系是复杂的,康德的一位追随者约翰·亚当·贝克曾这样论述启蒙与革命的关系:"如果一个民族处于道德启蒙的这个水平上,无所畏惧地按照普遍有效的法则来判断对错,那么对人的权利的不断冒犯就会导致革命。这个民族了解它的责任和权利,它知道应该要求什么和可以要求什么。……只要有一丁点儿的冒犯,这个民族就准备发起革命,因为它对正确与错误的敏感已经变得尖锐,而且甚至因为不公正的磨难而被激活。"① 可见，他认为启蒙必须领先于每一场革命，启蒙是一切政治革命的根源，只有当启蒙发展到个人和民族能够认识到权利和责任的时候，革命才有可能出现。在他看来，个人在启蒙与革命的关系中扮演了十分重要的角色，尤其是对个人的道德水平有所要求，只有发展到人性层面的种种不公正已经成为施加于人的负担，并被具有了自由精神、自主意识、独立人格的个体意识和感觉到，革命才会随之而来。在近代中国，政治启蒙显然还没有为革命做好这样的准备，启蒙必须要发展到更深刻的主要指向道德层面的价值启蒙。

近代视域下，中国人从"天朝上国"的迷梦中清醒，重新认识自己、改变自己，向先进国家学习，救亡图存，映照着政治启蒙发展的历史进程。由于在实践中一再碰壁，故一些先进的中国知识分子提出："欲图根本之救亡"须引入更深刻的思想启蒙。"他们决心发动一场新的启蒙运动，以期廓清蒙昧、启发理智，使人们从封建思想的束缚中解放出来。"② 以资产阶级民主主义的新文化反对封建主义的旧文化，新文化运动对"德先生"和"赛先生"的推崇，以及作为新文化运动第二阶段的"五四启蒙"，就是一场旨在为革命"补课"的"后政治启蒙"③。同时，启蒙也在政治运动中留下了丰硕的果实。近代中国启蒙的特殊性，使启蒙与政治运动紧密相连、互相促进，掀开了近代中国政治文明发展的新篇章。

二、政治启蒙对中国现代政治文明的影响

政治文明是人类改造社会及自身所获得的积极的政治成果，是人

---

① ［美］约翰·亚当·贝克：《启蒙导致革命吗？》，见［美］施密特《启蒙运动与现代性：18世纪与20世纪的对话》，徐向东、卢华萍译，上海人民出版社2005年版，第235页。
② 本书编写组：《中国近现代史纲要》，高等教育出版社2018年版，第99页。
③ ［美］微拉·施瓦支：《中国的启蒙运动——知识分子与五四遗产》，李国英、陈琼、李声笑等译，山西人民出版社1989年版，第376－380页。

类政治生活的进步状态。现代政治文明包括政治文明意识、政治文明制度、政治文明行为等。现代政治文明以民主政治制度为基础,以现代民众主体意识作为社会文化心理支撑及内驱力。政治文明既是人们政治观念的更新,更是政治规范的改进和社会政治制度的良性运作。因此,近代政治启蒙中对封建专制主义的批判,对民主制度的向往,对新国民的呼唤,对现代国民取代封建臣民的企盼,正是中国人对现代政治文明追求的初萌,反映了近代中国人的政治精神与政治行为的深刻变化,以及中国走向现代化的发展趋向。

(一) 现代民主政治的觉悟

对民主的追求是现代政治发展的根本趋向,政治文明体现着以民主为核心的实践价值和运行机制。在西方,现代民主政治制度的建立是启蒙运动的必然延伸,西方近代启蒙不仅否定宗教神性,确立个人主体意识,而且还有民主政治制度的建构。资产阶级民主政治制度的确立是启蒙规划的现代文明在政治方面的重要体现。

鸦片战争后的半个世纪中,中国传统的天下观被打破,中国先进知识分子逐渐接受来自西方的民主主义观念,开始对封建国家和君主制有了清楚的认识并进行了深刻的批判。早期改良派思想家郑观应的一段话最具代表性:"故欲行公法,莫要于张国势;欲张国势,莫要于得民心;欲得民心,莫要于通下情;欲通下情,莫要于设议院。"[①]郑观应是中国近代大胆批评封建专制,介绍西方资本主义民主制度,明确提出实行君主立宪要求的第一人。戊戌时期,维新派的变法主张已经触及封建专制统治的根本,明确"变法之本,在育人才;人才之兴,在开学校;学校之立,在变科举;而一切要其大成,在变官制"[②]。变官制就是要改革封建专制政体,目标直指确立君主立宪制

[①] 郑观应:《议院上》,见丁守和《中国近代启蒙思潮》上卷,社会科学文献出版社1999年版,第143页。

[②] 梁启超:《论变法不知本原之害》,见梁启超《变法通议》,华夏出版社2002年版,第24页。

的资产阶级民主政治制度。虽然在政治实践中，改革是不断妥协的，宪法的宗旨被限定在"君民合治"上，争民权始终和维护君权连在一起，但就启蒙而言，戊戌的变法主张是对长期以来绝对不可动摇的"祖宗大法"的改变，无论其实际改革效果如何，政治启蒙使人们的思想开始跳出对传统自觉服膺的窠臼，挑战权威，消解一元和绝对，开始了由封建专制统治下的蒙昧走向对现代政治文明的觉悟。

百日维新失败后，虽然维新思想家在政治实践的态度上有不同的变化，但对封建专制制度的批判，对民主政治制度的追求，仍旧是这一时期启蒙的主旨。严复在20世纪初翻译介绍了大量西方资产阶级社会政治学说，继《天演论》之后，《原富》《群学肄言》《群己权界论》《社会通诠》《法意》等陆续出版，大力宣传了资产阶级民主制度，认为中国富强的首要条件就是使民众获得自由，享有各项权利，疾呼"吾未见其民不自由者，其国可以自由也"。梁启超流亡日本后主编的《清议报》和《新民丛报》对西方的政治、经济、法律、哲学、文学、教育、道德、历史、地理、自然科学、著名人物及其学说的广泛介绍评论，在当时颇有影响。他热情宣传民主政治制度和自由权利，"自由者，权利之表征也。凡人所以为人者有二大要件，一曰生命，二曰权利。二者缺一，时乃非人。故自由者，亦精神界之生命也"①。主张"誓起民权移旧俗"，以民权兴国权，实现由君主专制的封建王朝观向"主权在民"的资产阶级国家观的转变，明确所谓国在于"有主权，有服从，人人皆主权者，人人皆服从者。夫如是，斯谓之完全成立之国"②。

辛亥时期，资产阶级革命派对封建专制制度的揭露更加尖锐，专制统治被指如同一座大监狱，"监牢之刻，狱吏之惨，犹非笔墨所形

---

① 梁启超：《十种德性相反相成义》，见梁启超《梁启超清华大学演讲录·为学与做人》，东方出版社2015年版，第26－27页。
② 梁启超：《自立：梁启超论人生》，九州出版社2012年版，第53页。

容，即比以九幽十八狱，恐亦有过之无不及"①。同时，革命派依据西方近代资产阶级国家学说、法权学说以及进化论的观点在理论上论证封建君主政体的不合理性和建立民主共和国的必然性；在资产阶级共和国的方案中详细论述国民应享有的自由、平等等权利。革命派借用《民约论》的观点宣传自由、民主、平等是上天赋予每个人的权利，"暴君不能压，酷吏不能侵，父母不能夺，朋友不能僭"②。推翻封建专制，"扫除数千年种种之专制政体"，建立民主共和国，"以收回我天赋之权利，以挽回我有生以来之自由，以购取人人平等之幸福"③。1903年，邹容在《革命军》中提出推翻清廷，建立"中华共和国"，满怀激情地高呼："'中华共和国'万岁！"辛亥革命胜利后，中华民国临时政府成立，颁布了完整意义上的共和国宪法《中华民国临时约法》，其核心是从根本上将封建时代的"家天下"变为近代意义上的"公天下"，国家不再属于帝王个人，而属于全体人民。

从戊戌变法到辛亥革命，维新派和革命派在资产阶级政治活动中对民主政治制度的启蒙宣传，是摆脱封建专制文化束缚、追求近代民主政治文化的反映，是封建专制社会向近代民主社会演进的体现。政治启蒙带来的思想观念的变化使得以民主政治制度为核心价值的政治文明广泛传播，逐步深入人心，启蒙为政治文明在近代中国的推进奠定了坚实的思想基础，其本身也成为现代政治文明推进的重要体现。

（二）民众主体意识的觉醒

构成民主政治的最基本单位是公民，民众主体意识的启蒙与发展是作为政治主体的人的政治精神与政治行为的合理化与现代化，是现

---

① 邹容：《革命军》，见周永林《邹容文集》，重庆出版社1983年版，第52页。
② 佚名：《说国民》，见丁守和《中国近代启蒙思潮》上卷，社会科学文献出版社1999年版，第310页。
③ 邹容：《革命军》，见丁守和《中国近代启蒙思潮》上卷，社会科学文献出版社1999年版，第379页。

代政治文明不可或缺的组成部分,是现代政治文明真正实现的重要社会心理基础。近代政治启蒙所指向的民众主体意识的觉醒主要是公民自身关于权利和义务的自我意识和自我认同,体现为主人意识和权利意识,即公民对自己在国家中的主人身份,公民作为国家的主人和独立自主的个人对应享有的各项权利的认同和感知。

传统专制王朝中的民众是没有独立人格的奴隶性的臣民,现代民主国家的民众是遵守法律、享有权利和履行义务的公民,封建臣属关系被权利义务关系取代,反映了现代社会深刻变迁的政治要求。戊戌时期,严复率先提出"鼓民力""开民智""新民德"的启蒙思想。戊戌维新失败后,启蒙思想家从反思变法失败的角度开始新一轮的启蒙,从对民主政治制度的鼓吹转向突出个体在社会改造中的作用,注重提高个体的综合素质。梁启超认为,传统的专制制度造就了毫无独立自由人格的臣民,这些臣民事实上处于奴隶状态,只知服从,不知自由独立为何物,更不会独立思考和行动。他们服从皇帝,服从古人,服从世俗的成见,不会思考,不会怀疑,在几千年专制统治之下,日积月累积淀成一种奴隶性却浑然不觉。自由是个人摆脱奴隶性的个体精神生命,是现代国民的基本要素。新民要树立权利思想,敢于认定自己的权利,敢于争取自己的权利。国家或政府,必须承认国民的权利,保护国民的权利。他竭力宣扬"为政治家者,以勿摧压权利思想为第一义;为教育家者,以养成权利思想为第一义;为一私人者无论士焉农焉工焉商焉男焉女焉,各以自坚持权利思想为第一义"[①]。康有为尖锐地批判尊卑贵贱的封建宗法等级制度,抨击使人不得自由的君主专制制度,他将个人所享有的"自由、平等"宣称为"几何公理",在康有为看来,"凡人皆天生,不论男女,人人皆有天与之体,即有自立之权,上隶于天,人尽平等,无形体之异

---

① 梁启超:《新民说:少年中国的国民性改造方案》,中州古籍出版社1998年版,第96页。

也"，人"各为一身，各有自立自主自由之人权则一也"①。被誉为"中国自由主义之父"的严复说："夫自由一言，真中国历古圣贤之所深畏，而从未尝立以为教者也。"② 封建统治者"深畏自由"，专讲"恕道""矩"，实际上是提倡"去我"，消弭自我意识，使人们成为没有思想的奴隶，以利于他们的专制统治。所以，中西之间的差异就是"自由不自由异耳"，严复疾呼"民之自由，天之所界也"。当然，个体的独立自由并非那一代启蒙思想家追求的终极目标，个体独立自由的价值在于它能带来国家的独立自由，独立自由的国民是救亡图存的有效工具。即便如此，启蒙打开了整体向个体开放的缺口，是对儒家传统"整体至上"观念的猛烈冲击，其意义在于引进自由、独立的西方启蒙观念，强调个体思想的自由、独立，其前提是每个人都有"我物我格"的独立思考能力，这种能力就是启蒙追求的理性。近代启蒙思想使中国人第一次有了独立自由的个体的人的观念，为现代民众主体意识的萌发奠定了坚实的基础。

辛亥革命时期的政治家和思想家更加激烈地反对封建专制统治，主张建立资产阶级共和国，国家属于拥有自由、平等、独立权利的新国民。思想家们从关注议会、立宪、共和这些上层建筑转而更加关注民主的真正载体——民众。邹容等革命党人开始提出"国民"的新概念，呼吁大力培养新国民，引起了全社会的重视，成为舆论宣传的中心。"何谓国民？曰：天使吾为民而吾能尽其为民者也。何为奴隶？曰：天使吾为民而卒不成其为民者也。故奴隶无权利，而国民有权利；奴隶无责任，而国民有责任；奴隶甘压制，而国民喜自由；奴隶尚尊卑，而国民言平等；奴隶好依傍，而国民尚独立。"强调"无权利者，非国民也""无自由之精神者，非国民也""不平等者，非

---

① 康有为：《大同书：传统外衣下的近世理想国》，中州古籍出版社1998年版，第172-173页。
② 梁启超等：《国学大师谈国学》，国家行政学院出版社2015年版，第284页。

国民也"①。邹容明确指出:"国民者,有自治之才力,有独立之性质,有参政之公权,有自由之幸福,无论所执何业而皆得为完全无缺之人。"② 可见,国民应该拥有人身自由权和参政权;国民应担负起一个公民对国家应负的职责;国民拥有保证自己在法律允许范围内的行动自由和为真理而斗争的精神自由;公民有平等权,人人有合法的生存权和自由竞争权。无论是在官民之间、男女之间,还是在夫妻之间、父母之间,人与人之间都是平等的。这样,"一国之内无一人不得其平,举国之人无一人不得其所"。所以,"不平等者,非国民也"。新的国民是自立的而非盲从的,是自主的而非随意的。"不独立者,非国民也。"邹容等人心目中的国民,并非一般的民众,更不是中国古代的"臣民"或"奴隶",而是有民族意识、国家观念、参政能力、道德修养、知识水准的现代公民,是民主政治建设的主体。辛亥革命后,公民权利第一次被写进国家的根本大法——《中华民国临时约法》中。当然,在近代中国,新国民的培养是一个相当复杂的社会问题,它是多方面因素长期交织运作的结果,取决于经济的发展和人民生活水平的提高,从当时来看是很难实现的。所以,辛亥时期关于新国民思考的意义主要还是体现在思想启蒙上,由封建臣民转变为现代公民,这是中国政治启蒙的重要内容,也是政治文明建设的前提和核心所在。

综上所述,中国近代的政治启蒙是反对封建专制政治统治的思想解放运动,是传统社会向现代社会转型的重要转折点和精神支柱,政治启蒙所追求的民众对现代民主政治制度的觉悟和现代民众主体意识的觉醒正是启蒙规划的现代政治文明的重要标志。如果说,近代启蒙始终遵循这样的逻辑,通过对封建专制制度及思想文化的不断冲击、改造,培养具有自由、平等、民主、理性等近代思想观念的新国民,

---

① 佚名:《说国民》,见丁守和《中国近代启蒙思潮》上卷,社会科学文献出版社1999年版,第310-311页。

② 邹容:《革命军》,见丁守和《中国近代启蒙思潮》上卷,社会科学文献出版社1999年版,第382页。

从而建立一个富强民主的中国,那么,启蒙与政治文明之路就通向一个共同的目标:中国走出封建王朝的统治,成为独立富强的现代民族国家;臣民摆脱奴隶性的束缚,成为积极参与政治,享有各项权利,自由、平等、独立的现代公民。在近代中国,启蒙与现实政治密切相连,思想运动与政治运动时常合流。启蒙既启个性之蒙,也寻求国家的独立富强;既是思想变革的需要,也是政治制度变革的需要;既具有文化意义,也具有社会意义。

第二节 中国近现代历史进程中的马克思主义启蒙

五四运动开启了中国近现代政治启蒙的主流向马克思主义启蒙、社会主义启蒙的历史性转变。五四启蒙后期,由资产阶级启蒙向马克思主义启蒙的结构性转变,深受近代以来马克思主义在中国传播的广泛影响,反映了中国社会深刻的历史变迁和思想律动。而勃发在20世纪30年代,有意识地承接五四启蒙的新启蒙运动,在本质上是一场以马克思主义新哲学为指导的启蒙运动。

马克思主义启蒙,是不同于近代以来的资产阶级启蒙的另一种启蒙,是更高层次、更深意义上的启蒙,是中国近代社会思想变革和社会变革的共同需要;马克思主义启蒙既具有文化意义,也具有社会意义,启蒙的目的既在于社会的解放,也在于个人的解放。在马克思主义的指导下,启蒙不但以资产阶级民主思想启封建专制主义之蒙,而且启资产阶级旧民主思想的局限之蒙。马克思主义启蒙在把握历史趋势的基础上,将人民大众作为实践的主体,将思想运动与社会政治运动相结合,赋予人们直面现实、改造现实的勇气。

第一章 中国近现代历史进程中的思想启蒙

一、五四后期的启蒙

(一) 资产阶级启蒙向马克思主义启蒙转变

新文化运动是中国近代以来启蒙运动的一个高潮。但五四运动以后,新文化运动阵营发生了分裂,信仰马克思主义的知识分子与向往西方文明的人士分道扬镳,这种状况不能不对中国启蒙运动的发展产生影响。

中国启蒙思想家最初是对西方资本主义文明顶礼膜拜的,他们相信,西方的民主与科学是推动中国现代化的文化旗帜,并以此为评估、审视一切价值的仲裁标准,认为中国启蒙运动的根本任务是摆脱封建蒙昧——只要把民众从封建蒙昧的枷锁中解放出来,中国社会的所有问题包括日益深重的民族危机就可以迎刃而解。但是,近代以来,中国启蒙运动的先驱们始终处于启蒙的文化危机中,从欧洲拿来的资产阶级启蒙思想在中国很难找到坚实的可以依托的社会载体;而且由于西方资产阶级启蒙思想是与处于上升阶段的资产阶级紧密相连的,资本主义在经过一百年的发展演化后,到 19 世纪末 20 世纪初已经表现出殖民时代的种种特征,西方文化危相毕露,西方思想家掀起了一股质疑和批判现代文明的思潮;与此同时,巴黎和会上的失败使中国的亲西方派经历了一场幻灭,不可避免地引发了知识分子对西方文化的信任危机,动摇了他们对西方文明的信念。所以,十月革命和五四运动之后,马克思主义一下子从各种新思潮中脱颖而出,渐成趋势,蔡元培说:"俄国多数派政府成立以后,介绍马克思学说的人多起来了,在日刊、月刊中,常常看见这一类的题目。"[①] 1919 年前后,李大钊发表《法俄革命之比较观》和《我的马克思主义观》,马克思主义开始在中国传播,国内掀起了以马克思主义启蒙国人的新浪潮。正如毛泽东指出的,"马克思列宁主义来到中国之所以发生这样大的

---

① 高平叔:《蔡元培政治论著》,河北人民出版社 1985 年版,第 197 页。

作用，是因为中国的社会条件有了这种需要，是因为同中国人民革命的实践发生了联系"①。马克思主义的传播使新文化运动的倡导者自身获得了新的觉醒、新的认识，思想发生了新的飞跃，他们中的许多人开始抛弃西方资产阶级的社会政治理论和对共和民主政治的追求，逐渐由激进的民主派转变为中国第一代共产主义者，新文化运动也由旧民主主义开始转向新民主主义，启蒙开始具有社会主义性质，为无产阶级和劳动人民的觉醒而进行新的努力。

（二）五四启蒙对民主和科学精神的进一步宣扬

五四运动的一些代表人物，在接受了马克思主义之后，对五四启蒙宣扬的民主和科学精神等有了新的和更进一步的认识。1920年，陈独秀对自由主义做了阶级分析，指出："资本家利用自由主义，大家自由贸易起来，自由办起实业来，自由虐待劳动者，自由把社会的资本集中到少数私人手里，于是渐渐自由造成了自由的资本阶级，渐渐自由造成了近代资本主义自由的国家。"② 所以，工人阶级要建立劳动阶级专政即劳动阶级国家，亦即劳动者所需要的民主政治制度。李大钊号召建立"自由集合的国民大会"来制约军阀所控制的"国民大会"和南北政府，并"本着自由、平等、博爱、互助、劳工神圣诸大精神，发布一种神圣的民权宣言"③。就科学及科学精神而言，起初主要是指西方的自然科学及其研究方法，现在转变为中国早期的马克思主义者用辩证唯物主义和历史唯物主义观点观察社会问题。李大钊说，"经济问题的解决，是根本解决"，但如不用"阶级竞争说"这个学理做工具，"那经济的革命，恐怕永远不能实现"④。就启蒙价值而言，新文化运动争取的是西方个人主义的个性解放，现在社会主

---

① 《毛泽东选集》第4卷，人民出版社1991年版，第1515页。
② 陈独秀：《谈政治》，载《新青年》1920年第8卷第1号。
③ 李大钊：《要自由集合的国民大会》，载《晨报》1920年8月17日。
④ 李大钊：《再论问题与主义》，见李剑霞《李大钊散文》，上海科学技术文献出版社2013年版，第157页。

义成为资本主义制度和个人主义的对照,社会主义是最好的道德价值的体现。李大钊认为:"一切形式的社会主义的根萌,都纯粹是伦理的。协合与友谊,就是人类社会生活的普遍法则。""社会主义者共同一致认定的基础,……就是协和、友谊、互助、博爱的精神。"①"我们相信人间的关系,只是一个'爱'字。""博爱的生活,是无差别的生活,是平等的生活。"②李大钊的这一思想在知识分子中是具有普遍性的,从道德理想的层面体认社会主义成为启蒙新的价值坐标。

由此可见,当新文化运动的倡导者由资产阶级民主派转变为共产主义者时,他们所使用的启蒙武器已由资产阶级社会政治理论转换为马克思主义,他们所追求的目标已由"法兰西文明"转换为"以俄为师",资产阶级启蒙转换为社会主义、马克思主义的启蒙,近代以来的启蒙运动发展到性质不同的又一个新阶段,马克思主义成为启蒙的指导思想,思想运动和社会政治运动结合,个人解放与社会解放、阶级解放结合,这不仅是一种启蒙,而且是更高层次、更深意义上的启蒙。

二、新启蒙运动

首先,新启蒙运动的倡导者陈伯达认为,"启蒙"和"启蒙运动"并不属于"市民"专有的范畴,"启蒙"的历史意义是文化的民主主义。不能把民主主义当成"市民"的"专有","市民"对启蒙、对民主的理解,时常是很狭隘的,他们最容易在私利的情况下,成为启蒙事业的变节者,尽管法国市民的启蒙运动曾是伟大的文化革命运动,尽管法国市民领导下的民主革命曾经是大革命。在某种历史

---

① 李大钊:《阶级竞争与互助》,见刘东《近代名人文库精萃·李大钊》,太白文艺出版社2013年版,第32页。
② 李大钊:《双十字上的新生活》,见刘东《近代名人文库精萃·李大钊》,太白文艺出版社2013年版,第77–78页。

的情势之下，启蒙事业恰如在政治上一样，只好由另一种历史掌舵人来引路，来担待。在这种新的历史情势之下，新启蒙运动显然不是法国启蒙运动之简单的再版①。20世纪30年代的新启蒙运动就是一场由无产阶级"掌舵"的启蒙运动，马克思主义成为新启蒙运动的指导思想，"新哲学者乃是目前新启蒙运动的主力，动的逻辑之具体的应用，将成为目前新启蒙运动的中心，而且一切问题，将要借助于动的逻辑，才能作最后合理的解决"②。新启蒙倡导者认为，"在内容上，中国的新启蒙运动不但要更深入，更批判，不但要与救亡运动相配应，更是民族的。以前的启蒙运动还有一个特点是个人主义，这在今日也必然要变成大众的，集体的，而且是建设的。而其主导的哲学，也要比18世纪的更进一步。应是由经验论变到逻辑经验论，由唯物论进到辩证唯物论"③。

新启蒙运动在"启蒙"之前冠以"新"字，自然是为了显示它与五四启蒙的特殊关系，新启蒙倡导者不仅要求承接五四未竟的使命，更要求超越五四，在传承五四批判精神的同时，用马克思主义改造中国启蒙运动，积极构建中国的新文化。胡绳指出，"今日的文化运动一定要彻底地解决'五四'时代所提出来的而没有被彻底解决的一切问题，但也一定要扬弃'五四'时代处理问题的态度——唯物论与动的逻辑是今日的文化运动的坚实的基础"④。对于五四启蒙时期大力提倡的个人主义，新启蒙倡导者虽然明确认识到其重要性，但还是不赞同个人主义，更有甚者旗帜鲜明地站在个人主义的对立面，"新启蒙运动就认为这是非反对不可的"。因为与五四启蒙相比，启蒙者认为时代不同了，个人主义已不适用于大时代了。"只有民族

---

① 陈伯达：《思想的自由与自由的思想》，载《认识月刊》创刊号1937年6月15日。

② 陈伯达：《论新启蒙运动》，载《新世纪》1936年第1卷第2期。

③ 张申府：《什么是新启蒙运动》，生活·读书·新知三联书店2014年版，第13页。

④ 胡绳：《五四运动论》，见《胡绳全书》第1卷下，人民出版社1998年版，第41页。

独立、社会发展、世界大同，民众才能过着真正平等博爱的生活。"①取代个人主义的是社会主义、集体主义。"社会主义就是为社会而努力奋斗的高尚主义，这不是比那自私自利的个人主义更纯洁得多吗？""希望大家都能成为高尚纯洁的社会主义者。"② 新启蒙运动需要"提倡集体主义"，提倡文化运动的集体的合作，"新启蒙运动对于读者大众是提倡集体研究，因为集体研究对于学问的进步大有好处"③。

其次，新启蒙者认为，"'五四'时代的启蒙运动，实在不够深入，不够广泛，不够批判"④，"它的失败，因为基础是建筑在少数人的阶层上，所解放出来的，是一群懦弱的、妥协的、无组织力量的中产阶级，而广大的农工群众并没有受到新思潮的恩惠，他们没有力量支持中产阶级，完成这个运动的历史使命"⑤。陈伯达也认为五四运动具有狭隘性，五四运动的领导们脱离群众，甚至鄙薄大众，故而"一般勤苦人民的力量还不够壮大"，"五四的反儒教运动，不是做得太过火，而是还做得不够，还不够广泛，还不够深刻"⑥，针对五四运动的不足和缺点，新启蒙运动就要更加深入民间，反封建反得更彻底、更深刻。

最后，新启蒙运动时期宣扬的民主具有鲜明的阶级性，具有五四时期民主所不能涵盖的内容，"因为'时代'和'撑舵者'的不同，

---

① 陈亚杰：《当代中国意识形态的起源》，转引自陈唯实《抗战与新启蒙运动》，扬子江出版社1938年版，第33页。

② 陈亚杰：《当代中国意识形态的起源》，转引自陈唯实《抗战与新启蒙运动》，扬子江出版社1938年版，第35页。

③ 陈亚杰：《当代中国意识形态的起源》，转引自陈唯实《抗战与新启蒙运动》，扬子江出版社1938年版，第43页。

④ 张申府：《什么是新启蒙运动》，生活·读书·新知三联书店2014年版，第6—7页。

⑤ 齐伯岩：《五四运动与新启蒙运动》，载《读书月报》1937年第2期。

⑥ 陈伯达：《论五四新文化运动》，载《认识月刊》创刊号1937年6月15日。

口号的内容也完全不同了","'五四'时代所提倡的民主主义,'撑舵者'是民族资产阶级。他们要解放的,能受到'民主'恩惠的,也不过是他们的一个阶级而已。现在我们需要的民主,是解放全民族的民主主义,'撑舵者'是绝对多数的阶级"①。新启蒙运动主张的民主已经具有人民民主的意义。同时,新启蒙运动的"新"即在于它是由"新哲学者",即信仰辩证唯物主义的哲学者,亦即马克思列宁主义者发动的,所以"对于以前的一些启蒙运动,也显然有所不同"②。这个"新","是表示它是过去启蒙运动的综合,经过扬弃的作用,已把启蒙工作,提高到一个新的阶段了"③。归根结底,五四启蒙是以资产阶级民主思想"启"中国传统的封建专制主义所驾驭人民之"蒙",而新启蒙则以无产阶级的新哲学、新思想"启"传统封建文化之"蒙","启"五四时期资产阶级旧民主主义思想所加于人民之"蒙"。

新启蒙倡导者指出:"中国新启蒙运动的发生,除了历史的相因外,至少可说是由于七种必要。一是民族自觉的必要,二是思想解放的必要,三是中西文化结合的必要,四是新知识新思想(新哲学新科学等)普及的必要,五是铲除残余的封建恶流的必要,六是推进民主政治的必要,七是救亡运动转向及扩大的必要。"④ 新启蒙运动补正和超越五四之"新",在于它是由马克思主义和理性主义、民主主义、自由主义及爱国主义结盟的反帝反封建联合战线;它主张以辩证唯物主义和历史唯物主义的理论和方法进行一场文化更新,它以大众的启蒙代替市民的启蒙,旨在通过新思想新文化的普及而达到民族的自觉。它证明,以马克思主义为指导的启蒙成为中国启蒙运动史上

---

① 齐伯岩:《五四运动与新启蒙运动》,载《读书月报》1937年第2期。
② 张申府:《什么是新启蒙运动》,生活·读书·新知三联书店2014年版,第6页。
③ 何干之:《近代中国启蒙运动史》,生活·读书·新知三联书店2012年版,第210页。
④ 张申府:《什么是新启蒙运动》,生活·读书·新知三联书店2014年版,第13页。

一个新的阶段,中国启蒙运动的社会载体并非必然是资产阶级,思想载体并非只是资产阶级启蒙思想,运用马克思主义的世界观和方法论,立足于广泛的民众实践,启发殖民奴役蒙昧和启发封建蒙昧共同构成了马克思主义启蒙的主旨。

三、马克思主义启蒙

(一)启蒙和救亡是马克思主义启蒙的双重任务

近代的启蒙运动从戊戌算起无不与民族危机的刺激密切相关,启蒙与现实的政治运动本来就难分难解,"可以说是火借风力,风助火势,才能形成一场规模宏大、影响深远的运动"①。虽然胡适曾说五四运动是对新文化运动的"政治干扰",但有学者论证了"中国的文艺复兴运动不仅在发展方向上走向了政治解决之路,它的实际成效,也落实在政治上"②。中国启蒙本质上是一种"救亡式启蒙",因为中国启蒙具有历史独特性,所以不能忽略"中西启蒙的历史差异以及中国启蒙的民族主义关怀"③。启蒙运动源于寻求国家富强的民族主义目标,启蒙始终与民族主义结伴而行。这意味着有利于救亡的种种思想武器的宣传和运用都属于启蒙,和资产阶级自由主义、个人主义相比,马克思主义更适合中国国情和中国革命,从自由主义、个人主义的种种理论转向马克思主义和社会主义,就体现了启蒙思想自身的冲突和与中国现实的矛盾,这使得启蒙思想家自觉地选择社会主义,并以启蒙运动者自居。从五四后期开始,启蒙发生性质转变,资产阶级个人主义启蒙走向衰落,轰轰烈烈的反帝反封建的民主革命把思想

---

① 李慎之:《不能忘记的新启蒙》,载《炎黄春秋》2003 年第 3 期,第 12 页。

② 罗志田:《走向"政治解决"的"中国文艺复兴"——五四前后思想文化运动与政治运动的关系》,载《近代史研究》1996 年第 4 期,第 152 页。

③ 高力克:《五四的思想世界》,学林出版社 2003 年版,第 279 页。

启蒙具体落实到行动中，马克思主义启蒙与反帝反封建的政治运动紧密相连、互相促进。

"借思想文化以解决问题"的思维模式是五四思想家的一个特征。五四新文化运动的发起者陈独秀曾就《新青年》的宗旨宣布道："批判时政，非其旨也。"同样的旨趣也体现在胡适身上。1917年夏，他由美返国参与新文化运动时，就迫不及待地发出了"二十年不谈政治，二十年不干政治"的"誓言"。五四新文化人士所致力的思想启蒙工作，是在主动拉开文化与政治间的距离的前提下进行的。但是，文化运动的发生是为了适应政治经济方面的要求，同时它也必须在对政治经济起反作用的过程中完成自己。如果忽视了文化在社会的政治经济方面的作用，它就会失去巩固的基础。所以，思想运动与文化运动的关系也如胡适认识到的，"我们本不愿意谈实际的政治，但是实际的政治却没有一时一刻不来妨害我们"[①]。前期新文化运动并没有在政治经济上实现自己的成果，民主思想的宣传与现实的民主政治距离甚大，科学精神的提倡在实际中有待实现。新文化运动后期，李大钊、陈独秀等人逐步接受了唯物史观，对思想启蒙的认识发生了根本变化，主张新文化运动要和现实政治斗争结合起来。因为当民族危亡迫在眉睫时，需要的是正确思想指导下的切实行动，而不仅仅是强调思想改造的重要性；需要的是如何启发、团结民众，而不仅仅是对所谓的奴性、劣根性进行挞伐、谩骂。早期的马克思主义者强调必须把新文化建设和中国政治、经济问题的解决统一起来。瞿秋白说，"封建制度，已成帝国主义的武器"，"不去尽帝国主义的一切势力，东方民族之文化的发展永无伸张之日"[②]。启蒙运动不能脱离现实的斗争实践，要将政治、经济和文化统一起来成为中国新文化建设的思想方向已经非常明确。马克思主义对中国社会既具有社会制度价值认同，又具有思想文化价值认同，资产阶级启蒙发展为马克思主义启蒙，不仅在于资产阶级启蒙思想脱离中国的社会实际，也在于资产阶

---

① 耿云志：《胡适年谱》，四川人民出版社1989年版，第86页。
② 瞿秋白：《瞿秋白文集》，人民文学出版社1985年版，第18、33页。

级民主共和之路在中国走不通。当中国从对"以英美为师"的迷惘转变为对"走俄国人的路"的憧憬，马克思主义启蒙就不仅是政治制度变革的需要，也是思想变革的需要。

（二）新启蒙运动是对五四运动和新文化运动的整合

新启蒙运动接过了五四时代的口号，"打倒孔家店"，拥护"德赛二先生"，同时具体地和抗日救亡运动相联结，提出文化运动应该和政治上的民主主义、经济上的民生改善配合，使文化的成果得以巩固。新文化的建立有了客观的物质基础，从而为完成文化的救亡使命确立了牢固的根基。20世纪30年代，新启蒙运动的发起者自觉地整合五四运动与新文化运动，在他们看来，"整个的五四运动就是爱国运动，就是民族的群众自救运动。新文化运动是文化上的群众爱国运动，是整个爱国运动之重要的部分，重要的一方面，是整个爱国运动之意识上的表现"①。新启蒙运动的倡导者对五四运动进行反思，"旧启蒙运动没有把它的作用实现在社会的政治经济方面，这使得它没有稳固的基础"②。所以，马克思主义指导的启蒙运动必须正确认识文化运动的基础问题，尤其要正确处理文化与政治的关系。新启蒙运动的倡导者认识到：文化运动以政治运动为基础，不能脱离政治运动，"文化和政治应该是相辅而行的"，"并且是互相影响的"，"两者不可分离而独立存在"，"假如有人主张文化离开政治，那便是为文化而文化"，实际上是不可能的③。柳湜指出，"文化斗争虽也就是一种政治形式的斗争，但文化斗争并不就是政治斗争，它不能代替全部的政治斗争。……我们要能不将这些斗争的领域混乱，我们才能认明各自

---

① 陈伯达：《论新启蒙运动》，载《新世纪》1936年第1卷第2期。
② 艾思奇：《什么是新启蒙运动》，载《国民周刊》1937年6月第1卷第8期。
③ 艾思奇等：《"新启蒙运动"座谈》，载《读书月报》创刊号1937年5月15日。

的特殊任务，才能规定各领域内最最实际而又正确的方向"①。救亡和思想文化运动有着不可分割的联系，新启蒙思想家从政治救亡的需要上来寻求新启蒙运动的历史合理性。新哲学者将文化运动与社会政治运动相结合，为自己确定了组织哲学上的救亡民主的大联合的目标。他们在"根据自己独立的根本立场"对中国现实做出"唯物辩证法的阐释"的同时，特别强调"应该打破关门主义的门户"，应该看到民主主义者、自由主义者、理性主义者、唯物主义的自然科学家身上具有的"某种积极的一方面"，如同政治上动员一切力量从事抵抗日本帝国主义侵略的斗争一样，新哲学者也主动接纳一切"容易与我们组织一个哲学上的抵抗反礼教的联合阵线"的"较倾向于救亡运动的人"共同进行新启蒙运动②。政治和文化虽然有着不可分的关系，但像新启蒙运动中二者如此直接和密切的关联，在近代历史上发生的几次启蒙运动中并不具有普遍意义。新启蒙明确了中国启蒙运动的目标，启蒙运动"不只要求民族的解放，同时也要求社会的解放"，就是"要推动四万万同胞为中华民国生存而走上战斗，为自己的幸福而走上战斗"③，以图最终达到思想问题和社会问题的根本解决。新启蒙者已经不局限于把思想领域的改造当作唯一使命，而将思想改造和社会改造结合起来，使启蒙运动具备了真正深入中国社会的可能性，第一次明确了中国启蒙运动具有思想改造和社会改造的双重任务。用何干之的话说，就是"由对内的改革以达对外的独立"④。所以，新启蒙以唯物一元论、辩证唯物论为其哲学底蕴就决定了它在终极目标上要求做到社会运动的根本解决，个人解放和社会解放的一并实现。

---

① 柳湜：《柳湜文集》，生活·读书·新知三联书店1987年版，第688页。
② 叶永烈：《陈伯达传》，作家出版社1993年版，第158页。
③ 陈伯达：《思想的自由与自由的思想》，载《认识月刊》创刊号1937年6月15日。
④ 何干之：《近代中国启蒙运动史》，生活·读书·新知三联书店2012年版，第234页。

毫无疑问，近代中国的启蒙运动都是以严重的民族危机为背景和动力的，也抱有救亡的目的，所以将唤醒国人的民族意识和国家意识，激发广大民众的爱国主义激情包含在启蒙中，是顺理成章的。近代启蒙始终设定了一个逻辑，通过改造封建专制的中国传统文化，培养具有自由、平等、民主、理性等近代思想观念的新国民，从而建立一个富强民主的中国，在启蒙的同时达到救亡的目标。所以，时代的主题和启蒙者的文化诉求奇妙地纠缠在一起，政治救亡和思想启蒙融为一体。在马克思主义启蒙运动中，启蒙者将马克思主义的世界观与方法论导入启蒙运动，科学地揭示了中国启蒙运动面临的双重任务，将启蒙运动从狭隘的社会基础和思想方法中引领出来，置于广泛的民众实践中，将中国启蒙运动推向一个新的阶段，这是中国近代社会思想变革和社会变革的共同需要。马克思主义启蒙运动既具有文化意义，也具有社会意义；启蒙运动的目的既在于个人的解放，也在于社会的解放。

第三节　中国近现代历史进程中的个人价值启蒙

注重个体价值是西方新教伦理的重要内涵，个人主义是启蒙以来西方人价值观变迁的集中体现。就某种意义而言，资产阶级所开启的"理性时代"，在本质上表征为个人主义时代。近代以来，先进的中国人从西方启蒙的资源库中寻找一切可资利用的精神武器，反对封建专制统治，变革旧的社会制度，冲击封建主义意识形态，批判中国封建社会借群体名义泯灭个人自由、以权威贬抑人权的封建糟粕。个体的自由和独立成为近代启蒙的基本价值诉求，注重个体价值则成为这一时期思想启蒙的重要内容。

一、西方个人主义在近代中国启蒙中的传播

在西方，自由主义是以个人主义或个人自治为根本特征的社会价值观以及与此相适应的一套社会政治思想，个人主义是自由主义的最基本原则。自由主义反对专制主义，保障以思想自由和言论自由为核心的个人基本权利。从19世纪80年代起，强调以理性为基础的个人自由，主张维护个性发展的自由主义学说开始在中国传播并产生影响，西方个人主义也逐渐成为近代中国启蒙的思想武器。

近代启蒙思想家严复被誉为"中国自由主义之父"。在严复的翻译中，自由的具体内容并没有很大的变化，通过比较中西方的"自由"的根本差异，严复介绍了西方的"自由"，而是否突出个体自由是中西方关于"自由"的最大不同。他说："夫自由一言，真中国历古圣贤之所深畏，而从未尝立以为教者也。""中国理道与西法自由最相似者，曰恕，曰絜矩。然谓之相似则可，谓之真同则大不可也。何则？中国恕与絜矩，专以待人及物而言。而西人自由，则于及物之中，而实寓所以存我者也。"① 封建统治者"深畏自由"，专讲"恕道""矩"，实际上是提倡"去我"，消弭自我意识，使人们成为没有思想的奴隶，以利于他们的专制统治。中国的自由是要求主体否定自身价值，肯定和实现客体价值，只有肯定和实现客体价值，才能得到自身的肯定并实现主体价值。所以，传统中国是用群体代替个体，个人融于群体之中，以否定个人自由来求得群体的和谐和稳定。与此相反，西方国家则倡导天赋自由，"唯天生民，各具赋畀，得自由者乃为全受"，因此倡言自由"则于及物之中，而实寓所以存我者也"，即充分肯定人的主体地位和个人的自主意识。西方的自由实质上是要求"存我"，注重自我存在和自我价值，要求发挥主体能动性以实现个体的价值。

辛亥革命后，启蒙者对个人权利和个人自由的认识更进一步，以

---

① 王栻：《严复集》第1册，中华书局1986年版，第2-3页。

家义在《东方杂志》发表的文章《个位主义》最具代表性。文章中明确提出欧洲启蒙时期的"个人"概念,认为个人主义是治疗中国疾病的唯一良药。在他看来,科学中的分科、社会中的分工、解放了的个人、独立的个性,都体现出"分"是现代区别于传统的根本特点,心理学、社会学、伦理学等现代学科,都是用来帮助"个人的发展"和"自我实现"的,个人具有绝对的价值。现代的个人与国家集体是对立的,国家、社会、团体、家庭都应当服从于个人,而不应当妨碍个人的发展。五四时期,个人主义得到许多青年知识分子的拥护,并将提倡个人主义视为当时中国的时代需要,视为中国人摆脱传统束缚、获得新生的思想武器。《新青年》及其前身《青年杂志》和这一时期的许多文章介绍和宣传了个人主义。西方的学说被大量引用,启蒙思想家使用西方的术语、概念和范畴来谈论个人主义,傅斯年甚至直接用英语进行表述,五四启蒙中的个人主义话语更加接近于西方原本的个人主义。

陈独秀以个人主义为启蒙的思想武器,积极介绍和鼓吹西方的个人主义,提倡个人主义精神,尊重个人独立自主之人格。他认为,"人间百行,皆以自我为中心,此而丧失,他何足言?奴隶道德者,即丧失此中心,一切操行悉非义由己起,附属他人以为功过者也"①。在《敬告青年》一文中,陈独秀向中国青年"谨陈六义",其中第一义便是"自主的而非奴隶的",要求青年树立"以自身为本位"的观念,"以完其自主自由之人格",不"盲从隶属他人"。此后,陈独秀通过中西对比对"个人本位主义"做了比较系统的论述,《东西民族根本思想之差异》最能代表他对个人主义的态度。在该文中,陈独秀认为西洋民族以个人为本位,东洋民族以家族为本位,以此作为东西方民族的三大差异之一,他说:"西洋民族,自古迄今,彻头彻尾,个人主义之民族也。英、美如此,法、德亦何独不然?尼采如此,康德亦何独不然?举一切伦理、道德、政治、法律,社会之所向

---

① 陈独秀:《一九一六年》,载《青年杂志》1916年第1卷第5号。

往，国家之所祈求，拥护个人之自由权利与幸福而已。"① 个人主义包括"思想言论之自由，谋个性之发展也。法律之前，个人平等也。个人之自由权利，载诸宪章，国法不得而剥夺之，所谓人权是也"②。最为重要的是，陈独秀认为："国家利益，社会利益，名与个人主义相冲突，实以巩固个人利益为本因也。"③ 这是对个人主义的非常本真的理解。

1918年6月，胡适等人出版了"易卜生专号"，认为"易卜生最可代表十九世纪欧洲的个人主义的精华"。在《易卜生主义》一文中，胡适认为个人主义是易卜生的一种完全积极的主张，"他主张个人须要充分发达自己的天才性；须要充分发展自己的个性"。他引易卜生的话说："我所最期望于你的是一种真益纯粹的为我主义。要使你有时觉得天下只有关于我的事最要紧，其余的都算不得什么。……你要想有益于社会，最好的法子莫如把你自己这块材料铸造成器。……有的时候我真觉得全世界都像海上撞沉了船，最要紧的还是救出自己。"④ 十多年后，已经步入中年的胡适，在《介绍我自己的思想》中仍然坚称："易卜生主义"是"最健全的个人主义"，"这个个人主义的人生观"，"教我们学娜拉，要努力把自己铸造成个人"⑤。"健全的个人主义"曾是新文化运动初期知识分子们的集体精神坐标和解决社会问题的最基本的出发点，用胡适自己的话来说，他的《易卜生主义》"在民国七八年间所以能有最大的兴奋作用和解放作用，也正是因为它所提倡的个人主义在当日确是最新鲜又最需要的一针注射"⑥。即便在个人与国家的关系问题上，我们注意到大多数启蒙思

---

① 陈独秀：《陈独秀散文》，上海科学文献出版社2013年版，第21页。
② 陈独秀：《陈独秀散文》，上海科学文献出版社2013年版，第21页。
③ 陈独秀：《陈独秀散文》，上海科学文献出版社2013年版，第21页。
④ 胡适：《易卜生主义》，载《新青年》1918年第4卷第6号。
⑤ 蔡尚思、姜义华：《中国现代思想史资料简编》第3卷，浙江人民出版社1983年版，第164页。
⑥ 蔡尚思、姜义华：《中国现代思想史资料简编》第3卷，浙江人民出版社1983年版，第163页。

想家继承了西方自由主义者在个人与国家关系中个人的优先性,启蒙者从来就不是国家至上主义者或群体主义者,而大多具有鲜明的个人主义倾向,追求人的自由、独立、尊严与权利,明确指出现代的"个人"与国家集体是对立的,国家、社会、团体、家庭都应当服从于个人,而不应当妨碍个人的发展。在《人生唯一之目的》中,李亦民谴责将社会道德凌驾于自我幸福和个人利益之上的儒家忠孝观念,赞扬撒克逊人"以个人主义著闻于世",倾慕他们富于"独立自尊之心,用能发展民族精神,以臻今日之强盛"。他主张继承杨朱"为我"之论,学习西方对个人的重视,发展"自由意志",以"为我"为大方针"进于独立自主之途"。1917 年,《东方杂志》发表杜亚泉的《个人与国家之界说》一文,详细剖析了个人与国家之间的关系,主张谨慎区隔个人与国家的界限,强调个人价值的独立性,宣称"宜守定个人与国家之分际,毋使溢出范围之外",指出国家与个人之间"有本末先后之不同",并且明确主张"当先巩固个人之地位"。他说:"论者每谓国家为全体,个人为分子,分子当消纳于全体之中,个人当从属于国家之内,决无界域之可以区划","然但以国家为标题,而不明个人与国家之分际,使之漫无界限"。他进而将个人比喻为建构国家的材料,主张从造就人格入手而造就个人:"譬之建筑,欲求建筑物之稳固,不可不求材料之坚实。个人者,建筑国家之材料也。故吾人思为国家造成有用之人才,当先就自己造成有用之人格。人格全而个人之地位固,个人之地位固,则国家自能受裨于无形。"陈独秀更是直接表明国家的存在就是保障个人利益的态度:"国家者,保障人民之权利,谋益人民之幸福者也。不此之务,其国也存之无所荣,亡之无所惜。""或谓:恶国家胜于无国家。予则云:残民之祸,恶国家甚于无国家。"[①] 胡适在《易卜生主义》中认为个人才是人类社会的基本单位,"个人绝无做国民的需要。不但如此,国家简直是个人的大害。请看普鲁士的国力,不是牺牲了个人的个性

[①] 陈独秀:《陈独秀著作选》第 1 卷,上海人民出版社 1993 年版,第 118 - 119 页。

去买来的吗？国民都成了酒馆里跑堂的了，自然个个是好兵了。再看犹太民族：岂不是最高贵的人类吗？无论受了何种野蛮的待遇，那犹太民族还能保存本来的面目。这都因为他们没有国家的原故。国家总得毁去。这种毁除国家的革命，我也情愿加入。毁去国家观念，单靠个人的情愿和精神上的团结做人类社会的基本——若能做到这步田地，这可算得有价值的自由起点"①。李大钊在《我与世界》一文中写道："我们现在所要求的，是个解放自由的我，和一个人人相爱的世界。介在我与世界中间的家国、阶级、族界，都是进化的障碍、生活的烦累，应该逐渐废除。"② 高一涵是五四运动时期极具影响力的政治学家，他结合中国现实政治发表的言论非常引人注目，他明确以《国家非人生之归宿论》为题反对国家至上主义，倾向于个人本位思想，认为先有个人后有国家，视国家为手段而非人生的最高目的。他反对"国家行为，茫然无限制之标准。小己对于国家，绝无并立之资格"。国家对人民有权利和义务，而人民对国家也有权利和义务，国家"不可牺牲人民之人格"，"又须知国家之资格，与人民之资格相对立，损其一以利其一，皆为无当"③。可见，从激进到保守的启蒙者完全照搬了西方的个人主义来重塑中国人，呼吁中国人在重新认识自己和对自己负责的基础之上，追求人格的独立、个性的解放和意志的自由。

二、近代中国启蒙个人主义追求的差异性与复杂性

近代启蒙中的个人主义来源于西方，但中国的传统文化以及现实政治都在不同程度上规约着个人主义的含义。个人主义在意义上是三

---

① 胡适：《易卜生主义》，载《新青年》1918年第4卷第6号。
② 李大钊：《我与世界》，见刘东《李大钊》，太白文艺出版社2012年版，第70页。
③ 高一涵：《国家非人生之归宿论》，载《青年杂志》1915年第1卷第4号。

‖ 第一章　中国近现代历史进程中的思想启蒙 ‖

重的,既有中国古代性,又有西方性,还具有时代性。如有学者指出的,任何寻找某种本质主义的、固定的个人及个人主义意义的努力都是徒然的。真正有意义的与其说是定义,不如说是围绕"个人""自我""个人主义"等一些范畴展开的那些话语性实践,以及这些实践中的政治运作①。近代启蒙中的个人主义价值追求,既未与传统文化完全断裂,又与个人主义话语实践息息相关。

戊戌至辛亥时期,西方个人主义开始在中国传播,但启蒙个人主义话语在内涵上还是中国传统的成分多于西方的成分,至少个人主义在此时尚未被极端化为儒家思想的对立面。在杜亚泉看来,孔子的所谓修身,"从心所欲不逾矩""仁义礼智根于心"即道出了个人主义的应有之义;孟子强调人的内在道德修养,同样是这个意思:个人主义与儒家思想具有内在一致性。杜亚泉坚持个人的改革应作为社会改革的核心内容,他强调指出,真正意义上的改革,必须在个人的层面上发起,只有当个人真正开始正视自己孱弱的躯体、萎靡的精神、肤浅的心智、随波逐流的生活等种种现实的时候,社会的变革才不会是一个遥远的梦想。杜亚泉认为个人主义强调个人改革的必要性,不过是儒家思想的现代版。所以,就像现代学者所认为的那样,古代非儒学派(如庄子)的思想可以为启蒙文化提供内在的逻辑生长点,儒学思想本身也可以进行价值的重构,启蒙文化与传统文化并未完全断裂。

另一方面,中国社会也并非没有个人主义的传统。对比中西文明可知,中国古代的个人是相对于群体的一己之私,而西方的个人是抽象化的人格,可以说两者是具体的个人主义与抽象的个人主义的区别。中国古代在具体的个人主义的影响下,形成农业生产的分散化、官僚特权化和"家天下"的君主统治方式。五四时期有人明确指出中国传统社会的个人是一"私人",带来社会关系的伦理性,社会关系不过是私人关系的扩大,"吾国圣贤教人,教以如何能成为天地间

---

① 刘禾:《跨语际的实践:往来中西之间的个人主义话语》,见许纪霖《二十世纪中国思想史论》上卷,东方出版中心2000年版,第223页。

之一人,而不教以如何能成为社会中之一分子"①。其批判具体的个人主义而向往西方个人主义。所以,虽然启蒙时期的个人主义思想已被明确来源于西方,却也不否认儒家传统也有其深层的基础。但是,随着对西方的深入认识以及对西方文化精神的广泛接受,五四运动时期的中国个人主义话语发生了整体性的转变,我们对西方个人主义的认识和理解相对而言比较接近原本。个人主义被视为西方文化的代表,开始全面而猛烈地向中国传统文化发难,新价值的被接受是从对传统的激烈批判开始的,新文化运动批判由具体的个人主义推衍而成的伦理本位,启蒙思想家以西方启蒙思想为武器揭露中国传统思想文化对人的自由、独立、权利和尊严的束缚、摧残和剥夺。启蒙就是要反对名教对人的价值的否定与漠视,解构中国传统文化所树立的理想价值,走出专制权力神圣化的蒙昧,将人从自然宗法社会中解放出来,追求独立的人格与价值,形成理性批判的能力。启蒙者普遍认为自由独立的"个人"的缺失,是中国走向现代文明的根本精神障碍,塑造自由、自主、独立的个人是中国启蒙的中心课题。如此将儒家思想和个人主义作为对立的两极进行阐释,本土文化传统开始出现价值断裂。但是,走向传统对立面的启蒙个人主义也未实现和西方启蒙思想的完全接轨,而是深深地烙上救亡实践的印记,形成近代启蒙独特的救亡式个人主义话语。

三、个人价值启蒙在中国的演变

在西方,个人主义从本质上起源于个人对社会、对国家、对政府、对宗教等外在限制力量的反抗;在中国,启蒙的个人主义变成了具有集体性质的中国话语,由纯粹的个人范畴变成了个人与群体的关系范畴。这固然与中国古代重群体,主要是重社稷或国家的传统思想有关,但与近代救亡压倒一切的现实语境的关系更为密切。我们可以

---

① 章士钊:《新时代之青年》,见陈崧《五四前后东西文化问题论战文选》,中国社会科学出版社1989年版,第182页。

看到对个人主义阐释的一系列关系范畴。

（一）"私我"与"公我"论

1916年，《东方杂志》发表的署名"民质"的文章《我》是五四之前宣传个人自立的代表作。民质将他的论点置于古代世界完全崩溃的前提下，指出，在一个国家走向衰亡、贫困、动荡、灾难频仍的时代，个人已成了无本之木，除了无所作为，最多不过到"自我"中去寻求一点支撑和力量罢了。但是，在现代社会中，自立成为个人求生存的一种手段。民质宣称，个人存在的理由乃是"自我"。为了证明这一理论的合理性，他详细阐明了"私我"和"公我"之间的辩证关系。他说，如同烛光可以照亮房间的每一个角落，追求自我利益的同时也会利他，因而，"公我"和"私我"相互联系、相得益彰。可见，在"私我"的合理性阐释中，"私我"是根本出发点，具有绝对的价值，在"私我"不断追求自我权利的过程中，"公我"通过一种道德义务感从"私我"中分离出来，但"公我"并没有与"私我"完全脱离干系。

（二）"小己"与"大己"论

在高一涵的文章中，"个人"被"小己"取代，"小己"自然会使人联想到"大己"这一国家的形象说法。"小"之于"大"，不仅仅是一个对立的他者，而且是处在不同层次上的他者，或者说，前者在二者关系中居于次要地位。高一涵在阐述个人与社会的关系时似乎也露出了"尾巴"，"社会集多数小己而成者也。小己为社会之一员，社会为小己所群集。故不谋一己之利益，即无由致社会之发达"。但他也认为"欧洲挽近，小己主义，风靡一时，虽推其流极，或不无弊害"。小己主义是自利利他主义之起点，对小己"完全独立""完全发展"的追求还是在于"国家社会，举为小己主义所筑成"，所以"积人而群，积群而国，则安固强盛之国家，即自其本根建起，庶足以巍峨终古，不虞突兴突废矣"①。

（三）"小我"与"大我"论

胡适在《不朽——我的宗教》一文中认为，中国传统中的"不朽"，一是"神不灭的不朽"，一是"立德、立功、立言"的"三不朽"。他提出"社会的不朽"论，也就是"大我的不朽"，因为"小我"不是独立存在的，是和无数"小我"有直接或间接的交互关系的，是和社会的全体和世界的全体都有互为影响的关系的，是和社会世界的过去和未来都有因果关系的。"小我"是会消灭的，"大我"是永远不灭的。"小我"是会死的，"大我"是永远不死、永远不朽的。一方面，从胡适建构的"大我"和"小我"关系看，"小我"的地位很突出，"社会不朽"也可视为"个人不朽"，因为"小我"先于"大我"而存在，是"大我"的"因"，过去、现在和将来的种种"小我"最终构成了"大我"。"小我"作为生命形式虽然总会消亡，但是他们的一切行为举止都悉数保留在"大我"之中了，并由于"大我"的不朽而获得了永恒。这种"社会不朽论"在某种程度上可以看作"个人不朽论"。个人在社会中的地位如此重要，因而我们每个人都必须谨言慎行。"稍一失脚，必致遗留层层罪恶种子于'未来'无量的人，即未来无量的'我'。永不能消除，永不能忏悔。"② 这些观点突出个人在历史上的重要性，说明了人的社会性，强调了个人对社会所具有的不可逃避的责任。但"个人不朽"是通过"社会不朽"表现出来的，所以"小我"不能"辜负了那'大我'的无穷过去"，不能"遗害那'大我'的无穷未来"。

（四）"为公众的福利自由发展个人"论

1919年，《新潮》杂志发表的傅斯年的文章《人生问题发端》，

---

① 高一涵：《共和国家与青年之自觉》，载《青年杂志》1915年第1卷第1号。

② 李大钊：《"今"》，见陈独秀等《新青年》，中国书店2012年版，第350页。

探究了个人在现代社会中的地位问题。傅斯年认为，中国流行的"左道"人生观念（无论道教、佛教还是儒家思想），都无法体现"人生的真义"，他主张到生物学、心理学、社会学那里去探究人生的真谛，因为只有现代科学才是以主体为中心并符合人道精神的。傅斯年提出了他自己的人生观念——"为公众的福利自由发展个人"，并且说："我现在做文，常觉着中国语宣达意思，有时不很亲切。在这里也觉这样。我把对应的英文写出来吧。'The free development of the individuals for the Common Welfare.'"他进一步解释说，之所以要"为公众的福利"，就是因为个人的思想行动没有一件不受社会的影响，并且社会是永远不消灭的。傅斯年的观点最能反映五四时期中国的个人主义，发展个人是直接的目标，但终极目的却是为公众谋福利，这里"个人"既是目的，又是工具，二者在共同的"发展"目标上具有一致性。

以上的一组关于个人主义的认识表明：一方面，启蒙者既体认了西方人文主义之个体本位的现代性，也依然崇尚中国人生理想之社群本位的无我境界。如美国文化人类学家托马斯·哈定所言："当一种文化受到外力作用而不得不有所变化时，这种变化也只会达到不改变其基本结构和特征的程度与效果。"① 根据现代化理论，我们要具体分析一个社会的传统性适应现代性的过程。现代化既是一个传统性不断削弱而现代性不断增强的过程，也是传统的价值观念在功能上对现代性的不断适应的过程。启蒙个人主义带有鲜明的传统印记是具有必然性的。另一方面，在现实中，在反帝爱国的背景下，个人与整体息息相关，民族、国家、社会等也已经不再被看作个人的对立面，现代民族国家群体意识的确立与个人本位的价值追求不仅不矛盾，而且相辅相成。由此可以认为，近代中国的个人主义追求是近代启蒙现代性合乎逻辑的发展。

---

① ［美］托马斯·哈定等：《文化与进化》，浙江人民出版社1987年版，第44页。

第二章　中华民族的形成与铸牢中华民族共同体意识

民族是一群具有共同社会特征的人们在历史发展过程中所形成的人类共同体。作为历史的范畴，民族有其形成、发展和消亡的过程，在这个过程中，人们的物质关系和物质利益扮演了极其重要的角色。正如马克思所指出的那样，"每一个民族都由于物质关系和物质利益（如各个部落的敌视等等）而团结在一起"[1]，受制于各民族在历史地理和经济文化等方面的差异，亦受物质关系和物质利益的千差万别的影响。作为人类存在的一种族群形式，复合民族共同体呈现出多重的民族结构和复杂的民族利益。

"民族"与"民族共同体意识"是在内涵上逐层展开又同步相辅的命题。纵观世界民族的发展史，没有任何一个古老的民族如同中华民族共同体那样，经数千年绵延不断之发展。近代以降，正是在反对帝国主义侵略的斗争中，尤其是在反对日本帝国主义侵略的斗争中，中华民族完成了从自在的共同体向自觉的共同体的历史性转换。时值祖国存亡的危急关头，中华儿女表现出空前的民族觉醒和民族团结，以自己的血肉之躯筑成了捍卫祖国的钢铁长城。《中国近现代史纲要》指出："中国的近现代史，就其主流和本质来说，是中国一代又一代的志士仁人和人民群众为救亡图存和实现中华民族的伟大复兴而

---

[1] 《马克思恩格斯全集》第3卷，人民出版社1960年版，第169页。

英勇奋斗、艰苦探索的历史。"① 我们正处在实现中华民族伟大复兴的新时代，对民族共同体形成的历史回溯，阐发中华民族共同体意识铸牢的现实图景，构成了"纲要"课教学与研究的重要内容。

第一节　中华民族的历史形成

中国是一个多民族国家，"多元一体"是费孝通先生对中华民族结构的高度概括。所谓多元，指的是中华民族不是单一民族国家，而是由56个民族群体组成的复合民族共同体；所谓一体，指的是经过长期的历史发展，56个民族已经结合成为相互依赖、相互依存、不可分割的整体。多元一体的逻辑推演，源于中国地域文化的多元，长期的政治、经济和文化联系不断促进彼此的交融和汇集，在这个过程中，汉族成为凝聚的核心，以滚雪球发展的方式从中原大地扩展到中华大地的北部、南部和西部，最终形成了中华民族多元一体的政治版图和民族格局。

中华民族作为一个自在的民族实体，有着几千年的发展历史。对中华民族形成史进行历史划分的代表学者们，分别从不同的角度聚焦了中华民族形成发展的历史轨迹，他们对各民族在不同生存空间和发展向度中交往、交流、交融的聚焦，勾勒了中华民族从"自在"演化走向"自觉"转向的历史进程，并以中华民族形成发展的历史脉络，阐释了中华民族多元一体的辩证运动，演绎了中华民族共同体的发展路径，呈现了中华民族共同体的历史脉动。

---

① 本书编写组：《中国近现代史纲要》，高等教育出版社2018年版，第1页。

一、中华民族自在演化的历史分期

（一）从远古至秦朝统一是中华民族起源与孕育的历史时期

考古学和人类学的研究成果有力地证明："中华民族在形成、发展过程中虽然吸收了外来民族成分与文化，但从整体看，中华民族起源于中华大地，具有鲜明的本土特点。"① "在距今五六千年的新石器时代，北方、南方、中原三种不同的系统特征已出现。"② 无论是中华民族的史前记忆，神话故事（如盘古开天、女娲造人、三皇五帝以及诸如壮族始祖布洛陀、阿昌族始祖遮帕麻和遮咪麻、苗族神母伽价公主等各少数民族流传的本民族始祖创世说），那些集说、唱、叙事于一体的创世史诗，还是不断被发现的考古遗迹、考古文物，抑或卷帙浩繁的文本记忆、历史文献，均揭示了中华民族的多元起源。在顾颉刚所谓"层累地造成中国古史"的过程中，"既有多元区域性不平衡发展，又呈现文化上向中原汇聚及中原文化向四周辐射的特点"③，借此形成多层次、多面向的交互联系与相互影响。"中华民族具有5000多年连绵不断的文明历史，创造了博大精深的中华文化，为人类文明进步作出了不可磨灭的贡献。"④ 在华夏、夷、三苗等族对长江、黄河流域进行开发的同时，濮、越、狄、匈奴、氐、羌、戎等族也相继开始了对北方草原、西北以及西部地区的开拓，他们共同构成了中华民族形成以及统一多民族国家建立的基础和前提。

---

① 陈连开：《中华民族之含义及形成史的分期》，载《社会科学战线》1996年第4期，第147页。
② 李鑫生、蒋宝德：《人类学辞典》，华艺出版社1990年版，第759页。
③ 陈连开：《关于中华文明起源研究中的几个问题》，载《北方文物》1990年第4期，第54页。
④ 习近平：《在第十二届全国人民代表大会第一次会议上的讲话》，载《人民日报》2013年3月18日。

‖ 第二章　中华民族的形成与铸牢中华民族共同体意识 ‖

（二）夏商周是中华民族形成的起点

远古部落集团之间的斗争与交往、融合与分化，绘制了中华民族形成发展的雏形；黄帝在公元前27世纪对黄河流域各部落的统一，则为中华民族的主体华夏族的形成奠定了基础。原始社会末期，氏族、部落的分化与解体打破了血缘关系的窠臼，取而代之的是基于物质生活利益需要形成的新部落联盟，它是"与民族最近似的东西"①，"由此而形成为民族的第一步"②。新的部落联盟依托共同的地域、语言、经济文化生活，逐渐演化成恩格斯在《劳动在从猿到人的转变中的作用》中所说的"从部落发展成了民族和国家"③。在长期的历史演化中，"多源"的中华民族以炎黄、东夷、百越、苗蛮乃至戎狄等部落的磨合与互动共同促进了夏、商、周的相继崛起，揭开了中华民族形成发展的序幕。从公元前21世纪至公元前770年，黄河中下游的夏人、商人、周人和其他各部落逐渐融合形成统一民族④，即汉族的前身华夏族。夏、商、周三代千余年的承袭发展和交往、交流、交融，一方面推动了黄河流域不同族群向中原地区的汇聚，牵引着华夏族共同体的生成发展；另一方面形塑着中原族群与周边少数族群的关系，刺激"族类"意识的产生和"夷夏之辨"文化分殊的形成。

（三）从春秋到秦汉是中华民族核心的形成期

公元前770年，周平王东迁开启了诸侯兼并、群雄并起的春秋战国时期，从而引发了中华民族历史上第一次民族大互动、大交流、大融合。"在古代，每一个民族都由于物质关系和物质利益（如各个部

---

① ［德］马克思：《摩尔根〈古代社会〉一书摘要》，人民出版社1965年版，第96页。
② ［德］恩格斯：《家庭、私有制和国家的起源》，人民出版社1957年版，第89页。
③ 《马克思恩格斯选集》第4卷，人民出版社1995年版，第381页。
④ 袁世全、冯涛：《中国百科大辞典》，华夏出版社1990年版，第126页。

落的敌视等等）而团结在一起"①，这里"各个部落的敌视"指为了维护本族的生活方式或物质利益而产生的防御他族侵袭的心理②。各诸侯间的争锋与交往，在现实上促进了华夏族的最终形成与进一步发展。参考马克思和恩格斯关于民族问题的论述，春秋战国之际已然形成"具有共同居住地域、共同语言、共同的民族意识，以及文明社会的经济文化水平和各地区间商业经济联系的民族共同体——华夏民族"③。彼时，以华夏居中，"四裔"由"四海"的"天下"一统观念萌发，而孔子等思想家所倡导的"有教无类""四海之内皆兄弟"等论说，则在文化心理层面上建构了华夏族的包容性和开放性。公元前221年，中国历史上第一个中央集权的统一多民族国家秦朝横空出世，其大刀阔斧的改革——书同文、车同轨、行同伦、立郡县制、统一货币和度量衡，对中华民族的深度整合与深入融合意义重大。汉承秦制，在"大一统"基调的倡导中，华夏族在两汉的陶铸中最终淬炼成汉族，成为中华民族的核心，开辟了中华民族从多元走向一体发展的新纪元。

（四）魏晋南北朝与隋唐促进了中华民族的新发展

魏晋南北朝是"民族大杂居、大融合的一个比较明显的时期，是汉族从多元形成一体的一幕台前的表演"④。北魏孝文帝迁都洛阳更是在客观上促进了新一轮的民族大迁徙和大融合，胡汉杂居日盛，鲜卑族文化与中原文化交流碰撞。也就是在这一时期，形成中华民族互动的历史范式出现了由"万国"互动向"大一统"互动的转型，即"以汉族为主体的汉族与少数民族之间的互动，其中包括了汉族的少数民族化、少数民族的汉化，以及少数民族之间的同化、组织与

---

① 《马克思恩格斯全集》第3卷，人民出版社1960年版，第169页。
② 王玉哲：《中华民族早期源流》，天津古籍出版社2010年版，第25页。
③ 王玉哲：《中华民族早期源流》，天津古籍出版社2010年版，第123页。
④ 太学英：《民族学生思想政治教育新编——"四个认同"学习指导》，西南交通大学出版社2015年版，第36页。

融合"①。经过三个半世纪的桴鼓相攻与交往交融,进入中原的少数民族逐渐消失于史乘。"至北魏后期,匈奴、羯、氐、羌等少数民族已不见于史册,柔然、吐谷浑、敕勒等也与汉族逐渐融合。"② 隋唐是继秦汉之后中国历史上又一个大一统时期。隋朝结束了自西晋以来200多年的纷乱割据局面,为唐朝的大一统奠定了基础。在发展、开放的政策下,唐朝的政治、经济、文化影响力达到空前的地步,汉族的发展进入鼎盛期。通过与突厥的和亲和羁縻政策、与吐谷浑的交往及其内迁、与吐蕃的征战和会盟,以及与南诏、西域各族、岭南各族的互动往来,促使汉族成为统一多民族国家发展的坚实基础和凝聚核心,疆域内部及周边各民族交融进一步深化,并与东亚、中亚、南亚等诸多国家友好交往。虽然唐朝时与周边民族时有征战,但是多元一体的中华民族之民族意识不断凸显,中华民族的向心力、吸引力、辐射力不断增强,架构了中华民族多元互动的新平台。

(五) 宋辽夏金元与明清时期达致中华民族的新整合

从公元960年宋朝建立以迄1840年第一次鸦片战争,这一时期民族交往与民族融合进一步深化,汉族文化的扩散和少数民族文化的内聚并行不悖,各民族文化和区域文化兴起,统一多民族国家的民族意识不断凸显。从朱温灭唐称帝至忽必烈灭宋兴元,372年间,五代、宋、辽、金等几个民族政权相继登场,迎来中国历史上第三次民族大迁徙、大互动与大融合,是"中华各民族从由汉族占统治地位的民族格局,向包容各个民族在内的民族共同体转化的历史时期"③。不同于以往的民族大融合,这一次少数民族"不仅没有完全被汉族所汉化,保持着自己的独立性和完整性,而且还以其独立的民族特性

---

① 徐杰舜:《从多元走向一体:中华民族论》,广西师范大学出版社2008年版,第64页。

② 丁德科:《先秦儒道一统思想述论》,陕西人民出版社2003年版,第292页。

③ 萧君和:《中华民族史》上卷,黑龙江教育出版社2001年版,第558页。

（如蒙古族、白族等）与汉族一起成为中华民族共同体的组成部分"①。北宋时，辽、西夏、金鼎足而立，后南宋与金政权南北对峙，此间使轺相接，汉族外迁，胡人南流，契丹、女真、党项人民络绎于途，与汉人错杂而居，互通婚姻，共尊儒学，民族融合日盛。元朝时蒙古族入主中原，建立了中国历史上第一个少数民族掌权的大一统国家，版图空前辽阔，民族众多，中央政府通过屯田屯兵等系列举措加强对中原和其他疆域的管辖。虽然元朝实行民族歧视和民族压迫政策，将国民分为蒙古人、色目人、汉人、南人四等，设置民族藩篱，突出民族畛域，但是仍改变不了中华民族互动整合的历史潮流。明朝时期，汉族统治者重新掌权，其怀柔、安抚、防范、镇压的民族策略客观上促进了民族同化的推进与"华夷无间"论调的高扬，将中华民族的互动推向新的高潮。1644年，清军入关，少数民族再次掌握国家政权，虽然也有"旗民分治"等民族歧视政策，但是诸如顺治、康熙、雍正、乾隆等统治者对"满汉一家、一体眷遇"的强调与提倡，在制度上推行"汉法"，在文化上推崇儒学，在边疆少数民族的治理上"从俗从宜"，"一切政治，悉因其俗"②，实行改土归流和驻藏大臣政策，奠基了现代中国的国家版图和主要民族构成，中华民族的互动交融迈向新的台阶。

二、中华民族自觉转向的历史流变

从1840年鸦片战争后中国被迫开启近现代发展历程至今，是中华民族由自在的民族实体向自觉的民族实体转变的历史时期，亦是中华民族整体性民族意识萌发至一体性民族认同达致的历史阶段。这一时期，传统中国向现代中国的转型、"天下"国家观向"主权"国家观的转型、封建王朝国家形态向共和民族国家形态的转型，均有赖于中华民族共同体的"自觉"或曰"被发现"，有赖于对中华民族概念

---

① 萧君和：《中华民族史》上卷，黑龙江教育出版社2001年版，第558页。
② 《清世祖实录》卷15，中华书局1985年版，第137页。

的辨析、性质的讨论和民族结构的再认识,有赖于各民族对抗外敌入侵而自觉凝聚的民族合作与政治实践。在人民群众和仁人志士反帝反封建斗争的艰辛探索中,在争取民族独立和人民解放的艰辛历程中,"中华民族从一个自在的民族,变成了一个自觉、自强、自新的民族,变成了一个团结、统一、强大的民族,拥有了全新的意义,成为中国各民族的普遍认同和根本归属"[1],而"中华民族"这一概念也成为囊括各族人民身份确证兼具政治内涵和文化符号的意义指称。

(一)鸦片战争以后至辛亥革命以前,是中华民族由自在发展向自觉发展过渡的初始阶段

与中国近代史历程的开启同步,具有现代意义内涵的中华民族在反对帝国主义、殖民主义和封建主义的斗争中捍卫国家主权和疆域完整并逐渐走向自觉联合,中国各民族"在共同抵抗西方列强的压力下形成了一个休戚与共的自觉的民族实体"[2]。清末以前,以汉族为主体的各族人民发展长期处于自在共生的状态,多民族之间交往、交流、交融所萌发的民族意识在一定程度上局限于各民族自身的存续和发展,停留在对共同延续的历史文化总体认同的层面上。清朝末年,各主要民族间的大规模互动与碰撞、与代表"现代性"的西方列强的直接接触、中西方民族研究观念的视角比对,在事实上为现代中华民族观念的孕育与勃兴创造了必要条件,开辟了中华民族由结构性自在向能动性自觉的演化进路。血与火的洗礼引发国民"亡国"还是"亡种"的大讨论,梁启超借《中国史叙论》(1901年)和《新史学》(1902年)的发表提出"史学革命",并首次提出"中华民族"这一概念,历史研究的主体逐渐由独姓王朝转向群体与民族,引发民族成员对身份归属和文化心理认同的深入考量。

---

[1] 国家民族事务委员会:《中央民族工作会议精神学习辅导读本》,民族出版社2015年版,第27页。

[2] 费孝通:《中华民族的多元一体格局》,载《北京大学学报》(哲学社会科学版)1989年第4期,第18页。

"鸦片战争后的外国侵略和亡国灭种危机，把我国各民族的命运空前紧密地联系在一起，血与火的共同抗争让各民族人民深刻认识到，中华民族是一个命运共同体，一荣俱荣，一损俱损。"① 面对两次鸦片战争、中法战争、中日甲午战争、八国联军侵华战争等帝国主义的侵略战争，中华各族人民团结一心共同抗敌，涌现出一大批爱国官兵和爱国民众。第一次鸦片战争中，广州三元里人民的抗英斗争揭开了中华民族各族人民武装反抗外国侵略的序幕，福建地区、江浙地区、台湾地区的人民相继走上战场。1841 年，四川、贵州、湖北等地的各族士兵前往广东前线支援，四川地区藏族、羌族、彝族士兵奔赴江浙抗敌；第二次鸦片战争期间，东北黑龙江、乌苏里江流域的广大汉族、满族、赫哲族、达斡尔族人民，西北地区的维吾尔族、哈萨克族、蒙古族、回族、锡伯族、鄂温克族等各族人民，开展了英勇的抗俄斗争；中法战争中，苗族青年项崇周组织苗族、瑶族、壮族、汉族人民与法国侵略者斡旋拼搏；中日甲午战争中，台湾各族人民对日本侵略者进行了反抗斗争；八国联军侵华期间，天津总兵土家族人罗荣光以 67 岁的高龄身先士卒，保卫海防，爱国将领回族人马福禄率部下回族、东乡族、保安族官兵与八国联军激战，为国捐躯。恩格斯在《波斯与中国》中一针见血地指出，"这是保卫社稷和家园的战争，这是保存中华民族的人民战争"②，正是在这种反抗与斗争的历史情境里，中华民族的内聚力作用与符号化表征得以强化和传播。

（二）辛亥革命至新中国成立，是中华民族自觉发展的重要阶段

这一时期，中华民族作为代表中国各民族之整体概念的思想论证和社会接受在曲折中推进，深层次地介入了中国革命和中国近现代化

---

① 国家民族事务委员会：《中央民族工作会议精神学习辅导读本》，民族出版社 2015 年版，第 27 页。

② 中共中央马克思恩格斯列宁斯大林著作编译局：《马克思恩格斯论中国》，人民出版社 1997 年版，第 58 页。

‖ 第二章　中华民族的形成与铸牢中华民族共同体意识 ‖

的历史走向。辛亥革命结束了传统帝制的国家形态，代之以现代主权为原则的民主共和国的创设与摸索，个体民族成员在法律上（至少形式上如此）拥有"平等"的公民身份。"'中华民族'这个符号，与中国境内各民族平等融合而成一大现代政治和文化共同体的意义"①，在辛亥革命之后才彻底统一起来，并促使完整意义上的现代中华民族观念最终确立。中华民国成立初始受黄兴、刘揆一等人的思想影响，奉行"五族共和"的政治文化信条，即建设以汉、满、蒙、回、藏五族为代表的国内各民族一律平等的民主共和国家。1917年，李大钊、申悦庐从分析各民族趋于一体化的历史文化因素、血缘联系和现代政治条件等角度论证中华民族这一命运、利益和发展前景的共同体，实现对中华民族旗帜的高揭和中华民族自信心的高扬。五四运动后，中华民族一体化的思想跳出精英阶层的论证范畴，开始广泛地在社会传播并借助政策和战争推动其社会化进程，成为广大中国人民普遍接受的民族论调。孙中山在其"三民主义"思想和国民党一大上都对整体意义上的中华民族概念进行了强调，并将"国族"概念引入民族研究的范畴。梁启超、吴文藻等人的民族论述，以及南京国民政府时期对中华民族一体认同符号的强化，对促进中华民族共同体观念的倡导和弘扬意义重大。值得注意的是，这一时期的中国共产党已经开始独立领导民族民主革命的历程，其土地革命、红军长征、工农武装割据的开展，在对基层组织动员的同时撒播（包括在很多少数民族地区）民族平等、民族团结的思想火种。

　　从1931年的"九一八"事变、1935年的华北事变和"一二·九"运动，至1937年的卢沟桥事变所导引的全面抗日战争爆发，在这一系列接踵而至的关乎民族存亡的事件面前，团结一致、凝聚融合、共御外敌成为每一个民族成员的首要使命与任务。受此影响，由精英建构和舆论引导的现代意义上的中华民族概念，"能简洁鲜明地体现与侵略者对立的国人之整体性、命运的共同性、生存发展的神圣

---

　　① 黄兴涛：《重塑中华：近代中国"中华民族"观念研究》，北京师范大学出版社2017年版，第89页。

感、团结合作的庄严性,以及与历史相联的必要的族群自信心"①,并且超越党派斗争的狭隘与局限,成为被各政治势力接受又能激发国人斗志的温和有力的精神标识与符号表达。"中华民族的各族人民都反对外来民族的压迫,都要用反抗的手段解除这种压迫。"② 这一时期,中国各民族均表现出了强烈的中华民族认同意识。蒙古族、藏族、维吾尔族、回族等民族代表在《敬告全国抗战将士书》中明确宣称各民族均是中华民族的一分子,因历史、地理等原因,各民族之间存亡与共、命运与共,对民族性的自我理解得到升华。报刊、教材、电台广播等传播载体,抗战文学、抗战歌曲、抗战活动的传播形式,极大地增进了中华民族共同体这一符号的传播与观念认同,促进了中华民族共同体意识的勃发和"民族一家亲"情感的积淀。

(三) 新中国成立至今是中华民族自觉发展的新阶段

中华人民共和国的成立,对外标志着中华民族赢得了人民解放和民族独立,对内实行各民族一律平等的民族政策。1949 年通过的《中国人民政治协商会议共同纲领》明确指出,在少数民族聚居的地方实行民族区域自治,逐步开展民族认定与民族识别工作。后来,民族区域自治制度作为一项基本政治制度被载入宪法。"改革开放是中国人民和中华民族发展史上一次伟大革命"③,思想的拨乱反正促进了社会主义初级阶段对民族关系和民族发展问题的深入分析,做出了"民族关系社会主义性质"的正确判断。1982 年宪法中指出,"平等、团结、互助的社会主义民族关系已经确立,并将继续加强"④。1988

---

① 黄兴涛:《重塑中华:近代中国"中华民族"观念研究》,北京师范大学出版社 2017 年版,第 186 页。
② 毛泽东:《中国革命和中国共产党》,见《毛泽东选集》第 2 卷,人民出版社 1991 年版,第 623 页。
③ 习近平:《在庆祝改革开放 40 周年大会上的讲话》,载《人民日报》2018 年 12 月 19 日。
④ 《中华人民共和国法律汇编(1979—1984)》,人民出版社 1985 年版,第 5 页。

年，费孝通先生"中华民族多元一体格局"理论的提出，对中华民族理论与实践的进一步推进意义重大。20世纪90年代，通过对民族问题含义的争论，国家将加快民族地区的发展作为解决民族问题的核心要义。为了实现"共同团结奋斗，共同繁荣发展"[①] 这一新世纪新阶段民族工作的主题，中央领导集体均采取了一系列政策措施促进中华民族共同体的全方位建设。如实施西部大开发战略、对口支援计划等发展少数民族地区经济文化，着力培养少数民族干部，扶持少数民族地区的科教文卫事业，尊重并保护少数民族的语言、文字、宗教信仰、风俗习惯、生活交往方式等。党的十八大以来，以习近平同志为核心的党中央高度重视民族工作与民族问题，围绕新时期民族团结、稳定、发展的主调做出许多重要论断和总体部署，深入推进民族团结进步教育。2014年中央民族工作会议上对习近平"建设各民族共有精神家园，积极培养中华民族共同体意识"[②] 理念的凸显，以及将"铸牢中华民族共同体意识"作为新时代民族工作的重点与指向写入党的十九大报告，载入党章，都表明了新时代中华民族致力于实现伟大复兴开启的新征程。

三、中华民族共同体生成发展的历史逻辑

新时代公众对中华民族共同体的热议以及学界对相关问题的关注，彰显了中华民族反观自我的文化自觉与时代考量，是中华民族存在之历史逻辑、实践逻辑和发展逻辑的延伸与辩证。诚然，"中华民族共同体"是对"中华民族"既有观感认知的继承，尾之以"共同体"后缀则体现了中华民族发展到今天对民族身份归属的自觉界定。它"既不完全是对古代传统历史的沉思，也不全是近现代甲午战争、

---

① 《民族工作文献选编（二〇〇三—二〇〇九年）》，中央文献出版社2010年版，第2-3页。
② 习近平：《在中央民族工作会议暨国务院第六次全国民族团结进步表彰大会上的重要讲话》，载《人民日报》2014年9月30日。

全面抗战的刺激,而是立足当下中华民族伟大复兴中国梦的时代语境和情境提出"①。中华民族共同体发展到今天,凸显了由多元走向一体、从自在走向自觉、从独立走向复兴的历史规律,它以重要历史节点、历史脉络、历史流变的历时态展演,形塑了中华民族之政治体系、文化心理、社会生活、经济利益的共同体特质,指向了中华民族共同体生成发展的历史逻辑。

（一）中华民族共同体的生成发展是从多元走向一体的必然结果

中华民族几千年波澜壮阔的发展史不仅体现了民族自在向民族自觉和民族自信的发展趋势,而且彰显了中华民族从多元走向一体的历史走向。费孝通先生于1988年首次提出"中华民族多元一体格局"理论,概括性地抽象出中华民族结构中"多"与"一"的关系,"为我们认识中华民族和文化的总特点提供了一件有力的认识工具和理解全局的钥匙"②。1997年,他在《中华民族的多元一体格局》中,他从三个方面进一步对多元一体的内涵进行了阐释。第一,中国境内56个民族是多元,是基层,而由56个民族所构成的相互依存、不可分割的整体性民族实体是中华民族,是高层,进一步引申出民族认同意识的多层次论。第二,在从分散的多元向一体结合的过程中,汉族充当着将多元凝聚为一体的核心作用。第三,高层次的认同与低层次的认同并行不悖,中华民族作为一个多元一体的复合体,"其间存在着相对立的内部矛盾,是差异的一致,通过消长变化以适应于多变不息的内外条件,而获得这共同体的生存和发展"③。从结构论的角度

---

① 青觉、徐欣顺:《多元之和与一体之合:中华民族共同体之根本》,载《中国民族报》2018年7月27日。
② 林耀华:《认识中华民族结构全局的钥匙》,见费孝通《中华民族研究新探索》,中国社会科学出版社1991年版,第9页。
③ 费孝通:《简述我的民族研究经历和思考》,载《北京大学学报》（哲学社会科学版）1997年第2期,第10页。

第二章 中华民族的形成与铸牢中华民族共同体意识

审视多元与一体的辩证统一关系,"多元是以一体为前提的,是国家和民族统一条件下的多元;一体是以多元为载体的,抹杀了多元,否定了多元的存在,不尊重和保护多元的利益,就会危及一体的完整"①。而从过程论的角度审视多元一体,中华民族则经历了"华夏一体"—"华夷一体"—"中华一体"的发展历程。

中华民族的多元一体构成不仅内蕴了整体与部分的逻辑理路,而且展演了差异性与同一性的相互作用。作为辩证发展的动态过程,中华民族多元一体格局的形成体现在:首先,随着各民族生产方式、生活方式和交往方式的变革与发展,民族内部的社会分工渐趋成熟,这必然对中华民族的整体发展及各民族之间的交往、交流、交融有所增益。主动与被动的民族迁徙互动,客观上促进了各民族在血缘、风俗习惯、文化心理上的吸收与融合,这种你中有我、我中有你的发展特质存续于中华民族发展历程的始终。其次,相对独立又兼具多样的地理单元、各民族共同开拓和奠基的地域范围、共生共荣相互补益的中华经济圈、"大一统"的政治理念和政治追求、兼容并蓄和谐共生的文化心理结构,在长期的历史发展中,民族畛域日渐消弭,民族文化日益融合,在事实上形塑了多元一体的民族格局、民族意识和文化结构。最后,各民族之间共有命运和根本利益的一致性是多元一体格局得以形成的最重要原因。在各民族寻求利益最大化和功能最优化的进程中,民族之间在经济、政治、文化层面相互勾连缠绕,在彼此的开放与相依中逐渐凝为一体,共享记忆、符号和文化价值系统,并对中华民族范畴之外的他者进行区分,构建异于西方民族国家一体化的多民族国家的共同体。正是在这个意义上,中华民族共同体的生成与发展成为从多元走向一体的必然。

---

① 周建新:《关于"中华民族"称谓的思考》,载《贵州民族研究》2000年第3期,第3页。

(二) 中华民族共同体的生成发展是从自在走向自觉的理性选择

"自在"一词在黑格尔的语境中指谓"概念自身中所包含的对立要素尚未显露或分化,仍然保持着直接的、原始的同一性"①。"中华民族共同体"这一概念演化的前提是中华民族共同体这一客观实在作为自在存在的普遍物,经过"时间化、社会化、政治化"②的三重锻造,实现由潜在到明确,由具体到抽象再到理性具体的辩证发展过程,投影了中国各民族几千年矛盾发展的演进逻辑。所谓时间化,即"在大浪淘沙的话语变迁过程中沉淀下来,不仅能用以表述既往的经验,还能打开一道指向未来的期待视野"③。近代中华民族内涵不仅囊括了汉、满、蒙、回、藏诸族,而且开启了以中华民族为主体,有目的、有意识的现代民族国家建构进程。所谓社会化,即这一概念的受众范围不断扩大,以至被社会成员普遍接受与认可的过程。中华民族从最初的精英论证范畴,历经近代梁启超、孙中山等人的论证与阐述,五四运动、抗日战争中对中华民族一体论调的宣扬与传播,新中国成立后及至新时代对中华民族共同体理论的实践与完善,均促进了中国人民对中华民族共同体的认知感受、情感体验和民族共同体意识的觉醒。所谓政治化,即中华民族的概念超脱于书斋,以及革命、改革等类似场景中实现组织动员和政治标识的功能,成为各民族的"价值信条和行为取向以及抗击帝国主义和奋争国家统一的有效动员机制,乃至是国家合法性的重要来源"④。

---

① 金炳华:《马克思主义哲学大辞典》,上海辞书出版社2003年版,第26页。
② 参照德国史学家科塞勒克的说法,一个"词语"(word)只有在达到或接近"四化"水平的时候,才能被定义为"基本概念"(basic concept),"四化"即"时间化、民主化、政治化、意识形态化"。
③ 张凤阳、罗宇维、于京东:《民族主义之前的"民族":一项基于西方情境的概念史考察》,载《中国社会科学》2017年第7期,第30页。
④ 冯育林:《从"中华民族"到"中华民族共同体"的概念考察及其建设析论》,载《西北民族大学学报》(哲学社会科学版)2018年第3期,第10页。

‖ 第二章　中华民族的形成与铸牢中华民族共同体意识 ‖

西方学术界在论述民族存续发展状态与民族文化认同时往往倾向于从"原生论""建构论"抑或是"工具论"等解释体系展开，其差别主要聚焦在"民族"究竟是自然发展的文化过程还是政治层面人为建构过程的不同属性描述。但是综观中华民族共同体的形成历程，无论哪一种理论均无法合理而全面地解释中华民族共同体的文化意涵及政治隐喻。一方面，相对封闭的地理环境、以农耕生产为主的经济生活、绵延不辍的儒家主体文化熔铸了强调"一统"的中华文明，各民族间的交往、交流、交融也能在保有差异的基础上保持相对统一性，由此构成了中华民族的原生性特征。另一方面，中华民族概念的创制与传播，中华民族共同体的自觉凝聚与整合，"将中华大地上的各族人民凝聚为一个整体的'民族'（nation）共同体，以建立独立主权国家（state）的中华民族自觉凝聚过程，又具备着显著的'建构'色彩"①。"建构"意味着"选择"的倾向性，而"选择，在任何时候都是对可以选择东西的选择"②。客观来讲，各民族之间实际融合关系的历史"联系性"和演进趋势具有某种潜在的不可选择性，现实的政治、经济和文化关系的基本走向，同样具有某种不可选择性。但是从主观上看，中华民族概念的论证和传播则体现了民族成员对长期形成的民族间的历史文化联系及一体性演进路径认识的深化。从这个角度来说，中华民族共同体兼具"原生"与"建构"的双重特质，是从自在转向自觉过程中凸显主观能动性的理性抉择。

（三）中华民族共同体的生成发展是从独立走向复兴的时代诉求

"实现中华民族伟大复兴是近代以来中华民族最伟大的梦想"③，

---

① 刘永刚：《"发现"中华民族：从文明帝国到主权国家》，载《广西民族研究》2018 年第 5 期，第 19－20 页。
② 陈先达：《静园论丛》，中国人民大学出版社 2000 年版，第 111 页。
③ 习近平：《决胜全面建成小康社会　夺取新时代中国特色社会主义伟大胜利——在中国共产党第十九次全国代表大会上的报告》，人民出版社 2017 年版，第 13 页。

这一梦想的实现依托两大历史任务的达成,即获得民族独立和人民解放,实现国家富强和人民幸福。第一项历史任务随着新中国的诞生宣告完成。独立后的中华民族开始自立于世界民族之林,面对新的国际背景和发展特点,中华民族开始探索"富起来"的中国道路。作为"近代以来实现中华民族伟大复兴的三大里程碑"①之一,改革开放和中国特色社会主义事业的推进是符合历史发展规律、贴合人民群众需求、契合中国自身特色的重要举措。党的十一届三中全会对中国的社会主义性质进行科学界定,以邓小平为核心的中央领导集体决定将党和国家的工作重心转移到经济建设上来。此后,党的十三届四中全会、十六大等重要时间节点均对中国社会的发展问题做了进一步回应,分别围绕以党的建设带动发展和选择科学的发展方式等问题做出重要部署。与此同时,一系列促进民族地区繁荣发展的措施相继施行,也正是在各民族基本生活需要不断得到满足的基础上,中华民族的一体性认同进一步增强,中华民族共同体的凝聚力与向心力进一步稳固。

"今天,我们比历史上任何时期都更接近、更有信心和能力实现中华民族伟大复兴的目标。"② 新时代的历史站位、时代要求和矛盾变化,为中华民族"强起来"设置了"两个一百年""中华民族伟大复兴的中国梦""五个认同"等目标议程,透视了中华民族伟大复兴的光明前景。面对国内外新形势新阶段的风险与挑战、合作与发展、竞争与博弈,中华民族伟大复兴这一梦想的实现离不开伟大斗争、伟大工程、伟大事业的推进与贯通,尤其离不开中国共产党这一自成立起便肩负实现中华民族复兴的领导核心。针对新时代民族工作的新特点、新问题和新挑战,无论是当代学界对民族关系、民族认同、民族

---

① 习近平:《在庆祝改革开放40周年大会上的讲话》,载《人民日报》2018年12月19日。
② 习近平:《决胜全面建成小康社会 夺取新时代中国特色社会主义伟大胜利——在中国共产党第十九次全国代表大会上的报告》,人民出版社2017年版,第15页。

文化、民族凝聚等研究议题的关注，抑或是实际工作中关于对口支援、民族地区脱贫攻坚、民族团结进步教育等现实议题的具体聚焦，均体现出"'中华民族一家亲，同心共筑中国梦'的伟大梦想和各民族共同团结奋斗、共同繁荣发展的共同理想"[①]。同时，中华民族共同体的构建不仅仅是实现中华民族伟大复兴的内在要求与理论自觉，而且强调对个体民族成员的解放与关照，争取让每一个民族成员"共同享有人生出彩的机会，共同享有梦想成真的机会，共同享有同祖国和时代一起成长与进步的机会"[②]。由此出发，中华民族共同体的形成是合目的性、合规律性与合时代性的辩证与统一。

第二节　中华民族共同体意识培育的应然视角

中华民族共同体意识是反映中华民族共同体存在的社会意识。中华民族共同体是一个由 56 个民族组成的基于共同认同的血缘融通和流动交汇而形成的自觉的有机体，是中华民族成员和中国公民国族身份的概括。中华民族共同体意识的培育是群体利益民族意涵的内化、民族基因世系传承的外显，是民族精神理性认知的规范与引导、群体分歧和差异的矫正与弥合，因而是民族基因文化本质、价值认同政治共识、理解认同理性意指、民族成员视域交融相互作用的结果。由此出发，培育中华民族共同体意识，强调中华民族共同体成员的国族身份，在现实性上指谓了与国家关联在一起的中华民族的固有特性。

在中华文化的符号系统中，石榴由于其内部果实籽粒"千房同模，千子如一"（潘岳《河阳庭前安石榴赋》）的特性，被赋予了团结、和谐、繁荣等美好意蕴；同时，由于其丰收时节与象征团圆、祈

[①] 王延中：《铸牢中华民族共同体意识，建设中华民族共同体》，载《中国民族报》2018 年 5 月 18 日。

[②] 习近平：《习近平谈治国理政》，外文出版社 2014 年版，第 40 页。

福求祥的中秋佳节相重合，石榴的内聚和团圆象征被进一步强化，石榴"多籽"的特性与人们"多子"的期盼在中华文化传统理念中进一步融合，成为表达社会和谐、繁荣兴盛的重要文化象征。作为中华民族共同体意识生发的产物，"石榴籽"效应是中华民族共同体发展的历史写照和文化图谱，它以中华民族共同体生命存在圈的形式，延展于复合民族共同体稳定的社会历史联系和共同的文化纽带。党的十九大报告关于"深化民族团结进步教育，铸牢中华民族共同体意识，加强各民族交往交流交融，促进各民族像石榴籽一样紧紧抱在一起，共同团结奋斗、共同繁荣发展"的重要论述，阐明了"石榴籽"效应的现实激发，构成了中华民族共同体意识培育的应然视角。

一、共同体意识表征下的"石榴籽"效应

（一）"百籽合一"的民族共同体命运与共意识

中华民族"百籽合一"的内聚形态，源于中华文化国土上的多元民族主体，经由长期而持续的政治、经济、社会、文化联系，越发显现出归依于中华民族共同体的"石榴籽"特征和向心于中华民族共同体的认同倾向。在这一进程中，汉族逐渐成为凝聚的内核，并以滚雪球发展的形式将中华民族共同体的外延由中原地区扩散至中华大地的四维所及，最终形成中华民族幅员辽阔的政治版图和多元一体的民族格局。它表征着孕育中华民族共同体意识的中华民族实体，经分散的"百籽"状民族单位聚合为统一体的形成过程和经交往、交流、交融而从各具特色走向命运"合一"的建构结果。"大杂居，小聚居"的民族共存和集聚态势，更是在中华各族人民稳定的经济生活、物质交往、精神互动的基础上，形构了各民族在地域分布上交融杂居、在融合互通中承认接纳、在深度交往中一体同构的"天地之常经，古今之通谊"（《汉书·董仲舒传》）。

中华民族共同体形成的过程，同时是中华民族共同体意识不断形塑并内化于民族成员自身观念的过程；各民族由分散的"百籽"融

‖第二章　中华民族的形成与铸牢中华民族共同体意识‖

合为一体的过程，同时是民族成员将自身命运黏合于民族共同体前途的过程。这些过程体现了中华民族共同体意识的愿景共通与路径一致，经中华民族共同体的内部整合与矩阵优化，表现为各成员民族和民族成员对彼此间同发展、共命运状态的理性认识，进而凝练为对"舟车所至，人力所通，天之所覆，地之所载，日月所照，霜露所队"（《礼记·中庸》）的大一统思想的认同。中华民族"百籽合一"的命运与共意识，在新时代语境中表达为民族复兴这一"凝聚了几代中国人的夙愿，体现了中华民族和中国人民的整体利益，是每一个中华儿女的共同期盼"①的国族梦想，并成为"更相减损，求其等也"（《九章算术·方田》）——寻求中华民族团结奋斗最大公约数的关键依据。

（二）"百籽共生"的民族共同体共有精神家园意识

民族成员对中华文化认同的逻辑始点发端于作为"百籽"的各民族互济共生的过程，经由"百籽"对中华文化的共建与共享而实现的对中华文明的共创，系统地集成中华各族人民的思想观念，集聚中华文化的发展动力。在历史视角中，中华文化基于夏、商、周三朝所传袭而成的中原文化，以少数民族文化作为重要思想资源和观念补充，是"百籽"间深度交流、彼此接纳、相互融合的产物。相互接触、彼此相邻的族群，在生活背景、生产方式、能力禀赋等方面天然地存在着差异，这导致了族群间经济发展水平的参差不齐，进而形成了相应的文化差异。这种差异在交流、贸易、通婚甚至战争等形式的作用下，促成了族群共同进步、协同发展的趋势，进而各"籽"之间的文化差异逐渐缩小，日益达到彼此相当的水平，为"百籽"的进一步融合与共生奠定了基础。与此同时，"百籽"间文化上的融合又"递归"地促成了政治上大一统格局的出现，进而在各"籽"多元的基础上模铸着统御政治、经济、文化各方面的中华民族共同体。

中华文化"百籽"共生的形成过程，同时是各民族文化接触、

---

① 习近平：《习近平谈治国理政》，外文出版社2014年版，第36页。

交流与碰撞的过程；共享中华文化的历史进程，同时是汉族确证少数民族文化为中华文化、少数民族推崇汉族文化为中华文化的双向认同过程。中华民族共同体中的各"籽"均贡献于中华文化的形成与发展，各"籽"在彼此尊重、相互欣赏中互相学习，进而实现的互证彼此身份、达成民族共识、共享中华文化，是共有精神家园意识的集中表达。中华民族成员所共有的精神家园，以精神联系超然于物质利益关系与血缘亲族关系，将民族成员置身于中华文化的"石榴"之内；基于中华文化的精神依托和家园共有，中华民族各"籽"间互相尊重、彼此接纳的情感共识得以确立，在"百籽"共同创造美好家园、共同培育民族精神的"共生"过程中，具象为各族人民对中华民族和中华文化的认同增强。

(三)"千籽如一"的民族共同体心理认同意识

共同体内部各"籽"趋同与"如一"的态势，生发于中华民族各"籽"在血缘、亲族共同体形式之外，经共同生活、族际融合、迁徙交流、风俗濡化所完成的自然融合。费孝通先生从生物基因与社会涵化的视角出发，对中华民族经相互融合与渗透而形成有机整体的过程进行了诠释。在他看来，在中华民族由多元走向一体的过程中，作为"石榴籽"的民族之间经常发生混合、交杂，在逐渐趋近"如一"之后，中华民族内部没有"哪一个民族在血统上可以说是'纯种'"；在内部"各民族流动、混杂、分合的过程"中和外部"共同抵抗西方列强的压力"下，中华民族"形成了一个休戚与共的自觉的民族实体"。

这种"千籽如一"的倾向是对中华民族共同体归属感和依恋感的直观表达，它孕育了中华民族共同体意识的情感共识维度；在各"籽"之间存在文化禀赋、风俗习惯、价值体认等客观差异的前提下，这种共识被表达为中华民族成员对中华民族共同体的心理认同和中华民族成员彼此之间的心理认同。中华民族共同体的心理认同意识，不仅是一种自然形成的自我保护意识和归属意识，而且是在与外界交往的过程中所形塑的思想状态和心理反应，其同舟共济和患难与共的心理共鸣指谓了民族情感共通的心理内化与自觉外化。

（四）"千房同模"的民族共同体团结互助意识

共同体内各民族的"千房同模"生发于"各民族在中华民族大家庭中手足相亲、守望相助"。生活空间的交错杂居、文化理念的融通并蓄、经济发展的相互依存、情感共通的彼此亲近、难分你我的利益共享，既是囊括"石榴千籽"的中华民族之"石榴"的存续依托与发展根基，更是中华民族实现各"籽"共同繁荣的价值目标。以"籽"的形态生活于中华文化国土之上的各民族，在彼此接触、相互融汇、协同内聚的过程中，逐渐呈现出共同发展、交融一体的趋势；随着彼此之间发展差距的缩小，差异民族"籽"间进一步趋于一体化的基础被奠定，民族成员共享发展成果的团结互助意识也随之提高。

"各民族有共御外侮的历史，有和睦共生的切身利益，也有建设共有现代国家的长远目标。"① 团结互助强调了中华民族共同体的各"籽"在发展上的协同一致和在资源上的优势互补，是中华民族成员"手足相亲、守望相助"关系的现实表征，它彰显着中华民族共同体意识由共同发展之"见物"到团结互助之"见人"的逻辑演进，并于现实性上明示了"中华民族和各民族的关系，是一个大家庭和家庭成员的关系"，各民族"尊重差异，包容多样"的团结理念反映了"各民族的关系，是一个大家庭里不同成员的关系"②。中华民族整体囊括"千房"——56个民族，56个民族共同构成了中华民族整体，这表征着中华民族共同体整体与多元的同构；这种同构作为"以人为本，心物并重"的民心意识的具体呈现，以各"石榴籽"共同发展的团结互助与交往、交流、交融，实现着各民族成员基于中华民族

---

① 纳日碧力戈：《试论中国各民族文化连续体》，载《青海社会科学》2017年第6期，第214页。
② 《中央民族工作会议暨国务院第六次全国民族团结进步表彰大会在北京举行》，载《人民日报》2014年9月30日。

共同体意识的共居、共学、共享和共乐。

二、作为共同体意识价值旨趣的"石榴籽"效应

（一）中华民族共同体意识的根基性形构

"石榴籽"效应是中华民族共同体内部成员和谐共生的基础，其提出与强调，为中华民族的发展和中华民族共同体意识的更新，创设了可循的路径和现实的情境。随着"石榴籽"效应的释放，中华民族内部的文化认同与共同体认同实现双向链接，形成并拓宽了民族成员参与生产活动、表达政治态度、认同价值理念的重要渠道；在双向链接与渠道疏通的双重作用下，民族成员族属身份的确定性与不可退出性，决定着民族成员自身存续与发展对共同体的必然依附，进而形构了中华民族共同体意识的根基性认同和文化归依感。

作为反映中华民族共同体存在的观念意识集合，中华民族共同体意识将历史境遇、文化习俗、生产力水平上存在发展差距与价值分歧的民族"石榴籽"纳入政治共同体，在弥合中华民族内部族际落差的同时，消解和淡化着各"籽"在社会地位、经济发展和文化权利等方面的差距。"石榴籽"效应于中华民族共同体构建进程中所外显的求同存异功能，一方面强调各民族"籽"在政治、经济、文化等维度上根本利益的一致与沟通，进而在"求同"进路中指引各民族"籽"的相互磨合趋同与发展立意升华；另一方面强调对各民族"籽"独具特色的历史传承与政治承认的普遍尊重，在"存异"进路中促成各"籽"独特的理念发展与价值创新，进而提供和奠定铸牢中华民族共同体意识的文化支撑与心理基础。

在铸牢中华民族共同体意识的背景论域中，挖掘和明晰存在差异但又互济共生的各"石榴籽"相互依存的模式，既明确了社会公正原则与民族平等原则的政治归旨和价值向度，更实现了对多元一体中华民族内部各"籽"的历史性定位和发展需要的满足。基于马克思主义民族观的总体思路和中华文化民族观念的融贯变迁，"石榴籽"

效应通过引导民族成员对中华民族共同体意识的主动认知和自觉践行，探寻着新时代民族自治理论整合自治与共治的可靠路径，进而促成各民族"石榴籽"般共生共存于中华民族内部。"石榴籽"效应通过对传统民族自治理论"排他"与"从属"两大主题限阈的克服与超越，直面民族权益与民族观念外化的理性诉求，反映了中华民族内部各民族"籽"的政治人格平等，更能彰显中华民族成员当家做主的政治本质与价值意涵，为新时代铸牢中华民族共同体意识提供必需的前提要件。

（二）中华民族共同体意识的强化性维系

"石榴籽"效应是中华民族共同体外向排异与内向凝聚的重要量标，其提出与强调，揭示和拓展了中华民族共同体内部各民族"籽"彼此接纳与异体同构的促进逻辑。在"石榴籽"效应的导引下，中华民族共同体内各"籽"间观念差异、价值冲突、矛盾行为的源点与动机为中华民族共同体意识所理解和审视，共同体内民族"籽"关系度量的评估标准与指标系统被框定，促成了中华民族成员对共同体政治合法性的实际肯定和对共同体政治生活的制度化参与，进而促进了中华民族共同体意识的民族实体强化与政治认同维系。

作为多元利益与价值的承载实体和表述单位，以中华民族为代表的复合民族共同体，在自身存续与发展的进程中自证着内部各民族"籽"间具体差异的客观存在，这种客观存在的差异不可避免地产生了巨大的社会能量，同时确证着以铸牢中华民族共同体意识驾驭这种社会能量的重要意义。在界定民族定义的诸多要素中，"形成于共同的地域内"与"具备共同的经济生活"作为核心要件起着决定性作用；但确保民族共同体历经长期的历史沉浮而保持鲜明特征和对外影响力的关键要素，则在于共同民族文化特质之上的共同心理素质。中华民族所共在的地域空间、共有的经济生活、共通的心理素质，形构了囊括民族"籽"的整体，不仅具象了中华民族有别于其他民族共同体的民族符号体系，更奠定了中华民族内部具体民族观念与行为规范形成的基石。

在"石榴籽"的政治实践中,中华民族共同体意识在本质上表征为民族成员基于中华文化这一共有精神家园,进而生发出对中华民族政治同体和文化同根状态的认可与赞同。其中所内蕴的认知、情感、判断等要素,则与中华民族内部各"籽"间的文化共识关联密切,明示和佐证着文化价值认同与共同体政治稳定的正向相关。民族"籽"共同致力于培养中华民族共同体意识,有利于共同体政治合法性的固基与提高;而民族"籽"对共同体政治认同程度的普遍提升,则有助于中华民族国家立意的明确与中华文化意涵的拓展,进而反向促成"石榴籽"效应的形成与增强。"石榴籽"效应所引致的认同语境中的政治参与,透过民族成员政治意见的观感、表达与外化实践,反映着中华民族共同体政治运行和政策实施的成员接纳与权威合法,成为促进各民族间平等、共处、互信、合作的秩序要件,是实现中华民族伟大复兴这一共同体发展立意的重要前提,为新时代铸牢中华民族共同体意识提供可靠的维系助力。

(三)中华民族共同体意识的建构性升华

"石榴籽"效应是中华民族共同体内部族际整合的目标明示,其提出与强调,阐发和确证着囊括于中华民族"石榴"内的各民族"籽"的特定身份。基于中华民族成员非政治化的整体性认同,带动泛政治化利益追求的实现,进而达致民族成员对中华民族共同体意识的自觉认同,是"石榴籽"效应功能外显的直观表达;它在面向共同体外部的国际政治层面,凸显着中国作为统一多民族国家的多元一体特性,而在面向国内政治层面,则突出了各民族"籽"对中华民族共同体及与之相匹配的政治国家的认同。

作为典型的异体同构民族实体,中华民族最强大的力量来自成员对中华文化的高度认同。作为概念存在的认同,是社会群体得以形成的理性基础和与生俱来的人性特征,但具体的认同标准与尺度既不在于观念,也非一成不变;在民族成员对中华文化和中华民族共同体意识的认同指向中,共同体的模糊边界、民族成员的身份确证、内部各"籽"的交往伦理与评价标准为"石榴籽"效应的文化作用所明晰,成为带动个体意识向共同体意识看齐、差异成员间彼此承认、民族"籽"间社会接纳的重要能量。在"石榴籽"效应的作用下，中华民族内部各"籽"在相互认同的基础上承认、尊重并整合彼此间的差异，于存续保有传统族裔文化的同时，创建全新的、更高层次的、更大容度的中华民族认同，进而建立了铸牢中华民族共同体意识的理性建构模式。

在中华民族内部"千房同模"且彼此交融的现实场域中，血脉传承和文化同源的基因属性，明示了塑造中华民族整体和共同体内部各民族的固有精神特质，展示着中华民族在内外比较中逐渐走向"百籽合一"与"千籽如一"的历史分野。区别于国家政治和意识形态的强制作用与定式功能，"石榴籽"效应展示了涉及生活各方面的民族成员身份，为各民族的群体观念统合与利益共享实现提供了承载平台与践行场域；基于对中华民族多元一体特质和"百籽共生"态势的系统外化，"石榴籽"效应通过对民族文化认同的承载，强化和维系了民族成员的共有精神家园意识，不仅丰富了中华民族国家实体的政治内聚要素，更发展和优化了各民族立足于情感根基、维系于政治利益的文化价值构成，为新时代铸牢中华民族共同体意识提供了关键的升华图景。

三、"石榴籽"效应的培育向度

（一）始步于文化—民族认同的"石榴籽"效应培育

培育中华民族共同体意识的情感归依构成了"石榴籽"效应培育的第一层级，在这一层级中，从"我"到"我们"的情感共识得以萌发。民族情感内含多元一体的民族性，是中华民族共同体意识赖以铸牢的基础性因素，是"石榴籽"效应培育的核心要件。从两者结合的根基性向度出发，"石榴籽"效应的发挥有助于将共同体生活中约定俗成的行为规则内化为民族成员接受和赞同的思维定式，在尊重民族成员需求满足与强调外部整体规约之间，实现联系的加强与取舍的平衡。培育"石榴籽"效应反映了民族传统基因的内部图谱和共同体价值认同的文化本质。在现实性上，中华民族成员共同根植的世系传承的文化基因是"石榴籽"效应功能外显的依托，"石榴籽"效应将对民族成员情感性认同的触发作为带动中华民族共同体意识铸牢的原点，进行根基性的原生建构。在民族交往、交流、交融的社会体验中，铸牢中华民族共同体意识的"石榴籽"效应，激发共同体内语言互通、经济互易、习俗互鉴的社会交融展演，强化民族成员间同舟共济的亲密感，聚焦族群认同基础上的文化标识和身份确立。

"石榴籽"效应的培育在文化—民族认同中的情感性触发，以系统解读和价值诠释的中华文化要义，引导民族成员对中华民族共同体做出心理上的自发归依与观念传承，并对民族成员的心理图景进行描绘和刻画。由此出发，"石榴籽"效应培育的第一层级，表征了个体成员对中华文化与中华民族共同体意义的心理认同，指向了共建中华民族情感共识的心理边界，体现了由各民族文化构成的中华文化的兼收并蓄，诠释了共有精神家园的理性判定坐标。概言之，这一层级"石榴籽"效应的培育，立足于文化—民族认同所固基的民族成员原生性认识与情感性依归，强调各民族在共在和共生的文化土壤中获得整体性补益与文化滋养。

（二）中继于政治—国家认同的"石榴籽"效应培育

对培育中华民族共同体意识的理性强化构成了"石榴籽"效应的中继性层级，在这一层级中，共同命运的利益诉求得以彰显。各民族命运与共的政治性表达，是中华民族共同体意识赖以铸牢的强基性因素，是"石榴籽"效应培育的链接性要件。从两者结合的强化性向度出发，"石榴籽"效应遵循中华文化的价值内涵与发展逻辑，立足于共同体内部资源占据、分配排序、关系再造的特定组合，"在追求多元价值主体之多元价值的共享和契合中实现多元价值求同存异"，通过工具性的获得引导和强化性的权益阐释，对民族成员进行工具理性的诱导和需求满足的牵引。培育"石榴籽"效应反映了中华民族共同体意识在固基与强化中的认同意指。在现实性上，对民族成员间利益关联的教化、引导和规范是"石榴籽"效应功能释放的契机,"石榴籽"效应对各民族进行正向的价值教育和共通的愿景建构,以政治共同体影响共同体成员的观念与行为,进行基于理性的强化建构。在民族间文化、符号、权益等象征性利益的物态转换中,加强中华民族共同体意识的"石榴籽"效应,承载民族成员对文化基因、价值观念、社会风俗的传袭与实践,诠释和带动民族成员认同中华民族共同体意识的自觉内外化。

"石榴籽"效应的培育在政治—国家认同中的理性驱动,指向了以切实利益的物质权衡对各民族之间承认和认可的促进,其内向凝聚通常具象为中华民族边界的不断拆合与重构,其外向拒斥则更多地展演为成员对社会情境中他者的评价态度。由此出发,"石榴籽"效应培育的中继层级,起着理性认同对内影响和对外作用的双重工具性引导,强化着各民族由资源竞争到情境商榷再到理性认同的经济关联与政治共衍。概言之,这一层级"石榴籽"效应的培育,立足于政治—国家认同所明示和强化的中华民族共同体内部"百籽共生"的必然趋势,强调于"只有那些共享的价值观、象征符号以及彼此接受的法律—政治秩序,才能够提供必要的、广泛流行的合法性"① 的利益共识中获得民族聚合的能量与动力。

(三) 归属于政党—道路认同的"石榴籽"效应培育

培育中华民族共同体意识的价值升华构成了"石榴籽"效应培育的终极指向,在这一层级中,"美美与共"的理性自觉得以实现。民族愿景内生民族复兴的伟大目标,是中华民族共同体意识赖以铸牢的关键性因素,是"石榴籽"效应培育的核心要件。从两者结合的升华性向度出发,"石榴籽"效应的释放引导民族成员在彼此理解和相互联系的基础上,以对中华民族政治实体的正向感受和正面评价,明晰对中国共产党执政地位的民族肯定,生发对中国特色社会主义道

---

① [俄] 瓦列里·季什科夫:《苏联及其解体后的族性、民族主义及冲突——炽热的头脑》,姜德顺译,中央民族大学出版社2009年版,第465-466页。

路的群体自觉。"经教育刻写与体化实践的强化形成的对国家制度设计、政治绩效与利益分配的肯定与赞同"①，在现实性上体现了铸牢中华民族共同体意识的"石榴籽"效应。由此出发，"石榴籽"效应在民族成员价值评判的观念外化和社会活动的蕴含内化中，阐析中国共产党的执政为民和中国特色社会主义道路自信，它以民族本质特性的价值诠释和民族成员现实需求的利益满足，进行着升华性的理解建构。

"石榴籽"效应的培育于政党—道路认同中的价值性升华，强调了中国共产党对中华民族利益的整体性代表，凸显了中国特色社会主义道路于中华民族伟大复兴中的重要作用。"石榴籽"效应的培育在这一层级中的生发，经教育引导和实践带动的强化，形成对国家制度设计、治理绩效和资源分配的接受与肯定；基于对中华文明的文化历史传承、对中国共产党执政成果的认可、对中国特色社会主义建设的积极参与形成的身份归属和政治自觉，是"更基本、更深层、更持久"的价值归依，表现为中国特色社会主义道路自信、理论自信、制度自信和文化自信。"石榴籽"效应对中华民族共同体意识的铸牢，有助于民族成员对中国共产党作为全民族代表的深刻理解，促进了民族成员对中国特色社会主义道路内在联系和本质规律的全面把握，其自信与自觉的向度结合展演了民族成员主动实践、自觉内化和责任养成的现实过程和精神成果。

第三节 中华民族共同体意识铸牢的文化方略

中华民族共同体意识是反映了中华民族共同体存在的社会意识，它以包括56个民族在内的共同生命存在圈的形式，延展了复合民族

---

① 詹小美、张晓红：《社会转型向度中的"五个认同"》，载《内蒙古社会科学》（汉文版）2017年第4期，第37页。

第二章 中华民族的形成与铸牢中华民族共同体意识

共同体稳定的社会历史联系和共同的文化纽带。共建中华民族的命运与共意识、共享中华文化的共有精神家园意识、"你中有我，我中有你"的心理认同意识、共同发展的团结互助意识，构成了中华民族共同体意识的价值内核。党的十九大报告指出："文化兴国运兴，文化强民族强。没有高度的文化自信，没有文化的繁荣兴盛，就没有中华民族伟大复兴。"①

中华民族共同体是中华民族成员和中国公民国族身份的概括，强调中华民族共同体成员的国族身份，在现实性上指谓了与国家关联在一起的中华民族的固有特性。就此意义而言，中华民族共同体是一个由56个民族组成的，基于共同认同的血缘融通和流动交汇而形成的自觉的有机体。这种表现于民族成员情感共识的文化自觉，是民族共同体伦理实现的基础，它以普遍伦理所必需的社会平台指谓了民族共同体实现的基础。作为反映中华民族共同体存在的观念形态，中华民族共同体意识强调了民族成员经物质和精神交往之后所形成的思想观念；作为中华民族共同体意识产生的物质承载，中华民族共同体的生成和演化制约了中华民族共同体意识形成和发展的历史轨迹。在民族共同体社会意识形成的过程中，民族共同体的社会心理奠定了民族共同体社会意识抽象的基础，而民族共同体社会意识则给予民族共同体的社会心理以重大的影响。

一、中华民族共同体意识的文化阐析

不同于以血缘关系为纽带形成的氏族和部落，亦不同于以婚姻、血缘关系为纽带形成的家庭，民族共同体的生命存在圈指谓了共同经济生活、共同地域、共同语言和表现在共同文化之上的共同心理素质。在现实性上，民族成员依靠共同的社会特征承认共同体文化，是

---

① 习近平：《决胜全面建成小康社会　夺取新时代中国特色社会主义伟大胜利——在中国共产党第十九次全国代表大会上的报告》，人民出版社2017年版，第40—41页。

获得所属群体认同的重要方式，人们依靠共同体获得身份、地位和权力，抵御自身无法抵抗的风险，满足获得承认和归属的情感需要，进而获得从"我"到"我们"的群体确认。

（一）共建中华民族的命运与共意识

共建中华民族的逻辑推演，源于中国地域内多元的各民族主体，经长期的政治、经济、文化联系，不断促进着彼此的交融与汇集。在这个过程中，汉族成为凝聚的核心，以"滚雪球"发展的方式从中原大地扩散到中华大地的北部、南部和西部，最终形成了中华民族多元一体的政治版图和民族格局。它反映了孕育中华民族共同体意识的中华民族经许多分散的民族单位聚合为统一体的形成过程，经交往、交流、交融从各具独特性走向命运一体性的形塑结果。"大杂居，小聚居"的民族集聚方式，更是以中华各族人民稳定的经济生活和精神物质交往，促成了地域分布交错杂居、民族融合承认接纳、交往方式一体共构的"天地之常经，古今之通谊"（《汉书·董仲舒传》）。

中华民族共同体的形成过程，同时是中华民族共同体意识形塑和内化于民族成员观念形态的过程；共建中华民族的历史进程，同时是民族成员将自身命运与民族共同体前途密切黏合的过程。它内蕴了中华民族共同体意识的目标一致与愿景共通，经由中华民族共同体的内向整合，表现为共同体内部单位、成员对彼此同发展、共命运状态的理性认识，正是"舟车所至，人力所通，天之所覆，地之所载，日月所照，霜露所队"（《礼记·中庸》）的缩影。中华民族共同体的命运与共意识，在新时代表现为中华民族伟大复兴的国族梦想，"凝聚了几代中国人的夙愿，体现了中华民族和中国人民的整体利益，是每一个中华儿女的共同期盼"[①]，成为中华民族团结奋斗的最大公约数的关键依据。

---

① 习近平：《习近平谈治国理政》，外文出版社2014年版，第36页。

(二) 共享中华文化的共有精神家园意识

共享中华文化的逻辑始点聚焦于中华各族对中华文化的共建与共享，中华文化是各民族文化的集成，中华文明是各民族共同创造的文明，是包括56个民族在内的中华各族人民共同的思想观念，少数民族文化是中华文化重要的思想资源。从历史上来看，中华文化的主流是夏、商、周三个朝代传承下来的中原文化，是族际间互相交流、彼此吸收融合的产物。相邻的族群常因生产方式的不同和经济水平的高低，形成了相对的文化差异，通过交往、贸易甚至战争等形式，出现了共同进步、共同发展的势头。在这个过程中，文化差距逐步缩小，达到大致相当的水平，奠定了进一步融合的基础。文化的融合反过来促进了政治统一的实现，进而在多元的基础上形成新的政治和文化共同体。

中华文化的形成过程，同时是中华民族共同体成员文化接触、交流与碰撞的过程；共享中华文化的历史进程，同时是汉族确证少数民族文化为中华文化、少数民族尊崇汉族文化为中华文化的双向认同过程。各民族均对中华文化的形成和发展做出贡献，各民族彼此尊重、相互欣赏、互相学习，相互认同、形成共识、文化共享是共有精神家园意识的集中表达。它以中华民族整体共有的精神家园，将民族成员置身于中华民族整体之中，以精神联系超然于血缘亲族关系和物质利益关系之上，表征为民族成员对中华民族文化的价值认同。基于中华文化的精神依托和家园共有，互相尊重、彼此接纳的情感共识得以确立；共同创造美好家园，共同培育民族精神，意味着各族人民对中华民族和中华文化的认同增强。

(三)"你中有我，我中有你"的心理认同意识

"你中有我，我中有你"生发于中华民族以亲缘共同体形式表现出来的经共同生活、族际通婚、交往迁徙、习俗濡化所达致的自然融合。费孝通先生从生物基础的角度和社会涵化的过程诠释了中华民族是一个经相互融合和相互渗透而形成的有机体。在他看来，中华民族

在由多元走向一体的过程中，经常发生混合、交杂的作用，其内部没有"哪一个民族在血统上可以说是'纯种'"；中华民族在内部"各民族流动、混杂、分合的过程"中和外部"共同抵抗西方列强的压力下"，"形成了一个休戚与共的自觉的民族实体"①。

这种结合是对中华民族共同体归属感和依恋感的直观表达，它孕育了中华民族共同体意识的情感共识；在彼此之间存在文化禀赋、宗教风俗、价值体认等差异的前提下，这种共识表现为中华民族成员对中华民族共同体的心理认同和中华民族成员彼此之间的心理认同。中华民族共同体的心理认同意识，不仅是一种自然形成的自我保护意识和归属感，而且是在与外界交往的过程中形塑的思想意识状态和心理反应，其同舟共济、患难与共的心理共鸣指谓了民族情感共通的心理内化与自觉外化。

（四）共同发展的团结互助意识

"共同发展"生发于"各民族在中华民族大家庭中手足相亲、守望相助"②。空间分布的交错杂居、文化观念的融通并蓄、经济发展的互为依存、情感共通的彼此亲近、谁也离不开谁的利益共享，既是中华民族的立身之本、生命之依，更是中华民族实现共同繁荣的价值标的。历史上，相邻的不同族群常因生产方式的不同和经济水平的高低，形成了相对的经济发展差异，通过民族间的交往、交流、交融，出现了共同进步、共同发展的势头。在这个过程中，发展差距逐步缩小，趋近于大致相当的水平，不仅奠定了进一步融合的基础，而且拓展了共享发展成果的团结互助意识。

团结互助强调了各民族的共同发展和优势互补，是中华民族成员"手足相亲、守望相助"关系的现实表征，它彰显着中华民族共同体

---

① 费孝通：《中华民族的多元一体格局》，载《北京大学学报》（哲学社会科学版）1989 年第 4 期，第 11、18 页。
② 《中央民族工作会议暨国务院第六次全国民族团结进步表彰大会在北京举行》，载《人民日报》2014 年 9 月 30 日。

意识由共同发展之"见物"到团结互助之"见人"的逻辑演进,并在现实性上彰显了"中华民族和各民族的关系,是一个大家庭和家庭成员的关系",各民族"尊重差异,包容多样"的团结理念反映了"各民族的关系,是一个大家庭里不同成员的关系"①。中华民族整体包括56个民族的多元,56个民族的多元组成中华民族整体,整体离不开多元,多元离不开整体,共同发展的团结互助正是"以人为本,心物并重"的民心意识,它以共同发展的交往、交流、交融,导引着各民族成员的共居、共学、共享和共乐。

二、中华民族与中华民族共同体的关系同构

作为文化观念的价值表达,中华传统文化与中华民族共同体意识同时根生于中华民族的现实土壤,在共同产生、实时交互的关系互动中,通过民族成员对自身参与和共创的文化历史的承认、认可、赞同,体现着中华传统文化与中华民族共同体意识的关系共在性。中华传统文化与中华民族共同体意识的关系同构,奠定了以中华传统文化的弘扬铸牢中华民族共同体意识的现实性基础。中华传统文化为中华民族共同体意识的铸牢提供核心佐证与可靠资源,中华民族共同体意识指引和带动中华文化的丰富与发展,于民族成员心理层面所共有的认知图式、评价逻辑和血脉共通中,体现着中华传统文化与中华民族共同体意识的关系共生性。在中华传统文化弘扬与中华民族共同体意识铸牢的发展向度上,中华传统文化的丰富、发展与中华民族共同体意识的培育、铸牢,均以实现中华民族伟大复兴的中国梦为目标,在引导、带动民族成员内化中华文化的价值精髓,自觉投身于共同体发展的伟大事业的进程中,体现着中华传统文化与中华民族共同体意识的关系共意性。

---

① 《中央民族工作会议暨国务院第六次全国民族团结进步表彰大会在北京举行》,载《人民日报》2014年9月30日。

(一) 中华传统文化与中华民族共同体意识的关系共在性，指向了中华民族的历史认同

共在性是现实社会生活中的个体与个体之间、个体与共同体之间、共同体与共同体之间的基本关系属性，它以关系双方的地域共场和时间同轴表征着彼此同时存在、互为因果、相互建构的关系。中华传统文化与中华民族共同体意识的共在关系，集中体现为二者既共场于中华民族的空间地域和承载实体，又同轴于中华民族形成、发展的历史延展与演进脉络，是由中华民族母体一并孕育、滋养的观念体系。

中华传统文化与中华民族共同体意识的地域共场，指向承载民族成员历史认同的实存表达与空间发展。民族成员和各成员民族在长期的共同发展过程中，共同创造了中华文化这一"科学知识、价值观念的物化成果和精神成果的有机整体"①。它一方面根植于中华民族所共同占据、开发、使用的地域空间，另一方面在这些地域空间之上标识和刻写自身的观念印记。民族成员在这种充实着中华文化印记的地域空间之上生活和发展，自然地获得了归依中华民族共同体的先在属性，天然地具备着对中华传统文化的原生认同。承载着共同体成员生产、生活的现实疆域和被中华传统文化覆盖的文化国土，随着中华民族共同体于历史进程中不断地向外扩展和向内整合，基于国土空间的伸缩与调整，书写着中华民族的文化历史。描绘民族共同体发展历程、凸显中华文化精髓的中华民族历史，成为中华民族成员判定自身归属、形成价值体系的原始资料；中华传统文化和中华民族共同体意识的内聚成型与共同发展，亦成为民族成员对中华民族历史由认知到认同的关键桥接与核心助力。

中华文化与中华民族共同体意识的时间同轴，指向中华民族成员历史认同的共识融贯和现实连通。共同存在、生活于统一的时间维度中，是作为社会个体的民族成员能够融入民族共同体的物理前提，也

---

① 奚洁人：《科学发展观百科辞典》，上海辞书出版社2007年版，第165页。

是形成民族成员彼此联系、相互影响的社会关系的前提;民族成员之间思维与实践活动的同时态,随着生产和生活社会化程度的加深,奠定了民族共同体意识形成的现实前提和实体根基。历史是一面镜子,中华民族在自身不断丰富、发展的过程中,书写、凝练着中华民族和中华文化的发展历史,对存在于各时间截面中的中华民族共同体加以囊括和整合,维系着中华民族历经磨难却历久弥新的状态;于绵延的发展轨迹和发展脉络中,以代与代之间的历史内容传导与历史意义建构为路径,实现了中华民族成员对中华民族文化历史的发展脉络明晰和价值精髓认同。

(二)中华传统文化与中华民族共同体意识的关系共生性,指向了中华民族成员的心理认同

共生性原指不同种类的生物"互利互惠、相互依存"地"共同生活在一起"的物种存续方式,它以关系双方的交互印证和协同发展具象了社会个体的存在方式和存续要求。中华传统文化与中华民族共同体意识的共生关系,体现了二者作为由中华民族母体所一致内蕴、生发的观念形态,均以自身发展为对方的发展提供补益并促进彼此的联结。

概念层面的文化和意识,于存续和发展上都具备不断向外延展、向内深挖,进而获取更广泛和更深层认同的趋势与预期。中华传统文化与中华民族共同体意识的共生关系体现为,在二者相互补益、共同发展的进程中,基于对各民族传统伦理观念、所生活的地域特征、现实社会交往情境的尊重,而形成的民族成员在心理上的统一和在精神上的一致。中华传统文化和中华民族共同体意识以一致秉持的"和而不同""包容多样"的理念,基于对共同体内各民族发展的全局性支持,在同呼吸、共命运、心连心的光荣传统指引下,民族成员对共同体中多样、异质的文化形态和思想观念的接受、承认、认可程度不断增强,经由民族政策的帮扶、经济发展的共享、文化教育的牵引,协同地建构着中华民族成员对同胞成员和中华民族整体的心理认同。

作为观念形态的中华传统文化和中华民族共同体意识,在自身的

外化方式和演进向度中都直接地影响、决定着民族成员的心理状态和心理活动，因而表达二者联结一体和发展互构的共生性关系，直接指向了中华民族成员直面自身并面向其他成员的心理认同。中华传统文化预置了民族成员的思维图式和交往背景，又在民族成员的文化实践和观念互动中被丰富和发展；它在形塑民族成员的心理状态并促成民族成员心理活动外化的过程中，提供着中华民族成员认同中华民族共同体意识的情感始点与助力。中华传统文化是民族成员判定自身从属于中华民族的核心标准，也是他们判断其他成员是否同属于中华民族的关键符号。在民族成员对中华传统文化感知、认识、理解的过程中，中华民族共同体意识被统合与构建，进而与中华传统文化共同获得民族成员的心理认同，并组成表征中华民族本质特征的成对、成体系的观念形态；在民族成员对二者所组成的观念体系形成价值归依的过程中，民族成员对中华民族共同体的心理认同被进一步聚合与完善。

（三）中华传统文化与中华民族共同体意识的关系共意性，指向了中华文化的价值认同

共意是社会成员就共同关心的问题或事件所形成的观念共识、目标趋同、意见统一的概述性表达，指谓着关系双方为实现一定的共同愿景而有意识地对社会共识进行建构的过程与结果。它被具体表达为民族成员围绕中华民族的历史脉络、存续立意、发展向度等重要问题，所形成的认识一致、观念契合、意志统一的状态。中华传统文化与中华民族共同体意识的共意关系以彼此契合的和而不同、命运与共、互济共生、守望相助等价值立意，将民族成员的多样观念、各民族的多彩文化聚合为一，共同指向以情感共通、责任共担、意志共同为要素的中华文化价值认同。

中华民族与中华文明发展的历史脉络，以民族成员共同的历史记忆和文化基因，奠定了中华民族成员之间的情感共通基础。悠久厚重的中华文明，被中华民族数千年的历史孕育；具足文化价值的民族共同体发展史，成为中华民族成员所共同享有的集体记忆。这些民族成

员共享往事的过程与结果，具体表现为那些被民族成员铭记于心，并不断被赋予时代意涵的重要节点与重大事件；它潜隐地深植于民族成员的头脑，一经触发或唤醒，便能将民族成员置于那些潜藏于记忆的历史情境中，并在民族成员之间形成强烈的情感共通，进而形塑民族成员对中华民族文化的价值认同。

中华民族的存续与民族成员的利益、地位、价值密切相关，是中华民族成员团结奋斗的责任和目标所在。中华民族素有"天下兴亡，匹夫有责"的集体观念和大局意识，在"修齐治平"的文化教养指引下，保障和维系着中华文化的绵延不绝和中华民族的生生不息。在作为团结奋斗最大公约数的中国梦的引领下，中华民族成员自觉投身于中华民族的伟大复兴事业中，表征着民族成员对中华民族共同体存续的责任共担，并在外化实践的内向建构中，实现民族成员对中华文化价值认同的强化。

中华传统文化与中华民族共同体意识的发展向度，在新时代语境中被明示为"让中华民族以更加昂扬的姿态屹立于世界民族之林"[①]的民族夙愿与发展愿景，表征着中华民族成员所普遍接纳和共同秉持的价值理念与国族意志。民族成员在彼此包容、相互信任的发展观念的引导下所创造的物质、精神财富，是民族共同体得以发展的现实基础；而民族成员间彼此一致的发展观念，被民族存续和共同体利益的目标一致指引，在民族成员对自身思维与行为的自觉筛选中，表征和彰显为被中华文化崇尚、被中华民族共同体意识遵循的国族意志，聚焦和佐证着民族成员对中华民族文化价值的认同升华。

三、铸牢中华民族共同体意识的文化路径

中国特色社会主义进入新时代，改革开放和社会主义市场经济所引致的机遇与挑战并存，民族地区经济发展提速与发展程度不平衡并

---

① 习近平：《习近平谈治国理政（第二卷）》，外文出版社2017年版，第63页。

存，国家和政府的支持力度增大与民族地区公共服务能力和基建水平仍有待提高并存，各民族交往、交流、交融不断深入与涉民族因素矛盾有所增多并存，各民族成员反对民族分裂主义、宗教极端主义、暴力恐怖主义斗争的成效显著与部分地区暴力恐怖活动多发并存，进一步凸显了以文化的濡化和滋养功能铸牢中华民族共同体意识的时代特质。中共中央办公厅、国务院办公厅印发的《关于实施中华优秀传统文化传承发展工程的意见》，更是从传统民族基因的进一步挖掘、传统文化活力的进一步激发、文化自觉与自信的进一步增强等方面，提出了实现中华民族伟大复兴的文化方略，为新时代铸牢中华民族共同体意识提供了以特定文化理念与秉持和彰显文化特色的指导原则铸牢中华民族共同体意识的方针、策略与方法。

（一）以中华优秀传统文化的弘扬铸牢中华民族共同体意识的价值秉承

系统明晰中华优秀传统文化仁爱、民本、正义、和合、大同的思想理念，中华优秀传统文化自强不息、敬业乐群、扶危济困、见义勇为、孝老爱亲的传统美德，中华优秀传统文化求同存异、文以载道、神形兼备、俭约自守的人文精神，是中华优秀传统文化弘扬的创新与成长。对中华民族共同体传统基因的整体性概括、中华民族主观见之于客观的系统化集合、表现在共同文化之上的思维图式，通过与中华民族共同体意识核心理念的链接，深刻阐发了培育中华民族共同体意识的价值理念。深度挖掘中华优秀传统文化对立统一、负阴抱阳、变化发展的辩证思维，相生相克的系统观念，礼义仁智信、厚德载物的仁爱思想，不偏不倚是为中庸的价值原则，自强不息、可持续发展的价值理念，道法自然、天人合一的价值目标，和谐合作、和衷共济的价值追求，是弘扬中华优秀传统文化的重要手段。它深度凝练了中华民族发展的价值追求、核心理念、行为准则，系统诠释了培育中华民族共同体意识的价值之维。

(二) 以中华优秀传统文化的弘扬铸牢中华民族共同体意识的基本原则

推动传统文化的创造性转化和创新性发展,继承革命文化,发展社会主义先进文化,坚持以人民为中心的工作导向,坚持统筹协调形成合力,构成了中华优秀传统文化弘扬的指导原则。在积累的过程中创新,在创新的过程中积累,它以继承发展与综合创新的现实性统一,阐发了中华文化精神特质、历史脉络、发展向度的辩证,诠释了中华民族共同体意识培育的精神意涵、价值判断和审美情趣,注解了中华民族共同体意识培育面向历史、时代、未来的开放性原则。面向历史的开放,意味着以中华文化的时代精神为坐标,重新发现和审视中华民族共同体意识的思想渊源,进一步释放传统能量,促使现实对传统回眸,理解和再现中华民族共同体意识培育的传统价值;面向时代的开放,必须站在时代的高度,从中华民族共同体的现实生活中萃取理论的源泉和生机,超脱狭隘世俗以及功利主义的束缚,在充实、延展、完善中华文化的要素与结构的基础上,进行中华民族共同体意识培育的内化规约与外化践行;面向未来的开放,根植于民族共同体的动态发展、民族文化的与时俱进和民族成员的主体超越,民族共同体意识的新时代铸牢,形塑在对当代民族文化自觉反省和不断进化的过程中,体现在运用未来的目光去审视和调整民族成员的思想观念里,彰显在对未来的新动机与新目标的阐发中。

(三) 以中华优秀传统文化的弘扬铸牢中华民族共同体意识的文化方法

深入阐发文化精髓、滋养文艺创作、融入生产生活,对中华文化的历史渊源、发展脉络、基本走向的阐析,中华优秀传统文化思想理念、艺术价值与时代特点的结合,实践与养成、需求与供给、形式与内容的嵌套,构成了弘扬中华优秀传统文化的方法。它以多民族文化是中华文化基本构成的深刻阐明,丰富多样的艺术形式表达与底蕴深厚的文艺作品,涵育人心的文化景观、文化工程、传统节日、休闲生活，链接中华民族共同体意识的培育。实践中，立足于中华优秀传统文化的景观表达和产品外化，具象中华民族共同体意识的培育载体；重视中华文化的价值表达形式和传播手段创新，用优秀传统文化元素提升中华民族共同体意识培育的教化意义与文化品位；嵌入经典资源翻新、新兴载体运用、传播形式丰富、评价体系建构，落细对中华民族共同体意识的培育。生活中，立足于中华优秀传统文化的社会化融入，具象中华民族共同体意识的培育要求；重视中华优秀传统文化与社会环境和节庆活动的融汇，加强对传统时令、符号、服饰、饮食、医疗等文化现象的价值阐释与活态利用；嵌入城市文脉延续、乡村精神发掘、企业精神涵养、传统习俗固基、休闲生活融入，落实对中华民族共同体意识的培育。

第三章　历史记忆建构与政治认同

　　历史记忆建构与政治认同是共同体生活的重要命题。作为共同体成员共享往事的过程与结果，历史记忆反映了具有内聚性的社会群体与其前身不可分割的血脉联系；作为政治存在文化延伸的大众心理，政治认同则映照了共同体成员政治身份的确认、归属意识的形成和政治自觉的理性。在现实性上，发生在过去的历史事件正是通过纪念仪式和集体回忆的建构得以再现，共同体关于历史的记忆正是通过群体成员的体化实践和刻写实践得以相袭。历史记忆历时态的节奏化将共同体的时间加以系统化和结构化，历史记忆的文本系统、仪式系统和意象系统则将教化隐喻在文化再生产的过程中，从而确立起共同体政治的整体性意识和特殊性价值。

　　"纲要"课是一门以中国近现代历史叙事为内容的课程，它以社会发展的历史演进为主线，以实现教育客体对中国特色社会主义的认同为目标，在建构大学生历史记忆的同时，促进政治认同在这一群体中的实现，因而具有历史课和政治课的双重性质。就此意义而言，"纲要"课须"紧密结合中国近现代的历史实际，通过对有关历史进程、事件和人物的分析，进一步明确中国近现代历史的主题、主线和主流、本质，懂得珍惜中国人民英勇奋斗的历史，尤其是中国共产党领导中国人民进行革命、建设、改革的历史"[①]。有鉴于此，从历史记忆建构的需要出发，落脚于政治认同的目标和归旨，构成了"纲要"课教学与研究的重要内容。

---

　　① 本书编写组：《中国近现代史纲要》，高等教育出版社2018年版，第3页。

第一节　历史记忆建构与政治认同的逻辑共生

记忆与认同、选择与建构是共同体生活的重要命题。作为人脑对过去经验的心理反映形式，历史记忆的选择性指谓了记忆与遗忘在物质客体和象征符号作用中的交互；作为共同体成员共享往事的过程与结果，历史记忆的建构性指涉了认同与区分在权力意指和象征符号倒转中的翻新。在哈布瓦赫看来，历史记忆这种附着于或被强加在物质现实之上的为群体所共享的东西，恰恰是政治认同生成的传统根基和历史渊源阐析的延续。在现实性上，历史记忆的选择往往意味着政治认同达成的始步，而政治认同的实现则是历史记忆建构的结果。历史记忆与政治认同的互构关系和发展共生，为我们以历史记忆的理论和方法固基政治认同提供了原生态的根基性切入。由此出发，"纲要"课的历史教学立足于历史记忆建构的时代场，研判历史记忆固基政治认同的方向度，对政治认同达致关系域的链接具有重要意义。

一、历史记忆认同与区分的逻辑归旨

记忆是人脑对过去经验的心理反映形式，特指人们对感知过的、体验过的、想象过的东西的识记、保持和再现①。作为个体记忆的相对物，社会的集体记忆不仅代表了群体成员共享往事的隐喻，而且代表了群体建构社会现实的形成。无论是立足于今天对过去进行诠释的集体回忆，还是强调历史对现实进行说明的集体建构，均指向了具有同一性和内聚性的共同体社会化目标的达致。人们在记忆中唤醒，在区分中遗忘，其意识功能的社会化塑造和符码讯息的群体性送传，无不指向了共同体成员共享往事的过程与结果。所谓"没有记忆就没

---

① 冯契：《哲学大辞典》修订本，上海辞书出版社2001年版，第598页。

有自我、没有社会,自然也就没有认同"就是这一意义的理论扩展和现实延伸。

(一) 历史记忆是社会集体记忆的一部分

作为以历史的形态呈现和流传过去的记忆,历史记忆具有时序的叙事性和意向的现实性。历史记忆的叙事性将人物、事件、情节等历史要素置于历时态的时间序列中,它以特定的叙事结构和固定的符码体系,传递着记忆外显的描述性讯息和记忆内蕴的默示性讯息;历史记忆的现实性则以包含在叙事性中的历史情节和因果逻辑,进行群体同一性的凸显、历史延续性的展示和政治合法性的诠释。正因为历史记忆是主体的、具体的和反思的,所以法国学者保罗·利科不仅将人们置身于历史所造成的社会现实中,而且将他们置身于自己建构的历史现实的想象中,归结于历史记忆叙事与现实的交互和渗透[1]。就历史记忆与历史的关系而言,尽管作为概念的"历史记忆"和"历史"在功能、对象和特征等方面具有同一性,但不是同一体。换言之,历史一定是历史,历史记忆则不一定是历史——"历史是已经发生的事情,记忆是人们相信事情已经发生了"[2]。历史记忆与历史都具有传递经验的基本功能,然而在原生性的基础上,历史记忆的内容并非指全部的历史,而是想象与教化的历史。在人类学家马克·布洛赫看来,历史记忆绝非机械和被动的。事实上,任何事件要成为历史的一部分,就必须曾经被认为是"重要的"。与此相适应,民族共同体的社会进程往往是历史记忆的历史想象,以及历史记忆之认同、保有和传承的结果。

---

[1] Paul Ricoeur. *Hermeneutics and the Human Sciences: Essays on Language, Action and Interpretation*, Cambridge University Press, 1981, p. 288.

[2] 赖国栋:《历史记忆研究——基于20世纪西方历史理论的反思》,复旦大学博士学位论文,2009年。

(二) 选择与建构是历史记忆形成的基本特质

作为集体记忆的一种，历史记忆首先回答的是"谁的记忆？我的记忆，我们的记忆"等逐层延伸的记忆定位和价值归属，并由此决定了历史记忆内容与结构的选择性。对于具有内聚性的社会群体、民族和国家而言，无论是对象性活动主观"选择"的记忆，还是无意识作用客观"遗忘"的历史，历史记忆的选择往往是具体的社会情境和具体的群体利益竞争与妥协的互动。这就不难看出，历史的构成和记忆的选择均不是强迫追溯的既往，二者以过去在当下的再现，实践着共同体特殊的时间，定位着共同体特殊的空间，赋予共同体特殊的意义，明确共同体的原生性情感、工具性利益和价值性归旨。在诺拉看来，结构性选择形成了所谓"记忆的场"，这是社会（不论是何种社会）、民族、家庭、种族、政党自愿寄放记忆内容的地方，是作为它们人格必要组成部分而可以找寻到它们记忆的地方[①]。与此同时，那些被谱系性遗忘的过去则被沃特森形象地称为"遗忘之带"，以对应记忆之场的功能性表征。历史记忆同时是建构的，其建构性直指群体成员记忆图式的形成和记忆结构的演化，以及思维结构对过去经验的心理反应形式的连续形成和持续改组。事实上，历史记忆的建构不仅中介着群体成员共享往事的结构，而且中介着群体成员认识力、思维力、创造力由低级到高级的发展，表征着记忆建构从简单结构向复杂结构的过渡。在建构大师皮亚杰看来，记忆建构的始点常常连接于"动作普遍协调的作用"，即根源于天赋而后天获得分化的行为，以及这些行为之间的自我调节。皮亚杰认为，动作的普遍协调不仅包含了建构的初级结构，而且包含了建构的后天结构，即反身抽象的感知、评价和心理体验的内化。这些活动以主客体间的联系和作用，外化于记忆建构的关系链和实践场。

---

① Pierre Nora. *La Mémoire Collective*, Retz-CEPL, 1978, p. 401.

（三）运用记忆强化认同是历史记忆的基本功能

历史记忆的认同与区分源于思考、组织、叙述历史的文化心态，即内聚性的社会群体历史心性的规范与导引。历史记忆的叙事传统、结构和方式的规约不仅有赖于叙事范式作用下的"模式化叙事情节"，而且有赖于符号化体验的记忆文本和意向性存在的纪念空间，以及二者对历史的想象与书写。通过历史心性作用的介质，历史记忆与社会现实互为表里。一方面，在延续社会现实的同时，形成历史记忆的情境；另一方面，在复制社会表相的同时，形塑历史记忆的本相。其间，群体的个体差异和个体在群体中位置的变迁，使意义、象征、叙事的符号组合，认同与区分文中隐喻的时空延展，指向了不同的想象与建构，连接着相同的修饰与界定。以此为源点，安东尼·史密斯的"族群—象征主义"理论和本尼迪克特·安德森的"想象的共同体"理论，从不同的视域审视了共同的历史记忆，阐析了历史记忆选择与建构的历史心性，探讨了认同与区分的价值归旨。在他们看来，任何一个族群、群体或国家的历史都可以理解为共同体范围内的记忆与认同，而诺拉的"记忆之场"理论和沃特森的"遗忘之带"概念，则在历史记忆认同与区分的基础上，诠释了群体成员共享往事的过程与结果，在规约自我与他者边界的同时，确立和明晰集体意识与群体行为的共同体推崇。台湾学者王明珂更是在他的《华夏边缘》一书中，将特定的资源分配与竞争环境下的边缘人群在华夏和非华夏之间选择和归属的不同结果，归因于记忆与失忆形成的人群依据、凸显认同与区分形塑的族体边界。

（四）政治认同是认同形态的重要呈现

政治认同是指"一个人感觉他属于什么政治单位（国家、民族、城镇、区域）、地理区域和团体，在某些重要的主观意识上，此是他自己的社会认同的一部分；特别地，这些认同包括那些他感觉要强烈效忠、尽义务或责任的单位和团体"①。政治认同强调的是认同主体的相似性和相同性,延伸为由此产生的归属意识和自觉状态,它的目标和归旨不仅受制于心理认识的一致性,而且影响社会关系形成的现实性。政治认同以政治认知为始点,政治感知为体验,政治意志为基石,由群体成员的承认、认可和赞同出发,通过主体、客体、介体的相互作用和相互依存形成群体归属感,最终在理性认识和自由抉择的基础上获得政治自觉。因此,政治认同的价值研判和事实行为,同样表现为选择性与建构性的统一。从具体内容来看,政治认同主要包括既各自独立又相互联系的制度认同、利益认同和绩效认同。在现阶段,作为对中国道路、中国精神和中国力量的高度概括,中国梦价值内涵体现了中华民族一以贯之的历史传统与国家富强、民族振兴、人民幸福的价值维度,因此,它是政治认同的重要内容。

（五）记忆的本真,识记、保持、遗忘、再识和再现构成了历史记忆形成的过程

其间,外部世界的对象和现象的映象在人脑中的巩固和保持,记忆主体对记忆材料的加工、概括和储存,人们对所获经验的认识、再识和运用,无不体现了记忆是"立足现在而对过去的一种重构"② 的特质。这就不难理解,历史记忆固基政治认同不仅是社会传承的实践活动,而且是价值诠释的对象性活动,二者在目标归旨上高度契合。有鉴于此,"具有自己特定文化内聚性和同一性的群体对自己过去的记忆"③,使被记忆的部分成为认同的部分;反之,被遗忘的部分则成为区分的要素。受此影响,根据"记忆—政治—认同"的发展定

---

① [美]罗森邦:《政治文化》,陈鸿瑜译,台湾桂冠图书股份有限公司1984年版,第6页。

② [法]莫里斯·哈布瓦赫:《论集体记忆》,毕然、郭金华译,上海人民出版社2002年版,第59页。

③ 蒋大椿、陈启能:《史学理论大辞典》,安徽教育出版社2000年版,第1127页。

式，当历史记忆的想象立足于共同体政治的现实时，历史记忆的认同与区分便指向了共同体政治的制度、利益和绩效，指向了中国梦价值认同的历史回溯和未来走向。

二、历史记忆固基政治认同的逻辑关系

历史记忆的关系系统，包括形象记忆（感官性记忆）的幕像体系（episodic system）和语词记忆（语意性记忆）的语意体系（semantic system）。在心理学家安道尔·托尔文看来，幕像体系的形象记忆特指个人参与过的以往经验所形成的一幕幕记忆，语意记忆体系的语词记忆则特指超出个人体验的由听说和阅读所形成的记忆。巴特莱特以其心理构图的实验分析和证明了历史记忆之形象记忆与语词记忆、感官性记忆与语意性记忆的联系和差别，以及它们之间在内涵和形式上的互补性。康纳顿则从"社会是如何记忆"的角度提出了历史记忆建构的基本路径——纪念仪式和身体实践，身体实践又分为亲自参加具体活动以传递信息的"体化实践"和通过记录捕捉、保存信息的"刻写实践"。

（一）历史记忆的关系构成，包括意义象征的符号记忆、定位内容的情节记忆和主体诠释的价值记忆

历史记忆的符号记忆具有直观性、意向性和象征性。"符号是被认为携带意义的感知：意义必须用符号才能表达，符号的用途是表达意义。没有意义可以不用符号表达，也没有不表达意义的符号。"[①]一定规则的同一性和内生性所决定的符号系统，承载着历史记忆的内容指向和价值要求，主要包括群体的象征符号、信号符号、语言符号和科学符号。在格尔茨看来，群体意义的承载与象征不只限于人们的头脑，而且外显于公众的符号，这是人们交流思想、维系世代的媒介。特纳则不强调意义或世界的载体，而将历史记忆的符号指谓社会

[①] 赵毅衡：《符号学》，南京大学出版社2012年版，第1页。

过程的算子（operator），并对算子在一定环境下以一定方式的组合导致的社会转型进行了阐析，借此增加了语用学（pragmatics）的维度。历史记忆的情节记忆具有生动性、丰富性和完整性。情节记忆识记、保持和再现一定的时间、地点和情境，展示与之相联系的人物和事件，是对历史事件和人物活动过程的记忆，亦是对事物发生、发展、变化过程的记忆，包括序幕、开端、发展、高潮、结局和尾声。历史记忆延伸到情节记忆时，共享往事的过程在象征符号唤起的基础上更加具体、丰富和生动。历史记忆的价值记忆具有客观性、主体性和相对性，反映了记忆主体与记忆客体在认识活动中形成的客体属性和满足需要的效用关系。价值记忆是群体成员共享往事的结果，不仅具有经验层面的个体性，而且具有整体和系统的结构性。相对于符号记忆和情节记忆，价值记忆以理性认识的再创造为据，将发散的记忆思维凝聚为社会的集体记忆，朝着认识、感知和交融的方向发展，以契合个体需要和群体要求的一致。

（二）政治认同的关系系统，包括认知系统、评价系统和建构系统

认知是事物的表现形式，特指人脑在实践的基础上对客观事物的能动与反映。政治认同的认知系统代表着认知定式产生和作用的认识能力，表现为承认和认可的主观生成和现实态势，加工和整合认同信息的经验定式，抽象和提炼认同价值的思维定式。评价是主客体属性价值关系的反映，特指认同主体与认同客体之间需求的满足与价值的研判。政治认同的评价系统代表着政治资源、政治结构和政治目标在群体认知与现实行为之间的指涉、连接与投射，它以归属感的生成和意义感的提升，进行认同主体与认同客体之间的比较、抽象和判别，借此延伸态度层面的认知。其中，"内在的原则和灵魂"构成了政治

认同"概念本身的运动"①，而"肯定的东西存在于否定的东西之中"②的研判，则在揭示系统认知的同时，诠释着系统扬弃作用过程与态势。建构是认同图式的形成和作用结构的演化，特指价值附着于对象之上的同化与顺应。政治认同的建构系统由反身抽象与自我调节的双向平衡而成，其中，主客体作用的反身抽象提供的是政治认同建构的内容，而平衡作用的反馈则提供了政治认同内部结构的可逆性组织。

（三）政治认同的关系构成，包括强调情感因素的自然认同、强调行为因素的强化认同和强调价值因素的理解认同

政治认同的自然认同，意指以历史继承和约定俗成为契机自然形成的认同。作为完整的政治习得，自然认同表现为主体惯性和习俗稳定的结合，它以群体成员的直观体验和感性认知为基质，催生具有普遍意义的感性认同。作为共同体存在的政治图景，自然认同以社会标准和政治氛围的内部养成，引发个体与群体交织的潜移默化和自然内化，在潜意识与显意识共同作用的情境里，导引政治认同的现实萌发和群体传承。政治认同的强化认同，强调以教育的教化和强制的推崇达致的认同。其中，教育引导是一种软约束，而强制推崇则是一种硬约束。强化认同教育感化力和法律强制力的叠加，柔性规范和刚性律令的融合，诱导、约束和惩治的统一，使利益关联的动力和政治威权的统摄更加凸显。在强化认同的感性服从、趋利避害和遵守规范的交互作用中，"只有你给他的良好原则与牢固习惯，才是最好的，最可靠的，所以也是最应该注重的。因为一切告诫与规则，无论如何反复叮咛，除非实行成了习惯，全是不中用的"③。政治认同的理解认同，

---

① ［德］黑格尔：《逻辑学》下卷，杨一之译，商务印书馆1976年版，第531页。

② 冯契：《哲学大辞典》修订本，上海辞书出版社2001年版，第758页。

③ ［英］约翰·洛克：《教育漫话》，傅任敢译，教育科学出版社1999年版，第7页。

强调以对话交流和理解沟通的视域融合达致的认同。鉴于对话与交流、理解与沟通是理解认同视域融合的基础,因而理解认同是广泛的、深刻的和稳定的集体认同。"实践证明:感觉到了的东西,我们不能立刻理解它,只有理解了的东西才更深刻地感觉它。"① 政治认同的理解与个体间的共通,使理解认同的视域关系,"既不是一个个性移入另一个个性中,也不是使另一个人受制于我们自己的标准,而总是意味着向一个更高的普遍性的提升,这种普遍性不仅克服了我们自己的个别性,而且也克服了那个他人的个别性"②。

(四) 历史记忆固基政治认同的关系共演

历史记忆源于情感记忆、资源获取记忆和资源分配记忆的基因传递,也源于记忆内容的符号表征和记忆形成的媒介构成,这是政治认同根基性认同的部分。根基性历史记忆既是集体记忆,又是政治记忆,它强调群体关系情感联系的根基性,表现在叙事结构中的"血缘符号"和"资源符号"的承载中,它以特定人群的血缘、时空和利益关系,彰显了政治认同何以实现的基础和本原。具体而言,历史记忆幕像体系和语意体系里的符号记忆、情节记忆和价值记忆,在唤起、定位、内化的选择与建构中,在符号—诠释—重构的发展格局中,进行着由感性记忆向理性记忆、由表象记忆向本质记忆的飞跃。政治认同的自然认同、强化认同和理解认同,以相互联系的梯级和节点,在认知—评价—建构的演进路线中,诠释着承认与赞同的层次和类别,在历时与共时的政治切入中,由浅入深地达到理解的自由。各个层级的记忆总是存在抽象的关系,每一层次的认同常常奠基着更高层次的始步。其中,符号记忆、情节记忆和价值记忆,以群体成员共享往事的过程,诠释着政治认同的结果;自然认同、强化认同和理解认同,则以历史记忆的选择,建构着群体成员承认与认可的自觉。记

---

① 《毛泽东选集》第 1 卷,人民出版社 1991 年版,第 286 页。
② [德] 汉斯-格奥尔格·伽达默尔:《真理与方法——哲学诠释学的基本特征》上卷,洪汉鼎译,上海译文出版社 1999 年版,第 391 页。

忆与认同的结合正是借助记忆心理的对象化、记忆行为的意识化和记忆客体的主体化，演绎并推动了从差别对立向辩证统一的转化。

（五）记忆与认同关系链接

康纳顿以纪念仪式与身体践行的社会展演，强调了社会规范的应用和社会符码体系的践行，并将政治认同的固基指向了历史记忆背后的社会行为模式和政治调控机制。在德国社会学家诺贝拉·埃利亚斯看来，这种模式和机制对群体生活的建构，不仅培养和教化了以礼仪的遵循进行自我约束的个体，而且形成和强化了具有社会调控功能的礼仪和法则本身。作为历史记忆表达、运送和传播的载体与工具，社会集体记忆的媒介、形式、结构和符码体系，无一不包含了政治认同的价值系统和符号表征，包含了模式化的次级仪式和内蕴结构的现实延展。其中，历史记忆之符号、情节和价值以文本、影像、动作、声音和服饰等为载体，在进行群体生活权力倒转的同时，亦进行政治认同隐形载体的涵化。在习得与认知、记忆与回忆、拾回与重构的过程中，在学习和接受传说、神话、正史的同时，领悟和内化记忆承载的价值归旨和群体意义。受制于个体认知的不同，记忆的形成或许存在着差异，而受制于社会的塑造和文化的预制，解读记忆媒介的结构和符号体系的传递往往具有同一性，记忆与认同的外显的描述性讯息和内蕴的默示性讯息，由此指向了选择与建构的认知、记忆和回忆，指向了认同与区分关系共演的个体位置和群体情境。

三、建构历史记忆固基政治认同的逻辑向度

历史记忆选择与建构的发展向度，包括符号唤醒的情感向度、情节定位的利益向度和价值内化的自觉向度。历史记忆的符号具有选择与建构的情感性，指涉符号记忆含义的编码与传送讯息象征的转码；历史记忆的情节具有选择与建构的利益性，指涉情节记忆的时空与利益内容叙事的集体回忆；历史记忆的价值具有选择与建构的自觉性，指涉价值记忆的共识与理性研判的达致。在现实性上，历史记忆的情

感向度侧重于社会群体的同一性，凸显于群体特质原生性的同一体；历史记忆的利益向度侧重于资源的竞争与分配，凸显于群体利益工具性诠释的分享性；历史记忆的价值向度侧重于群体需要与满足需要的属性在内容方面的交会点，凸显于价值内核体认的理性与自觉。情感向度、利益向度和价值向度的整体性、同构性和自身调整性，以触发历史记忆选择与建构的定位和定向，导引历史记忆之认同与区分的形成。

政治认同承认与归属的演进向度，包括强调情感认同的根基性向度、强调利益认同的工具性向度和强调价值认同的理性向度。政治认同的情感具有承认与归属的根基性，指涉自然认同的内在激情和心理体验；政治认同的利益具有承认与归属的工具性，指涉强化认同的边界和情景拆合的伸缩；政治认同的价值具有承认与归属的理性，指涉理解认同的内化与体化实践的刻写。在现实性上，政治认同的根基性向度侧重于认同主体的肯定性体验，凸显于群体认同内生性意涵的亲和性统摄；政治认同的工具性向度侧重于认同主体的利益性目标，凸显于群体认同共生性意蕴的商榷性改变；政治认同的理性向度侧重于认同主体的自由性介质，凸显于群体认同本质性内涵的规律性创造。根基性向度、工具性向度和理性向度的整体性、同构性和自身调整性，以触发政治认同承认与归属的定位和定向，导引政治认同之价值共生的延展。

（一）符号唤醒的根基性向度

符号记忆是历史记忆系统中的基础性内容，它以形式与意义的表征连接着隐喻与关系的构成。"如果他要进行选择，他也总是必须在他的生活范围里面、在绝不由他的独自性所造成的一定事物中间去进行选择的。"[①] 唤醒符号记忆，就是要借助于选择的关系与建构的内容进行外部刺激，通过符号的形象性意指唤起政治资源重温旧事的心理感知与情绪体验，为自然认同的形成再现曾经的历史和共同的经

---

① 《马克思恩格斯全集》第3卷，人民出版社1960年版，第355页。

历。在现实性上，符号记忆所唤醒的根基性向度，强调政治承认与身份归属的原生性，它以共同话语的情景与交融、承载认同的边界、划分斥异的本原，阐发"任何一个民族的人们都热爱本民族的历史和优良的文化传统，习惯于本民族的习俗、生活方式，并关切它们的存在和发展"①的情感性规定。

(二) 情节定位的工具性向度

情节记忆是历史记忆系统中的中介性内容，它以选择判断的主观意旨连接着象征利益的衍生和实在利益的获取。情节记忆对重要人物和重要事件进行的内容重拾与情节补遗，以"谁的记忆""记忆什么"和"怎样记忆"的情境再现，观照个体位置与群体认同关系的本相，叙述"需要记忆"的往事②。定位情节记忆，就是要借助于情节内容的选择与反馈，折射情感体验上升为利益标的的具体，为强化认同的形成丰富共享往事的过程。在现实性上，情节记忆所定位的工具性向度，强调政治承认与身份归属的利益性趣旨，它以历史心性的图式与图景，诠释身份的归属、明晰承认的特征，通过共同体政治的中介、社会实践的手段、实际效用的评估，阐发"每一既定社会的经济关系首先表现为利益"③，在现实生活中，"'思想'一旦离开'利益'，就一定会使自己出丑"④的工具性规定。

(三) 价值内化的自觉性向度

价值记忆是历史记忆系统中的归属性内容，它以意义的获取和价值推崇的交互，展现更为普遍的自我与更为坚定的自觉。基于"理性构成世界的内在的、固有的、深邃的本性，或者说，理性是世界的

---

① 《中国大百科全书·民族》，中国大百科全书出版社2002年版，第306页。
② [法] 莫里斯·哈布瓦赫：《论集体记忆》，毕然、郭金华译，上海人民出版社2002年版，第93-94页。
③ 《马克思恩格斯选集》第3卷，人民出版社1995年版，第209页。
④ 《马克思恩格斯文集》第1卷，人民出版社2009年版，第286页。

共性"①,内化价值记忆,就是要借助处境概念,"囊括和包容了从某个立足点出发所能看到的一切"②,进行"'自由'是'精神'的唯一的真理"③的诠释,为理解认同的形成奠定自为与自觉的基质。在现实性上,价值记忆所内化的理性向度,强调理性认识的决定与自由意志的抉择,它以历史记忆的实在性和有用性升华共享往事的结果,诠释血脉相承的共通与政治自觉的共融,阐发作为认同的"辩证法在对现存事物的肯定的理解中同时包含对现存事物的否定的理解,即对现存事物的必然灭亡的理解;辩证法对每一种既成的形式都是从不断的运动中,因而也是从它的暂时性方面去理解;辩证法不崇拜任何东西,按其本质来说,它是批判的和革命的"④的本位性规定。

(四)唤醒与激发、定位与规范、内化与外化的向度共生,构成了历史记忆固基政治认同的梯级与节点

在现实性上,唤醒、定位、内化的选择过程同化,意指将外界的刺激引入原图式进行建构的过程,同时意指定位、规范、外化在选择与建构过程中的顺应,即主体改造旧图式以适应外在物,形成新图式的结果。在历史记忆向度演进的梯级里,同化的环境顺应往往意味着客体结构与自身结构的反身与同化,而顺应的认知能和形式域更具恒久性和连续性的程式与状态。在认同的向度演进的节点中,实际的认同在达致与位移中的实现、客体作用的固基与永久,表现为因果关系图式的客体化和空间化,反身抽象从感知图式剥离中的关系与图景,由此阐析和生发为更高层级的认同与定式,归结在认同意向的行为域和概念性结构的形式场,那些被建构大师皮亚杰称之为"群集"的

---

① [德]黑格尔:《小逻辑》,贺麟译,商务印书馆1980年版,第80页。

② [德]汉斯-格奥尔格·伽达默尔:《诠释学I:真理与方法——哲学诠释学的基本特征》修订译本,洪汉鼎译,商务印书馆2007年版,第411页。

③ [德]黑格尔:《历史哲学》,王造时译,上海书店出版社2001年版,第17页。

④ 《马克思恩格斯选集》第2卷,人民出版社1995年版,第218页。

可逆性抽象，在整体结构上导引了同化与顺应的系统组合与四元转换群的建立。

（五）符号的记忆唤醒与认同的政治激发，主要运用于向度演进的初始

"记忆的唤起并无神秘之处可言……我的记忆对我来说是外在唤起的。无论何时，我生活的群体都能提供给我重建记忆的方法。"① 在哈布瓦赫看来，历史记忆对政治认同的激发，不论何时人们都能随心所欲地通过符号记忆提取我们希望沉浸于其中的时期，这是一种自觉的承认和自愿的认可。情节的记忆定位与认同的政治规范，主要运用于向度演进的中继。作为共享往事的承载，历史记忆的情节浓缩了历史记忆的内容，既有因果互动的起因、过程和影响，又有事件展开的结构、方式和意义。从情节定位出发规范认同的利益，在福柯看来充当了政治认同达致的利器，较之钢铁般的锁链更能形成制衡与约束的高效。因此，帝国的不可动摇的基础总是那些大脑软纤维组织之上的建构②。价值的记忆内化与认同的政治外化，主要运用于向度演进的归属。作为共享往事的结果，历史记忆的价值融入集体建构推演的脉络中，而集体叙事与价值定位的互联，则提供了独一无二的歧义性消解，以此形成"共同体要我这样记忆"到"我要这样记忆"的实践场。由此出发，"实践高于（理论的）认识，因为它不仅具有普遍性的品格，而且还具有直接现实性的品格"③，因而是理解认同视域融合的张扬。

---

① ［法］莫里斯·哈布瓦赫：《论集体记忆》，毕然、郭金华译，上海人民出版社 2002 年版，第 69 页。
② ［法］米歇尔·福柯：《规训与惩罚：监狱的诞生》修订译本，刘北成、杨远婴译，生活·读书·新知三联书店 2012 年版，第 113 页。
③ 《列宁全集》第 55 卷，人民出版社 1990 年版，第 183 页。

第二节　历史记忆建构与政治认同的文化自信

记忆、政治、文化是共同体生活既相互联系又互为因果的现实命题。当记忆以人脑对过去经验的心理反映形式指向社会关系形成时，"我是谁""我和谁在一起"的身份确立指谓了记忆认同的包容性原则，"我们"与"他们"的群体划分指谓了记忆区分的斥异性原则。文化是人类创造世界的主观方式和现实图景，文化的民族性通过国家形式的政治载体演化为民族共同体的深层记忆和民族国家精神内涵的现实表达。民族成员以文化为中介形成他们与世界的主客体关系，其稳固的群体规定性使预制的命运性共通具有了何以可能的意蕴，使群体的政治性归属具有了如何可能的基质。与政治相联系，文化自信是一个民族在理性认识和自由抉择的基础上对所属文化生发的积极状态，是"更基本、更深层、更持久"的精神力量。在现实性上，记忆—政治—文化—自信的循环论证，生成于中华民族对优秀传统文化的弘扬和培育，指谓了政治认同达致的文化承认与身份归属；而从历史记忆经文化自信到政治认同的逻辑延伸，则发展于中华民族自立于世界民族之林的从容与坚毅，并从根本性上诠释了历史与记忆、政治与文化的自由与自觉。

一、历史记忆的认同与区分

记忆是人脑对过去经验的心理反映形式，特指人们对感知过的、体验过的、想象过的东西的识记、保持和再现[①]。记忆的识记是外部世界的对象和现象的映象在人脑中的巩固；记忆的保持是人脑对材料

---

① 金炳华：《马克思主义哲学大辞典》，上海辞书出版社2003年版，第479页。

的加工、概括和储存；记忆的再现是人们对所获经验的运用。在历史传承的社会情境中，发生在过去的历史成为其记忆的对象，不仅存在于语言与文本的记载中，而且存在于各种文化载体的留存里，如博物馆、纪念碑、文化遗址、舞蹈歌曲、公共节日、纪念仪式等。通过文化的载体——记忆的场，一个民族的历史、一种文化的价值代代相续、一以贯之。因此，承载了识记、保持和再现的"文化之场"是社会（不论是何种社会）、民族、种族、政党、家庭自愿寄放记忆内容的地方，是作为它们人格必要组成部分而可以找寻到它们记忆的地方[1]，与此同时，那些被谱系性遗忘的过去则构成了沃特森称之为"遗忘之带"作用的对象。相互佐证的"记忆之场"与"遗忘之带"诠释了记忆的情境创设和集体回忆的权力意旨，阐释了记忆结构性作用的系统性生发，指谓了叙事主控的元叙事达致的记忆认同与遗忘区分。正是出于"谁控制过去，谁就控制未来；谁控制现在，谁就控制过去"[2]的系统性考量，哈布瓦赫在"社会是如何记忆"的探讨中，将记忆内容的隐喻注脚为社会的现实，将记忆建构的功能和记忆传送的符码论证为具有内聚性的群体社会化完成的标的。

（一）作为记忆基本功能的认同与区分

"记忆"最早被心理学和精神分析学运用于个体层面的研究，概念的界定跨越个体向集体的延伸得益于卢梭提出的"集体性意蕴"和涂尔干提出的"集体欢腾"。受其影响，哈布瓦赫在群体意识阐发的基础上以"社会事实"的分析框架对生理主义和个体主义的记忆局限进行了反思与扬弃，以集体记忆对过去的现实建构强调了群体性诠释与价值性思考，对社会交往与集体框架之下的记忆形成进行了阐发。紧随其后的康纳顿对哈布瓦赫的个体记忆在集体互动中塑造的偏重进行了评价，指出"个体集合起来的记忆"归根到底仍然是个体

---

[1] Pierre Nora. *La Mémoire Collective*, Retz-CEPL, 1978, p.401.

[2] ［英］乔治·奥威尔：《一九八四》，唐建清译，人民文学出版社2012年版，第200页。

记忆的一种，使集体真正成为记忆的主体的才是"集体的记忆"，这是在权力倒转的主控下，通过纪念仪式、体化实践、刻写实践的相互作用形成的。德国学者阿斯曼总括二者关于记忆的理论，将哈布瓦赫对个体记忆在集体沟通中的实现定位为"沟通记忆"的一种，将康纳顿"集体的记忆"上升为以文化体系为记忆主体的"文化记忆"的概念，这种概念强调过去在当下的再现，强调认同与区分的产物，强调建构性、传承性和实践性的特质。在此基础上，美国学者欧里克将曾经的记忆和曾经的叙事阐释为记忆的先在给定性，并以保持、再识与再现的预制影响着我们今天的记忆。在他看来，集体记忆不仅仅是具有内聚性的群体对过去的回忆，更重要的是回忆发生在过去的事情。

（二）作为社会集体记忆的历史记忆

历史记忆着重于以历史的形态呈现和流传过去，有鉴于"每一个集体记忆，都需要得到在时空被界定的群体的支持"[1]，历史记忆以其叙事的边界和意向的维度打上了集体记忆的印记。作为组成群体的人们共享往事的过程，历史记忆指谓了客观存在的历史和"具有自己特定文化内聚性和同一性的群体对自己过去的记忆"[2]。事实上，原生态的历史和概念上的历史记忆都在传递和诉说过去发生的经验，然而客观的历史往往在历史记忆的演化下，通过选择与遗忘的关系抽象为想象与教化的历史。尽管记忆的对象在时间上是静止的，但当某一事件被选择出来进入集体回忆的情境时，历史就与现在发生了关系。在哈布瓦赫看来，此时的"过去是一种社会建构，这种社会建

---

[1] [法]莫里斯·哈布瓦赫：《论集体记忆》，毕然、郭金华译，上海人民出版社2002年版，第40页。

[2] 蒋大椿、陈启能：《史学理论大辞典》，安徽教育出版社2000年版，第1127页。

构,如果不是全部,那么也是主要由现在的关注所形塑的"①。历史的想象与记忆的教化同时具有意义的承载性,它以原生态的文化忠诚判别特定情境中的群体,以根基性的承续凝聚资源竞争中的利益,在系统阐发与记忆聚合的固化里满足群体需要。时间与价值的反复循环和沉积共生,使历史与历史记忆的互动在系统结构上指涉了二者关系的状态,即"历史是已经发生的事情,记忆是人们相信事情已经发生了"②。

(三)历史记忆附着的群体意义与内涵

某种附着于或强加在物质之上并为群体所共享的意蕴,指谓了历史记忆建构的物质客体和象征符号在彼此交互中的形成。受此影响,历史记忆的认同与区分指谓了"谁的记忆?我的记忆,我们的记忆"等记忆定位和价值归属的现实诘问。事实上,"尽管我们确信自己的记忆是精确无误的,但社会却不时地要求人们不能只是在思想中再现他们生活中以前的事件,而且还要润饰它们,削减它们,或者完善它们,乃至我们赋予了它们一种现实都不曾拥有的魅力"③。

在现实生活中,我们总是看到这样的矛盾冲撞与现实对接。一方面,历史记忆共享往事的过程总是依赖于一定的社会环境和价值需求;另一方面,历史记忆共享往事的结果总是渗透于集体意识的凝练和群体行为的聚合。一方面,记忆对历史的再现不是简单、空洞和零碎的抽象,而是生动、丰富和完整的具体;另一方面,记忆的内容则可能是某种物质客体和物质性的实存,比如一尊塑像、一座纪念碑、空间中的一个地点、一种象征符号,或者是某种具有主观附着和精神

---

① [法]莫里斯·哈布瓦赫:《论集体记忆》,毕然、郭金华译,上海人民出版社2002年版,第45页。

② 赖国栋:《历史记忆研究——基于20世纪西方历史理论的反思》,复旦大学博士学位论文,2009年。

③ [法]莫里斯·哈布瓦赫:《论集体记忆》,毕然、郭金华译,上海人民出版社2002年版,第91页。

含义的东西①。一方面，历史记忆是今天对过去的重构，是更新与发展、传承与延续；另一方面，历史记忆的刻写并不是主观随意的涂鸦，"而是在直接碰到的、既定的、从过去承继下来的条件下创造"②的，这在事实上指涉了历史的鲜活、具体和延续，强调了历史记忆的反思、生动和建构。

（四）包容与斥异构成了历史记忆认同与区分的法则

从"我"到"我们"的包容性原则，不仅决定了共同性基础上历史记忆身份识别的事实性存在，而且影响了差异性基础上历史记忆群体设限的选择性后果。从"我们"到"他们"的斥异性原则，不仅决定了历史记忆建构内部主张与外部要求双向稳定的表相，而且影响了"一种特征只有在区分'我群'与'他群'时，或由外界强加给一群人时，才构成族群特征"③的本相。从包容性的原则出发，历史记忆的认同使集体在任何情况下都是有意义的，这种意义表现为个体交往与彼此互动在历史沉积中的运用，个体集合与彼此认可在历史演化中的承袭；集体在任何时候都是实在的，这种实在性表现为共同体成员共享往事的互动，实在的制度习俗、言行特征、历史叙事，以及在纪念仪式和身体实践中的往事共享。从斥异性的原则出发，历史记忆的区分，不仅明示于独特的集体经验，而且生发于群体边界的建构，这是一种对与自己相反的他者经验的反思，是群体特质的阐释和再阐释。立足于历史记忆认同与区分的本真，审视历史作为外部世界的对象和现象的映象在人脑中的巩固和保持，记忆主体对记忆材料的加工、概括、储存的强调，民族成员对历史经验的认识、再识、运用，凸显了记忆主体通过社会传承所实现的对象性活动的刻写。在此过程中，被记忆的部分往往转化为认同的部分，而被遗忘的部分则演

---

① ［法］莫里斯·哈布瓦赫：《论集体记忆》，毕然、郭金华译，上海人民出版社2002年版，第335页。
② 《马克思恩格斯选集》第1卷，人民出版社1995年版，第585页。
③ 汝信：《社会科学新辞典》，重庆出版社1988年版，第1246页。

化为区分的部分,以此达成个体内聚和群体分殊的社会化目的。

二、认同的承认与归属

符号表达的系统形式、人类组织生产和交往的结构性要素、意义显现的社会实存、价值的深层意蕴以不同的视角诠释了观念性的文化。作为内涵性存在的符号系统,观念性的文化赋予了客观事物以意义和象征的内容;作为意向性存在的结构性要素,观念性的文化赋予了生产组织和社会交往的选择与评判;作为价值性存在的社会实存,观念性的文化赋予了人们对客体属性及其有用性的主观评价和具体运用,赋予了主体需要与客体属性满足这种需要的交会点。作为政治认同的基础,民族文化认同的结构性意涵生发于一定的经济基础,延展于一定的政治中介,它对符号所表达的价值诠释、民族交往方式的投影、社会实存文化导引的延续,指谓了观念形态的文化对经济基础和政治中介所具有的能动作用。由此出发,"一定形态的政治和经济是首先决定那一定形态的文化的;然后,那一定形态的文化又才给予影响和作用于一定形态的政治和经济"[①]。在现实性上,文化的创造性自觉表征着人类经过选择异于其他动物的特质,缩影着人类文明的灵魂;文化的创造性意旨代表着人类适应环境的过程,意味着人类心灵相通的抽象,刻画着人类发展进化的轨迹。

(一)民族成员依据社会特征承认共同体文化,获得所属群体的认同,是人们与生俱来的认知与需求

族群是人们在交往互动和参照对比过程中自认为和被认为具有共同的起源和世系,从而具有某些共同文化特征的人群范畴[②]。民族是"具有事实上或自认为的共同血统、共同文化、共同体质特征以及一

---

① 《毛泽东选集》第2卷,人民出版社1991年版,第664页。
② 潘蛟:《勃罗姆列伊的民族分类及其关联的问题》,载《民族研究》1995年第3期,第27页。

整套共同态度与行为举止的人们共同体"①。作为社会、历史、文化的产物,民族共同体的形成主要在于共同的社会特征,如政治上的团结力,共同的经济、社会生活,共同的政治法律体系,以及共同文化之上的共同心理素质。作用于稳定性、内聚性、亲和性和排他性的内生因子,民族的文化性诠释在很大程度上脱离了地域、环境、语言、经济生活等外在因素变迁的限制,使之成为稳固的共同体形式。民族成员个体和群体之间的关系通过认同得到确认,一定的文化符号通过认同得到使用,相同的文化理念通过认同得到秉承,共有思维模式通过认同得到尊崇,共同行为规范通过认同得到遵守。通过认同追求利益,形式不容选择,架构亦早已事先给定。在这个基础上,任何群体都有相对于本族的"认同意识"和相对于外族的"分界意识",拥有对本民族事务热切关注和积极参与的意向与情感,拥有无条件维护民族利益和尊严的冲动与要求。离开了文化认同的张力与导引,民族成员的社会性凝聚便会流于空泛,共同社会特征的结构主义内涵因此被某一特定文化视为彼此关联的身份标识与符号表征,而被排斥在造就文化的其他个体与历史场域之外。

(二) 民族成员的身份具有情感归依的定位和理论建构的双重意义

族籍是人们对其出身和世系所做的文化解释(查尔斯·凯斯语),尽管事实上种族和外貌体征仍然是族籍区分的重要依据,父系或母系仍然是法律和伦理认领的重要标准,但更为重要的身份认定是文化的认定,即社会性世系的认定。在人类生物性与社会性的二元流变中,作为族群区分的重要标志,文化演化着民族成员与生俱来的外化性标识。文化同时是人为的,它"依靠被吸收在群体中的人们所共同接受才能在群体中维持下去"②。出于族界的标明,人们常常对那些据信为自己祖先曾经拥有的文化、传统加以复活、发明和放大。

---

① 汝信:《社会科学新辞典》,重庆出版社1988年版,第1246页。
② 费孝通:《论人类学与文化自觉》,华夏出版社2004年版,第196页。

文化所蕴含的思维方式、价值观念和道德情操，以人类所特有的能力和素养影响着人们的社会实践，形成普遍的社会心理与价值涵量，传承于民族情感和精神成果的代际相袭中，满足的是民族成员的社会需要，诠释的是共同体的意向标准和价值指向。文化的内在矛盾与外部张力总能超越自然和本能的束缚，以人类活动的心血与结晶，彰显个体成员后天选择的表相与本相，展示文化的自由意志和创造性表征。

（三）政治认同的文化承认源于价值导引的体系与思想

价值以人们对客体属性的主观评价和具体应用满足人们自身的需要，人们发现和掌握客观事物的属性和使用方式，使客观事物以主体需要的形式为人们所占有，从而促成事物内在价值的实现[①]。文化反映社会特征，是具体民族内在精神的深度体验和特殊张扬，是民族成员世代筛选而来的心理定位，是民族意志凝聚而成的情感要求。特定的文化理念、抽象的思维模式和具象的行为规范，往往浓缩着特定的价值要求和价值主张。民族社会特征的对象化，奠基着个体成员选择与认同的能力，并以主体能动的适应，作用于客体特征的生成与发展。认同主客体之间的非一性，多重纠结与相互的交错，对选择自由度与嬗变量减少的需求，使认同具有了限制的本位与认知的内涵。价值意义在文化体系中的内化，在一定程度上表征着认同的选择与重构。因此，政治认同的文化承认预示着文化的价值确认。这种以文化承认凝聚"我族"、区分"他族"的作用，是一种强大的力量，也是"一种维护社会模式的工具"[②]。

（四）政治认同的文化承认是民族成员价值选择与判断的结果

价值的实质在于客观属性的有用性，政治认同的确认受益于民族

---

① 金炳华：《哲学大辞典》分类修订本，上海辞书出版社2007年版，第5页。
② 万俊人：《20世纪西方伦理学经典Ⅱ》，中国人民大学出版社2004年版，第38页。

成员对其文化价值的承认。价值共识所表达的意义往往被理解为诸多可能性的一种，在诠释其他可能性的同时，系统生成民族共同体群体推崇的价值。价值认同强调人们的社会生活定位，凸显个体成员对群体价值观念的承认与共享。在共同社会特征的基础上，这种承认具有解释性的逻辑建构，被认同的价值总是在民族的框架内，以一定的概念诠释和意义论证，进行可能性的价值判别，以此推进主客体关系的双向建构与演化。价值认同植根于社会个体自身意义的行为认知，有赖于社会整体资源的价值导向，因此，共同价值观的确立是其必然的结果。政治认同的文化承认强调民族文化的性质、关系和基本思想在民族群体中的价值性肯定，生发个体成员选择后的主体能动；政治认同的文化承认阐发民族文化状态与态势的价值性揭示，呈现出民族文化自身发展的逻辑向度，导引主体认同向客体方向的价值延伸；政治认同的文化承认开启民族文化合目的性的主观判断，框定客体属性的历史定位，演进主体要求的观念刻写，达成客体运动轨迹与主体目的性生成的结果一致。在此过程中，主客体关系的相互置换，既认同，又被认同，既自由，又被限制，既能动，又被动，由此构成了民族成员社会特征之上的协调与契合。

（五）认同的价值表达与价值肯定凸显与"他者"比较的"我们"

文化归属的政治身份划定从属关系，通过辨别与其他事物的共同性，确认同类事物的存在，肯定自身的群体性。归属感源于个体将自己归属于某一团体，视这一团体为自己的群体，由此产生的自豪和亲切的情绪体验，"感到自己是组织的一员，享有一定的地位和权利"[①]。政治认同的文化归属，强调了"我群"与"他群"之别的共有情感和心理现象，发展了"承认的相互性"和从"我"到"我们"的历史性跨越。在黑格尔看来，人类自我意识的自在自为，总

---

① 于子明：《管理心理学辞典》，解放军出版社1990年版，第118页。

是表现为"它是为另一个自在自为的自我意识而存在的"①。归属感的参照是"我"之所以是"我"的证明,因此,"我"之所以是"我"总是凸显在与"他"的比较中,总是表达在目的性向社会性契合的过程中。民族是特殊形式的"我们",它承载文化特性的集体与边界,突出人类生活的本质与内涵,协调人们的行为与方向,组织共同的活动,给予我们实际的利益。民族通过其特殊的组织形式证明了所有的人类集团都是共同命运基础之上的"我们"。正是在文化所提供的行为准则和价值标准上,群体认同的命运性归属在现实性上进行了"我是谁""我和谁在一起""我和他们之别"的身份考量,进而为流浪的灵魂找到了精神的归依,为孤单的个体彰显了根的传承,由此映射了"我"与"我们"的族群凝聚和"我们"与"他们"的身份之别。

三、记忆固基认同的自由与自觉

历史记忆对政治认同的固基指谓了文化自信的自由与自觉。文化自信是民族成员对所属文化的理想观念、价值追求、物化能力和发展前景的确信,表现为文化精神、文化价值、文化能力和文化道路的自信,诠释民族文化内容体系、创造主体、物态转换和发展路径的自觉状态。在现实性上,文化自信作用于共同心理素质之上的自觉,表征了文化观念"自知之明"的民族性意蕴和现实性创造,它以理性认识的自由,介于民族文化主观见之于客观的辩证。文化自信的固本强基首先存在于历史记忆的时间表征和政治认同的文化空间上。正是因为时间"不仅是人的生命的尺度,而且是人的发展的空间"②,历史记忆的内在性建构和政治认同的文化转换,"需要在空间和时间中的

---

① [德]黑格尔:《精神现象学》上卷,贺麟、王玖兴译,商务印书馆1979年版,第122页。
② 《马克思恩格斯全集》第47卷,人民出版社1979年版,第532页。

扩张"①。在时空演化的历史纵轴上，文化自信通过历史记忆建构和政治认同的达致，以开辟道路的偶然性对历史必然性的呈现，映射了文化作用固本强基的社会化特征。在黑格尔看来，这种集必然性和整体性于一体的共同体自觉是"具有坚强的主体性格的自由自在的（尽管只是形式的）个性"②，即一种主体形式上的自由自在性。受此影响，文化自信的自由与自觉对"真"的反思和对"善"的评判，不仅存续于对民族文化"根"的探寻，而且传承自民族文化作用机制的指引。

（一）文化自信从自由抉择中始步

自由是"全部精神存在的类的本质"③，是"'精神'的唯一的真理"④，是人类精神与自然现象的分水岭；选择是反应者对被反应者的特征、状况、属性进行的取舍⑤，是自觉的目的性活动。自由抉择是必然性基础上面对多种可能的意志与自由。就历史记忆固基政治认同的关系而言，无论是历史记忆的认同与区分，还是政治认同的承认与归属，选择的自由往往意味着多种可能的存在，选择的内部条件与主客体的作用构成了自由的能动与选择的自由。由此出发，文化自信的每一个进步"都是迈向自由的一步"⑥。在现实性上，自由的选择，往往以主体的目的性生成为据，进行比较、观照、衡量和评判，借以表达主体的态度、确定选择的目标。自由选择虽然不会改变客体的本质和规律，但可以生发更高层次的意识和自我，其自由意志可以

---

① ［加］查尔斯·泰勒：《黑格尔》，张国清、朱进东译，译林出版社 2009 年版，第 123 页。
② 金炳华：《马克思主义哲学大辞典》，上海辞书出版社 2003 年版，第 29 页。
③ 《马克思恩格斯选集》第 1 卷，人民出版社 1995 年版，第 171 页。
④ ［德］黑格尔：《历史哲学》，王造时译，上海书店出版社 2001 年版，第 17 页。
⑤ 金炳华：《哲学大辞典》分类修订本，上海辞书出版社 2007 年版，第 48 页。
⑥ 《马克思恩格斯选集》第 3 卷，人民出版社 1995 年版，第 456 页。

把握事物的本质和需要,调整主体行为的目的,创设现实性的指标,进行外在化的实践。受此影响,处于价值选择核心的自由意志,逻辑性地分为作用的个体与群体、个人与社会的双向价值的确立。这种互为观照、互为前提、相互满足的反身关系,从自律与他律互为因果的转换范式出发,强调了文化自信的自由与决定。"人有选择自己前进道路的自由,不过,这种自由受到要同世界的动态结构和谐相处这个限度的约束。"①就此意义而言,与其说文化自信的自律形成了个体行为内在要求的本质与规定,不如说文化自信的他律约束了个体行为外在的规范与规制。在这个过程中,整体选择的共律往往借助于个体的社会化进程,而个体选择的完成则与他律内化为自律、外在转化为内在的能动与受动结合在一起。

(二) 文化自信从理性自觉中确立

自觉、有目的、有意识的主观心理构成了理性的内容维度,它内在性地包括事物认识的本质能力和客观规律把握的逻辑思辨。理性自觉指谓了民族成员的主观能动性,或曰自觉的能动性,它以意识和意向的互动诠释了文化自信的具体。在黑格尔的哲学语境中,理性以其自身产生观念的能力构成了自觉的能动,"理性是世界的灵魂,理性居住于世界中"。意识"拥有双重的对象:一个是直接的感觉和知觉的对象,这对象从自我意识看来,带有否定的特性和标志,另一个就是意识本身,它之所以是一个真实的本质,首先就只在于有第一个对象和它相对立"②。文化自信在意识性展开的环节,定位于内在性的基础,其外在的"自在"可经自我意识的经验获得精神意义的真理。人类活动指导、控制、调节的动因,人的需要满足初始的价值过程,人们实践主客体关系的把握,指谓了人类目的性本质的对象性活动。

---

① [美]拉兹洛:《用系统论的观点看世界——科学新发展的自然哲学》,闵家胤译,中国社会科学出版社1985年版,第69页。

② [德]黑格尔:《精神现象学》上卷,贺麟、王玖兴译,商务印书馆1979年版,第117页。

文化自信在目的性展开的环节，诠释历史记忆的建构，支撑民族成员的认同。"世界不会满足人，人决心以自己的行动来改变世界"①，因此，主观与客观的能动在历史记忆固基政治认同中的反映，是民族文化作用自信的结果，是观念形态外在化转换的累积。主体性是人在主客体关系中的地位、能力、作用和性质的集中反映，它以自觉的对象意识和自我意识，对现存的客体进行理论和实践的批判，产生和实现人类活动的价值评判与价值目标。文化自信在主体性展开的环节，是历史记忆对象性活动中展示的具体，作为民族生存方式的主观抽象，政治认同的文化能动同样表征为主体形式上的自为，它所编织的"直接地或间接地满足人类的需要"②的网，是一个经过整合的、有序的、相互援引的网，并在事实上"不仅反映客观世界，并且创造客观世界"③。

（三）历史记忆固基认同的文化自信结合文化意向的价值向度

文化自信的价值凸显了满足需求的文化及其客体化属性在理性认识和自由抉择之上的自觉。席美尔将其诠释为价值作为客体的属性，它的发展以及呈现出来的主客体分离，表现为某种欲望对主体追求满足的过程，这是一个主体选择与创造性建构的过程。文化自信的价值向度指谓了历史记忆与政治认同的演化，这是"自知之明"基础上情感归依与理性自觉的演化。其中，自觉意识性的"自觉一般"、自觉目的性的"个体自觉"、自觉主体性的"自觉自由"，以层级演进的梯级链接为文化自信的节点，以逻辑形式的再现展演为自觉分层的截面，其创造性活动和共同体要求的集合，从价值性上指谓了记忆与认同的功能。在这个过程中，文化自信的价值向度助力于根基性、工

---

① 《列宁全集》第55卷，人民出版社1990年版，第183页。
② [英]马林诺夫斯基：《文化论》，费孝通等译，中国民间文艺出版社1987年版，第14页。
③ 《列宁全集》第55卷，人民出版社1990年版，第182页。

具性和理性的辩证。其中，历史记忆原生情感的价值亲和，形塑了民族成员自觉意识的"自觉一般"，这是文化自信价值向度的根基性层面；基于对竞争协作机制的承认与遵循，形塑了认同目的性作用的"个体自觉"，这是文化自信价值向度的工具性层面；基于价值推崇的坚守与践行，形塑了记忆与认同基本规定性的"自觉自由"，这是文化自信价值向度的理性层面。根基性层面、工具性层面与理性层面的彼此嵌套和相互联系，指向了历史记忆固基文化认同的价值性支点。就此意义而言，文化自信价值向度在赋予记忆以认同标的的同时，不仅指称了民族成员的基本人格，而且指称了他们对象性活动的本质。就生活在具体时空背景下的民族成员个体而言，表征其"自觉一般"的思想和欲望、动机和要求、选择和判断，由此联系着群体生活、整体价值、社会意识的根基性层级；民族文化的行为准则、群体推崇和利益关系对"个体自觉"进行了工具性层级的规范；理性认识的价值定向、目标支撑和精神动力则对"自觉自由"的层级进行了规定。

（四）历史记忆固基认同的文化自信发展于文化逻辑的和谐共生

文化自信的意识性、目的性和主体性生发于历史记忆的群体规定性，它以民族文化的承认与归属有别于其他自然的存在物，历史性地凝聚为民族成员生存、生产方式的社会化展演。历史记忆固基认同的文化自信，不仅浓缩了民族文化的思想精华，而且反映了民族群体主观精神与客观实存的关系，具有文化内化的主观养成和责任外化的客观机理。文化自信与历史记忆的认同和区分联系在一起，是民族文化思想体系历史性表达的社会指引；文化自信与民族文化的承认和归属联系在一起，是民族成员价值确立、身份诠释的相向而行。就此意义而言，记忆固基认同的文化自信是民族成员社会生活的文化表现，其从价值认知、价值批判、价值选择到价值共识的群体达致，则在现实性上论证了文化省思从价值原则到未来预期的经验累积和实践反馈，反映了自由与自觉从主体规范到实践模式的建构与演化，表现出观念形态的文化所具有的调适、导引和激发功能。历史记忆建构与政治认同的结合,不仅表现为文化自然价值效用的社会化,而且表现为民族个体与社会群体反身形塑的过程化。由此出发,社会展演、艺术表演、演讲等文化传播形式与文化服务过程的历史记忆建构,文化景观、纪念空间、活动场域等文化传播空间的政治认同展演,分别以特定的载体进行着文化自信的现实性诠释和文化实践的对象性生产,其和谐共生的内生性逻辑和外在化转换以自由和自觉的统一生发着记忆建构与认同达致的文化作为。

第三节　历史记忆建构固基政治认同的演进机制

记忆是认同的前提,认同是记忆的结果;建构历史记忆、固基政治认同是"纲要"课历史教学的重要部分。源于希腊文的"机制"原指机器的构造和动作的原理,运用于哲学范畴后,特指系统内部各要素之间的组合关系和作用方式。对机制的研究,不仅有利于系统作用整体功能的发挥,而且有利于系统作用整体效果的优化。在"认同"问题日益凸显的今天,阐释历史记忆建构与政治认同形成的内在机制,探究从历史记忆建构到政治认同达致的演进机制,助益于创设集体记忆情境、固基政治认同的科学性和实效性。

一、集体记忆系统的内在机制

记忆,是人脑对感知过的事物、思考过的问题、体验过的情绪和实施过的动作的示意和反映,表现为过程与结果、主体与客体、能力与内容的统一。相对于个体记忆,集体记忆表征了某一个群体对过去经验的心理反映形式。作为共同体成员共享往事的过程和结果,集体记忆之历史记忆对感知、体验和想象过的事物的识记、保持和再现,并不是简单的"个体集合起来的记忆",而是"集体的记忆",这种

第三章 历史记忆建构与政治认同

记忆经共同体成员实践活动的长期积累、反复叠加相袭而成。由此出发,在集体记忆学者哈布瓦赫看来,"每一个集体记忆,都需要得到在时空被界定的群体的支持"①。"谁的记忆""记忆什么"和"怎样记忆"的问题须置于共同体生活的教育情境下,只有在共同体依托的具体情境中,"他们才能进行回忆、识别和对记忆加以定位"②,进而在社会交往、身体实践和集体框架的约束下形成集体对历史的记忆。因此,集体记忆并非客观地回忆往事,更确切地说是在实践的沟通中集体回忆发生在过去的事情。与此相适应,每个时代都依据一定的社会现实、社会框架、社会理念和社会需求进行历史与往事的集体筛选和现实诠释。

作为集体记忆的重要组成部分,已建构的历史记忆既表现为暂时性、可塑性和偶发性的交织,又表现为累积性、重叠性和持续性的互动,既具有相对稳定性,又具有动态建构性。正是因为历史记忆的叙事离不开现实的需要、利益和兴趣,就此意义而言,"过去是一种社会建构,这种社会建构,如果不是全部,那么也是主要由现在的关注所形塑的"③。因此,"谁控制过去,谁就控制未来;谁控制现在,谁就控制过去"④。受此影响,历史记忆所呈现的过去并非全部的历史,所阐析的史实亦非完整无缺。作为共同体选择、组织和推广的结果,历史记忆的建构通常被运用于同一性的凸显、延续性的展示和合法性的诠释。对此,哈布瓦赫强调,"过去不是被保留下来的,而是在现

---

① [法]莫里斯·哈布瓦赫:《论集体记忆》,毕然、郭金华译,上海人民出版社2002年版,第40页。
② [法]莫里斯·哈布瓦赫:《论集体记忆》,毕然、郭金华译,上海人民出版社2002年版,第69页。
③ [法]莫里斯·哈布瓦赫:《论集体记忆》,毕然、郭金华译,上海人民出版社2002年版,第45页。
④ [英]乔治·奥威尔:《一九八四》,唐建清译,人民文学出版社2012年版,第200页。

在的基础上被重新建构的"①。在这一层面上,"历史记忆不是一个既定的概念,而是一个社会建构的概念"②。"尽管我们确信自己的记忆是精确无误的,但社会却不时地要求人们不能只是在思想中再现他们生活中以前的事件,而且还要润饰它们,削减它们,或者完善它们,乃至我们赋予了它们一种现实都不曾拥有的魅力。"③

集体记忆系统由符号记忆、情节记忆和价值记忆构成。直观的符号记忆携带意义的象征,生动的情节记忆丰富符号的意义,情节的选择和价值的研判强化符号和记忆的情节,推动价值记忆的定位与规定。三者相互联系、依次递进,在符号—诠释—重构的演进路线中,完成由感性记忆向理性记忆、由表象记忆向本质记忆的飞跃。

第一,集体记忆的符号记忆系统。

作为实体范畴,符号一般解释为"记号",指象征或代表其他事物的事物。作为关系范畴,符号一般解释为能指与所指之间的意指。所谓意指,一方面是表示具体事物或抽象概念的语言符号,另一方面是语言符号所表示的具体事物或抽象概念,前者即能指,后者即所指④。处于能指与所指之间的意指既可能是约定俗成的,又可能是临时确立的。正因为符号简单明确、清晰生动,这种形式最终演变为思想表达和情感交流的工具,成为共同体社会表达和价值判断的载体。在这一层面上,"符号是被认为携带意义的感知:意义必须用符号才能表达,符号的用途是表达意义。没有意义可以不用符号表达,也没有不表达意义的符号"⑤。符号意义表达本身就是一种抽象的概括,

---

① [法]莫里斯·哈布瓦赫:《论集体记忆》,毕然、郭金华译,上海人民出版社2002年版,第71页。

② [法]莫里斯·哈布瓦赫:《论集体记忆》,毕然、郭金华译,上海人民出版社2002年版,第39页。

③ [法]莫里斯·哈布瓦赫:《论集体记忆》,毕然、郭金华译,上海人民出版社2002年版,第91页。

④ 金炳华:《哲学大辞典》分类修订本,上海辞书出版社2007年版,第1966页。

⑤ 赵毅衡:《符号学》,南京大学出版社2012年版,第1页。

形式上更多的是感性的直观，而符号对意义的携带和表达恰恰是意义的不在场。换言之，意义缺场是符号存在的前提。符号通过感知的载体表达意义，在共同体的社会生活中提供独一无二的语境。受此影响，"人不再生活在一个单纯的物理宇宙之中，而是生活在一个符号宇宙之中……我们应当把人定义为符号动物"①。群体意义上的符号，无论是象征符号、信号符号、语言符号，还是科学符号，一定规则的同一性和内生性是其成为符号的前提，符号本身因此具有了历史记忆的内容指向和价值要求。在现实性上，"我们可以用不同的语言表达同样的意思，甚至在一门语言的范围内，某种思想或观念也可以用完全不同的词来表达"②，这就使历史记忆的符号记忆系统颇具普遍性、动态性、多面性和灵活性的特征。

第二，集体记忆的情节记忆系统。

情节，一般指事情的发展、变化和经过，是共同体历史事件和人物活动的过程，即人物与人物之间、人物与环境之间的联系、矛盾和斗争引发的系列事件，以及这些事件发生、发展和解决的过程。情节，由序幕、开端、发展、高潮、结局和尾声组成，具有生动性、丰富性和完整性③。历史记忆之情节记忆，主要是共同体成员关于历史、重要事件、重要人物和活动过程等具体情节的记忆，是共同体成员对与一定时间、地点和情境相联系的重要人物和重要事件的识记、保持和再现④。相应地，情节记忆的生动性、丰富性和完整性使集体记忆在符号记忆的基础上进一步显现。当历史记忆系统运行至情节记忆的层次时，共同体成员关于过去重要人物和重要事件的记忆已经在符号记忆的基础上更加具体、丰富和完整。所欠缺的是，这种记忆尚

---

① [德]恩斯特·卡西尔：《人论》，甘阳译，上海译文出版社1985年版，第33－34页。

② [德]恩斯特·卡西尔：《人论》，甘阳译，上海译文出版社1985年版，第46－47页。

③ 顾建华、张占国：《美学与美育词典》，学苑出版社1999年版，第395页。

④ 黄希庭：《简明心理学辞典》，安徽人民出版社2004年版，第286页。

未达到理性思维的层面，尚未形成对历史和往事的本质抽象，对重要人物和重要事件的价值判断与记忆仍有待升华。

第三，集体记忆的价值记忆系统。

价值，特指对象满足需要的属性，它以价值研判为介体，充当了人们适应环境、赋予利益和享受成功的工具。从这个角度出发，价值既不是实体范畴，也不是属性范畴，而是关系范畴，是主体和客体在实践和认识活动中形成的客体属性与主体需要满足与被满足的效用关系。价值记忆具有客观性、主体性和相对性，这是因为历史记忆的价值研判对共同体历史和往事的记忆，必须在认识客体属性的基础上，由共同体成员将需要与推介结合起来的标尺，投身于客体记忆的内容，借以形成关于历史事件和历史人物的本质判断、经验总结和价值结论。在这个过程中，作为客体属性的主观认知，价值记忆是共同体成员共享往事的一致与运用，其价值研判在指向共同体政治的同时，包含了个体成员主观能动和思想意志的价值承借；作为规定性、综合性和多样性的集合体，价值记忆不仅具有经验层面的个体含义，而且具有整体性和系统性的结构诉求。相对于符号记忆和情节记忆，价值记忆以共同体成员的再创造为据，朝着认识、感知和交融的方向发展，最终将发散的记忆思维凝聚为集体记忆，以契合个体成员的内在需要和共同体集体记忆的要求。

符号记忆、情节记忆和价值记忆的依次递进和无限循环，构成了历史记忆系统作用的过程，共享往事的结果经结构作用的层次链接被共同体成员吸收和接纳，最终积淀为共同体"集体的记忆"。换言之，作为集体记忆重要组成部分的历史记忆系统在推动层次链接、形成集体记忆的同时，还进行着共同体政治的本质建构，而这一切正是借助记忆心理的对象化、记忆行为的意识化和记忆客体的主体化得以实现的。

第一，记忆心理的对象化。

对主体而言，对象化是客体肯定主体，是人的本质的外在化、物质化和客体化；对客体而言，对象化是主体肯定客体，是对象的主体化、人化和社会化①。记忆心理，即心理层面的记忆，是记忆主体对共同体历史和往事认识的心理特征和心理活动。记忆心理的对象化，是指在集体记忆主体与客体的相互作用中，记忆主体的心理活动受到记忆客体的刺激、影响和作用而发生的变化，这个变化使记忆心理日益具有记忆客体所赋予的符号、情节和价值的趋势、过程和结果。因此，记忆心理的对象化，不仅强调了历史记忆主体客体化和客体主体化的统一，而且强调了记忆主体趋近于记忆客体的过程，以及记忆主体同化或顺应作用于记忆客体的结果。

第二，记忆行为的意识化。

在历史记忆建构的过程中，记忆行为既表现为感觉、知觉、表象、概念、判断和推理等形式的主观性，又表现为记忆内容、反映对象、评价事物的千差万别和因人而异，既有正确反映共同体往事的客观性记忆，又有偏见与偏差并存的主观图式。记忆内容在共同体成员头脑中的具体图式和主观映象，折射了物质的东西"移入人的头脑并在人的头脑中改造"②成观念的东西的过程。从具体内容看，记忆行为的意识化是知识、情感和意志的统一；从自觉程度看，记忆行为的意识化是潜意识与显意识相互交织的产物；从发展角度看，记忆行为的意识化是传统、现实和未来意识的结合；从意识活动的指向性看，记忆行为的意识化可分为对象意识和自我意识。对象意识强调的是共同体往事的现象、关系和发展进程，这种记忆是共同体"物的尺度"的标记；自我意识强调的是历史和往事的关系体验、人在其中所处的地位和扮演的角色，这种记忆是共同体"内在尺度"的认识。由此可见，记忆行为的意识化，代表了主体外部物质实践向内部精神意识转化的趋势、过程和结果，代表了共同体行为层面的记忆，是记忆主体外现于记忆客体的活动。

---

① 金炳华：《哲学大辞典》分类修订本，上海辞书出版社2007年版，第35页。

② 《马克思恩格斯选集》第2卷，人民出版社1995年版，第112页。

第三，记忆客体的主体化。

在建构历史记忆的过程中，记忆客体的主体化结合主客体关系的互动，从自身结构和规定性的立场出发，按照自身需要和内在尺度与共同体的群体推崇和外在要求共享集体的历史与往事，以此进行内容和情节的把握和强调，使历史记忆的客体不断地被突出、诠释和同化，使之更加趋近和服务于主体。记忆客体的主体化为共同体历史的展示和共同体往事的抽象烙上了共同体群体尺度的印记，当历史记忆的内容被诠释为趋向于或服务于共同体政治的主体，其选择性记忆和结构性遗忘使客体产生了某种由主体赋予的性质和特征。其中，记忆客体，即记忆对象和记忆内容的符号形式、情节形式和价值形式，就是在记忆主体与记忆客体的相互作用中，以记忆客体的符号记忆、情节记忆和价值记忆指向共同体历史独一无二的主体言说、主体性质和主体趋势，最终完成的历史记忆的建构。

二、政治认同系统的内在机制

认同，表达的是身份的确立和归属的形成，既指客观存在的相同性与相似性，也指思想认识的一致性以及由此形成的社会关系。认同可以是国家认同、政治认同和文化认同，亦可以是组织认同、社会认同和自我认同。

政治认同是指"一个人感觉他属于什么政治单位（国家、民族、城镇、区域）、地理区域和团体，在某些重要的主观意识上，此是他自己的社会认同的一部分；特别地，这些认同包括那些他感觉要强烈效忠、尽义务或责任的单位和团体"[①]。作为主体承认、接受和归依的结果，心理、态度、行为和价值构成了政治认同主观接受和社会践行的统一；作为政治活动的目标归属，行政资源的政治整合和社会心理的文化整合构成了政治认同价值诠释中的政治责任和文化担当。集

---

① ［美］罗森邦：《政治文化》，陈鸿瑜译，台湾桂冠图书股份有限公司1984年版，第6页。

理想愿景与奋斗目标于一体的中国梦，代表了中华民族一以贯之的价值体认与价值追求，代表了中国特色社会主义的前进方向，而中国梦价值认同是中国特色之制度认同、利益认同、价值认同、绩效认同和政党认同的集中体现。作为中国梦价值内涵的承认与认可，中国梦价值认同以民族成员的价值认知为基础、价值感知为体验，集价值心理、价值态度和价值行为于一体，展示了民族成员情感相依的休戚与共和"自知之明"的体化实践。

（一）政治认同包含个体和社会两个层面

个体层面的政治认同，指共同体成员自我身份的社会确认和情感认识。安东尼·吉登斯的"自我认同"属于这个层面，特指"个体依据个人的经历所反思性地理解到的自我"[①]，强调的是自我身份的确立和群体归属的情感。社会层面的政治认同，指共同体成员对共同体政治信仰的承认和群体情感的共有与共享。埃米尔·涂尔干的"集体意识"属于这个层面，在他看来，"社会成员平均具有的信仰和感情的总和，构成了他们自身明确的生活体系，我们可以称之为集体意识或共同意识"[②]。这种集体意识"作为一个整体散布在整个社会范围内"，它不与个人的特殊状况发生关系，不随世代更替而更替，而是代代相继、代代相传。因此，"它完全不同于个人意识，尽管它是通过个人来实现的。它是一种社会心理形式，既有自己的特性，又有自己的生存条件和发展模式"[③]。

（二）社会层面的政治认同

共同体成员对中国梦价值内涵的承认和赞同具有价值性、建构

[①]［英］安东尼·吉登斯：《现代性与自我认同：现代晚期的自我与社会》，赵旭东、方文译，生活·读书·新知三联书店1998年版，第275页。

[②]［法］埃米尔·涂尔干：《社会分工论》，渠东译，生活·读书·新知三联书店2013年版，第42页。

[③]［法］埃米尔·涂尔干：《社会分工论》，渠东译，生活·读书·新知三联书店2013年版，第42-43页。

性、社会性、稳定性、动态性和情境性。政治认同首先是价值性的主观意旨，是对"我们是谁""我们从哪里来""我们要往哪里去"等根本问题的深层诘问，所要达到的目标是社会关系的群体定位。通常情形下，政治认同首先是主观建构的结果。"身份、认同是构建出来的，是多元的、杂交的或发明出来的。某种身份、认同是被构建出来的，也可以被消解、拆除掉。"① 政治认同同时是集体意识，通过自我与他者交往的互动形成，得不到他人的承认，或得到的仅仅是歪曲的承认，都会给认同带来伤害。政治认同具有确定性和稳定性，并随着客观条件和主观要求的改变，发生量变或质变。政治认同往往是相对的，可以重新组合和消解、建构和解构。从政治认同立场、身份、条件和情境的流动性出发，无论是情感—象征的认同，还是工具—政治—经济的分享，都不是孤芳自赏的延伸，而利益—竞争—分配的达成，更是在民族生活的场域里、在与他者交往的比较中、在差异与对峙的反思后归依和获得。

（三）政治认同系统

强调情感层面的自然认同、强调行为层面的强化认同和强调价值层面的理解认同构成了政治认同系统的重要内容。自然认同是政治认同的前提和条件，强化认同是政治认同的重点和关键，理解认同是政治认同的目标和归宿。自然认同、强化认同和理解认同的相互联系和依次递进，诠释着政治认同的类别要求和层次向度，在共同体政治历时与共时的切入中，由浅入深达到理解层面的自我。每一层次的认同总是抽象关系交互的具体，奠基更高层次的提升，因而具有差别对立迈向辩证统一的发展与建构。

1. 政治认同之自然认同

作为最基本、最广泛的认同方式，自然认同是政治认同的第一层次，是共同体成员在无外力干预的情况下通过历史继承与约定俗成自

---

① 张旭东：《全球化时代的文化认同：西方普遍主义话语的历史批判》，北京大学出版社2005年版，第428页。

然形成的。作为完整的政治习得，自然认同表现出主体惯性和习俗稳定的基本特征。认同在个体成员的脑海里首先形成概念性的思维，经实践检验后，部分内容被共同体抽象为常识，进而推广为共识，经反复验证和逐层积淀，转化为共同的价值要求和行为规范。作为共同体存在的政治图景，自然认同以社会标准和政治氛围的内部养成为据，在潜意识与显意识相互作用的场景中，导引共同体政治的现实传承。其中，遗传和模仿的交互出现和相互佐证充当了自然认同的重要手段。由此可见，自然认同是共同体成员对共同体政治的直观体验和感性认知，是最基本、最普遍和处于感性层面的认同，具有明显的自发性、盲目性和浅表性的特征。尽管如此，自然认同的潜移默化和个体成员的自然内化，仍然是政治认同不可或缺的起始环节。

2. **政治认同之强化认同**

强化，在心理学和生理学的运用中，具有产生和促进学习的方法示意和手段意味。政治认同的强化认同主要是在自然认同的基础上，通过教育和强制促使个体成员承认、认可和赞同共同体政治的结果。其中，教育引导是一种软约束，强制推崇是一种硬约束，教育引导和强制推崇的相互补充和相互促进保证了强化认同的实现。在现实生活中，强化认同的进行往往结合教育的感化力和法律制度的强制力，融合柔性的规范作用和刚性的律令机理，突出利益激发的原动力。正是因为"人们奋斗所争取的一切，都同他们的利益有关"[①]，"不是思想，而是利益（物质的和思想的）直接支配人的行为"[②]。受此影响，"人们在教育他时必须从他个人的利益入手"[③]。通过利益的赋予或剥夺，引导利益的分配和实现，借此确立共同体政治的利益归旨。与此同时，进行规范和教育的示范与印证。"只有你给他的良好原则与牢

---

① 《马克思恩格斯全集》第1卷，人民出版社1956年版，第82页。

② 苏国勋：《理性化及其限制——韦伯思想引论》，上海人民出版社1988年版，第84页。

③ [法] 米歇尔·福柯：《规训与惩罚：监狱的诞生》修订译本，刘北成、杨远婴译，生活·读书·新知三联书店2012年版，第120页。

固习惯，才是最好的，最可靠的，所以也是最应该注重的。因为一切告诫与规则，无论如何反复叮咛，除非实行成了习惯，全是不中用的。"① 总体来看，强化认同仍然具有感性服从的意涵，趋利避害和遵守规范是认同激发的重要考量因素。

3. 政治认同之理解认同

理解，是人类特有的认识能力和认识活动，是借助概念和范畴，运用逻辑或非逻辑进行推演的思维方式，是把握事物的内部联系和本质规律的过程②。理解的本质在于视域融合③。理解认同是在对话与交流的基础上，共同体成员对共同体政治的理解与前理解、个体视域和群体视域的融合，因而是广泛的、深刻的和稳定的集体认同。"实践证明：感觉到了的东西，我们不能立刻理解它，只有理解了的东西才更深刻地感觉它。感觉只解决现象问题，理论才解决本质问题。"④ 在现实生活中，只有进入了理解的视野，原先不合理的视域才能得到调整和修正，而那些经过互动和反思达成的融合，才是共同体成员普遍理解的基础。在这个过程中，政治认同的理解与个体间的共通，以及共通的外化（理解的客观化）紧密相连，最后达成的"人同此心，心同此理"的理解，不仅指向了客观精神的媒介，而且指向了约瑟夫·拉彼德所声称的归依的人们真正想要的集体认同。就此意义而言，理解认同是理性层面的政治认同，较之自然认同和强化认同，更具自觉性、目的性和深刻性的特征。

---

① ［英］约翰·洛克：《教育漫话》，傅任敢译，教育科学出版社 1999 年版，第 7 页。

② 金炳华：《哲学大辞典》分类修订本，上海辞书出版社 2007 年版，第 59 页。

③ ［德］汉斯-格奥尔格·伽达默尔：《诠释学Ⅰ：真理与方法——哲学诠释学的基本特征》修订译本，洪汉鼎译，商务印书馆 2007 年版，第 416 页。

④ 《毛泽东选集》第 1 卷，人民出版社 1991 年版，第 286 页。

三、历史记忆固基政治认同的实现机制

从历史记忆建构到政治认同的达致是历史记忆系统作用的标志与结果。人们在记忆中唤醒,在认同中遗忘,没有记忆就没有自我、没有社会,自然也就没有认同。从这一意义的现实延展出发,历史记忆建构的场域往往构成了政治认同实现的基点。根据欧美国家"记忆—政治—认同"的研究范式,当历史记忆的想象立足于共同体政治时,历史记忆所达成的承认便指向了共同体政治的制度、利益、绩效和政党。如同经济发展构成了政治认同的意义域一样,历史记忆亦是政治认同提升的实践场,历史记忆不再是一个隐喻而成为现实,一个以社会功能的意识通过群体机构的传送试图达到共同体社会化目的的现实。

(一)历史记忆固基政治认同的基本环节

从历史记忆建构到政治认同的演进需要经过同化与异化、顺应与否定、接纳与排斥的基本环节。

1. 同化与异化的环节

共同体以其成员心理图式的事先给定性对历史记忆的内容进行选择、过滤、改变和重组,确立与原有图式相融的信息,使之纳入集体记忆的框架,以此推动原有图式的量变。与此同时,展开认同图式异化的转让、疏远和脱离,使某些相反或相悖的往事渐行渐远,以结构性遗忘为手段,形成共同体成员记忆内容的策略性选择。

2. 顺应与否定的环节

共同体通过推崇的强化、刺激和渲染,触发个体成员心理图式的调整与改变,适应和接纳主控叙事的集体记忆,促进原有图式的质变。与此同时,忽略和遗忘那些与集体记忆相左的内容,并做出情感、立意和指向的否定性审视与评价,用以凸显个体记忆向集体记忆转变的节点,消弭个体记忆逆反的冲突。

3. 接纳与排斥的环节

个体成员以内外结合的方式接受共同体的集体建构，并将这种建构指向共同体政治的集体认同，以此催发与共同体要求一致的政治认知，自觉进行认同图式的心理转化。与此同时，排斥蕴藏在个体和群体意识中的分离因子和膨胀信息，进行内容与规范的梳理，确立历史记忆的边界，融合历史记忆的特征，用以区分"我们"与"他们"的对立和利益考量。

（二）历史记忆固基政治认同的实践路径

从历史记忆建构到政治认同的演进需要遵循唤醒与激发、定位与规范、内化与外化的实践路径。

1. 唤醒符号记忆，激发自然认同

作为记忆系统中最基础、最广泛和最直接的形象表征，形式与意义构成了符号内蕴的重要内容。符号的形式不仅连接意义，而且缔结关系，符号与符号功能的结合，在实践中主要运用于记忆的初始化；符号的意义在于标记历史、缩写往事，它所形成的聚合指向归类和身份的识别，在实践中更多地运用于认同。唤醒符号记忆，就是要借助简单的压力和外部刺激，通过符号的形象性意指唤起共同体成员共享往事的心理准备和警觉状态，为自然认同的形成再现曾经的历史和共同的经历。受此影响，"在多数情况下，只是为了回答他人的问题，或者回答我们设想他们可能会提出的问题，我们才会诉诸回忆。……大多数情况下，我之所以回忆，正是因为别人刺激了我；他们的记忆帮助了我的记忆，我的记忆借助了他们的记忆。至少在这些情况下，记忆的唤起并无神秘之处可言。……我的记忆对我来说是外在唤起的。无论如何，我生活的群体都能提供给我重建记忆的方法"[①]。符号记忆的唤起对自然认同的激发具有重要意义，在哈布瓦赫的集体记忆理论看来，我们沉思时浸没于其中的集体，并不是某种强加于我们

---

① [法] 莫里斯·哈布瓦赫：《论集体记忆》，毕然、郭金华译，上海人民出版社 2002 年版，第 69 页。

的绝对。不论何时，只要愿意，我们都能随心所欲地通过符号记忆提取我们希望沉浸于其中的时期。这些时期的人、物和事要么属于不同类型，要么展示不同方面。因此，我们选择寄以希望的集体并不表现为个体能量的相加和累聚，这是符号赋予我们的意义和记忆的状态。基于这样的记忆、这样的体系与符号，共同体成员之间的转移是自由的，归属于其中的选择并不因此感受外界强烈的干预，这是一种自觉的承认和自愿的认可，而承认和认可正是自然认同不可或缺的基石和始点。

2. 定位情节记忆，规范强化认同

作为历史记忆与往事回忆的承载者，生活在共同体之中的人与人、人与群体、人与环境的相互关系、发展脉络和矛盾冲突浓缩了集体记忆的情节部分，既有历史和往事的因果互动，又有故事和事件展开的动因、结构和叙述。其中，事件、人物和场景的汇集展示了历史记忆变化的内容。定位情节记忆，就是要在内外互动的交往中，在群体比较和判别的过程中，在集体目标的导引下，确定记忆的内容、位置和叙事方式，以此凸显社会框架的集体分析（社会需要、社会心理和社会利益）、重要人物和重要事件的内容叙述，确定其归属，以"谁的记忆""记忆什么"和"怎样记忆"[①] 的问题创设记忆情境，以个体记忆之群体位置的相照，记忆"需要记忆"的往事。其过程不仅内含叙事者对记忆者的顺应，而且包括记忆者对叙事者的逆反。较之符号记忆，情节记忆代表了"审名以定位，明分以辩类"[②] 的强化与探究，此时的规范是目标对结果的决定，是群体对个体的干预。换言之，在规范的强制和教化下，借助情节的定位走出共同体记忆的盲从和认同的误区，从多种可能的动因中突出预期的内容，使之沿着集体认同的方向演进。受此影响，福柯将定位与规范视为政治认同的利器。在他看来，这一利器比钢铁的锁链更能达成制衡与约束，更能

---

① ［法］莫里斯·哈布瓦赫：《论集体记忆》，毕然、郭金华译，上海人民出版社 2002 年版，第 93—94 页。

② 韩非：《韩非子》，上海古籍出版社 1989 年版，第 18 页。

形成稳健与理智的基点，这正是政治家们把握锁链终端的开始。因此，帝国不可动摇的基础总是那些大脑软纤维组织之上的建构①。

3. 内化价值记忆，外化理解认同

作为记忆系统最高层次的目标归属，价值记忆以它的实在性和有用性升华历史和往事的观念，诠释血脉相承的共通与生存的意义。价值记忆是共同体成员社会生活的价值定位，其歧义消解的独一无二性在提供价值共享的同时，融合了集体建构和逻辑推演的现实脉络和价值意义。内化价值记忆，更多的是集体叙事转化为价值记忆的过程，是"共同体要我这样记忆"转化为"我要这样记忆"的实践场。内化历史记忆的结果，反映的是契合共同体利益的内容和观念、契合历史与现实的要求和归旨，它们以内化为介质形成价值记忆的基础和前提。在现实性上，进入实践形态的价值记忆对政治认同的理解具有双重意义。与内化相对应，价值记忆的外化集理解认同内部思维和外部活动于一体。作为承诺兑现和体化实践的对象性活动，价值记忆的外化表现为主观见之于客观的过程；作为理解行为和理解结果的结合，价值记忆的实践表现为主观见之于客观的结果。因此，行为习惯的外显相对于认知层面的认同，更具现实性和目的性，它是理解认同的标志。正如列宁在《哲学笔记》中所言："世界不会满足人，人决心以自己的行动来改变世界。""实践高于（理论的）认识，因为它不仅具有普遍性的品格，而且还具有直接现实性的品格。"② 由此出发，实践层面的价值记忆不仅是理解认同应该与不应该的结合、有所为和有所不为的互动，而且是行为表现和内化规范的一致，是责任感和使命感的自觉，是行为自由度提高和选择能力增强的辩证，因而是理解认同体化实践的外显。

---

① ［法］米歇尔·福柯：《规训与惩罚：监狱的诞生》修订译本，刘北成、杨远婴译，生活·读书·新知三联书店2012年版，第113页。

② 《列宁全集》第55卷，人民出版社1990年版，第183页。

第四章　廉政建设与港澳经验借鉴

廉政即"廉洁的政治",是公正廉明的政局、政制、政策和政德的良性结合与辩证统一。从现代社会廉政的特征和实质出发,政府及其官员在履行公务、处理问题过程中的廉正、廉朴、廉节、廉制,构成了廉洁政治的基本内容。廉洁政治的反面是政治腐败,作为一种公权力的异化现象,政治腐败主要是指公权力在产生分配和行使过程中为私人利益而违背公共信任的现象。作为社会治理古老而弥新的政治命题,廉政建设旨在营造公正廉明的政治氛围、建设廉洁高效的政治法律制度、明晰廉洁奉公的政治道德要求、实施确保政治清明的政策和措施。廉政建设同时是党的建设的重要内容,在实践中,中国共产党综合中国传统的廉政建设经验,借鉴西方成功的反腐经验,密切联系群众,进行廉政教育,不断完善党领导下的人民群众广泛参与的具有中国特色的反腐倡廉机制,建构国家与社会相结合的双重治理腐败体系,系统推进了党的建设的伟大工程。

《中国近现代史纲要》指出:"中华人民共和国成立以来的历史,是中国各族人民在中国共产党领导下,为实现中华民族的伟大复兴而开辟新纪元、走上新道路,经过艰辛探索、艰苦奋斗,开创新局面的历史;是万众一心,奋发图强,积极进取,沿着社会主义的康庄大道,探索、开创、坚持和发展中国特色社会主义,进行经济建设、政治建设、文化建设、社会建设、生态文明建设并取得辉煌成就的历史。"① 党的建设是经济、政治、文化、社会、生态文明建设的基础,

---

① 本书编写组:《中国近现代史纲要》,高等教育出版社 2018 年版,第 213 页。

在这一系统工程中,廉政建设始终是一项重要内容。有鉴于此,回眸新中国成立以来廉政建设的过程,借鉴澳门公职人员财产申报制度改革的经验,以廉政剧集透视香港成功的廉政教育,构成了"纲要"课历史教学与研究的重要内容。

第一节　新中国成立以来的廉政建设

在长期执政的历史条件下,"建设什么样的党、如何建设党"的深刻诘问,要求我们"同一切弱化先进性、损害纯洁性的问题作斗争,祛病疗伤,激浊扬清"①。坚持党要管党、从严治党,推进党的建设新的伟大工程,将政治氛围的塑造、政治法律制度的建设、思想道德要求的教化、政策措施的完善,落实在廉政建设的工作实践中;以我们对重大现实问题的回答和践行,"不断增强党自我净化、自我完善、自我革新、自我提高能力,经受'四大考验'、克服'四种危险'"②,并将其落实在廉政建设的系统推进中。

新中国成立以后,我国廉政建设主要经历了国民经济恢复和社会主义改造时期、全面建设社会主义时期、"文化大革命"时期和改革开放后社会主义现代化建设时期。在一以贯之的指导思想之下,廉政建设的各个阶段直面现实问题,凸显了鲜明的阶段性特征。

---

①　《坚守人民立场　从严管党治党——五论学习贯彻习近平同志"七一"重要讲话》,载《人民日报》2016年7月6日。
②　习近平:《在庆祝中国共产党成立95周年大会上的讲话》,载新华网,2016年7月1日。

一、新中国成立初期的廉政建设

1949年中华人民共和国成立,标志着新民主主义革命阶段的基本结束和社会主义革命阶段的开始。经社会主义改造,中国共产党领导人民开始了社会主义建设,经历了"改革开放前和改革开放后两个历史时期,这是两个相互联系又有重大区别的时期"①。

在新中国成立至改革开放前的这一历史阶段,我国社会的主要矛盾是人民日益增长的物质文化需要同落后的社会生产之间的矛盾。主要矛盾的内涵,决定了这一时期廉政建设的具体内容、时代特征和政策指向。围绕着廉政建设政治氛围的营造、制度建设的加强、思想道德的提升、政策措施的推进,廉政建设在这一时期以社会治理能力的强化、党风廉政教育的深入、反腐斗争的开展、实践经验的丰富、制度层面理论总结的升华,取得了阶段性成果,具有系统性、结构性和探索性的时代表征。实践中,廉政建设政治氛围的塑造着重于社会环境的形塑,廉政建设政治法律制度与思想政治教育的完善着眼于"德法兼治"的整合,廉政建设政策措施的宏微观结合着力于反腐倡廉工作的落地,这些构成了这一时期廉政建设的重要内涵。

(一) 营造廉政建设的政治氛围

1. 专设人民监察委员会

1949年9月,《中华人民共和国中央人民政府组织法》第十八条规定,政务院设政治法律委员会、财政经济委员会、文化教育委员会、人民监察委员会和下列各部、会、院、署、行,主持各该部门的国家行政事宜,其中人民监察委员会负责监察政府机关和公务人员是否履行其职责。实践中,政治协商制度的创立、中国共产党领导下新中国的成立,以及人民监察委员会的成立和工作职责的明晰,凸显了

---

① 本书编写组:《中国近现代史纲要》,高等教育出版社2018年版,第217-218页。

新民主主义革命胜利后廉政建设在工业化强国建设中的重要地位。国家行政机关监察职能的依法履行，对违法乱纪行为的检举、惩戒，标志着新中国成立初期廉政建设工作的全面展开。

2. 成立中央纪律检查委员会

1949年11月9日，中共中央在党的历史上第一次通过了《关于成立中央及各级党的纪律检查委员会的决定》，并立即成立了由朱德担任书记的中央纪律检查委员会，其职责主要是：维护党的章程和其他党内法规，协助党的委员会加强党风建设；检查和处理党的组织和党员违反党章和其他党内法规的比较重要或复杂的案件；等等。实践中，围绕着党夺取政权之后国内外形势的重大变化和党的执政地位的确立，中央纪律检查委员会的成立凸显了对廉政建设的重视，是新中国成立初期廉政建设的重大成果。它意味着反腐倡廉作为党的建设的重要内容，发挥着保证党的先进性和战斗性的作用；意味着通过组织建设的形式，营造了廉政建设的政治氛围。

3. 成立监察委员会

1955年3月，中国共产党全国代表会议通过了《关于成立党的中央和地方监察委员会的决议》，会议选举产生了由董必武等21人组成的中共中央监察委员会，以此代替各级党的纪律检查委员会。实践中，围绕着社会主义三大改造和社会主义制度的确立，监察委员会的成立凸显了廉政建设的调查、监督和管理功能，是解决纪律检查委员会职权受限问题的现实举措，强化了党的纪律性和党员队伍的纯洁性。监察委员会的成立，标志着作为廉政建设重要内容的监察工作进入了新的历史时期。

（二）加强廉政的法律制度建设

1. 出台相关规定与条例

1952年3月11日，政务院发布《关于处理贪污、浪费及克服官僚主义错误的若干规定》（以下简称《规定》）。4月18日，经中央人民政府委员会通过，颁布《中华人民共和国惩治贪污条例》（以下简称《条例》）。实践中，《规定》与《条例》的制定，标志着对贪污腐败和铺张浪费行为大力度整治的展开，执法机关可以实行行之有效的惩戒措施，强调惩办与教育相结合、镇压与宽大相结合。相关细则的制定为廉政建设的深入拓展奠定了基调。《规定》与《条例》的出台，构成了这一时期反腐倡廉法律制度建设的关键节点，进而为腐败行为的惩治提供法律保障。

2. 设置人民监察通讯员制度

1953年，政务院制定了在各级人民政府人民监察机关设置人民监察通讯员的制度。作为一种广泛的、普遍的监督形式，人民群众的监督成为新中国成立以来廉政建设的重要组成部分。实践中，人民监察通讯员制度在揭发检举违法乱纪行为等方面取得了重大成绩，为全国各级纪律检查委员会开展反腐倡廉工作做出了有益的补充，发挥了人民群众在廉政建设中的监督主体作用，有效地遏制了腐败现象的滋生蔓延，成为廉政法律制度建设中的重要一环。

3. 颁布《中华人民共和国宪法》

1954年9月20日，第一届全国人民代表大会第一次会议全票通过《中华人民共和国宪法》（以下简称《宪法》），《宪法》明确规定了各级人民代表大会成为人民参政议政、参与管理国家政权的组织形式。实践中，《宪法》作为根本大法，对监察委员会的构成做出了明确的要求，对其职责与工作权限做出了确切的划分。根据2018年版《宪法》第一百二十七条，"监察委员会依照法律规定独立行使监察权，不受行政机关、社会团体和个人的干涉"。各级监察委员会依据《宪法》行使职权，进一步推进了作为法律制度建设题中之义的廉政工作。

（三）加强廉洁奉公的思想道德教育

1. 整风运动

1950年5月1日，中共中央发出《关于在全党全军开展整风运动的指示》。毛泽东在书面报告中要求全党围绕党的中心任务，即巩固新生的人民政权，为争取国家财政经济状况基本好转而斗争，紧密结合各项工作任务，"进行一次大规模的整风运动"。实践中，针对中国共产党成为全国范围内的执政党、党的工作重心从农村转向城市的新情况，针对党内存在的命令主义作风，贪污腐化、违法乱纪现象，中央以经受执政考验、接管城市的考验和生活环境变化的考验的决心，在全党范围内展开了整风运动。作为加强廉洁奉公思想政治建设工作的一部分，整风运动的开展以执行党的路线自觉性的提升、工作作风的改进、官僚主义的克服为主要内容，成为防止腐败现象的滋生和蔓延的有效措施。

2. 整党运动

1951年2月，政治局扩大会议召开，决定从下半年起，用三年时间有计划、有准备、有组织地进行一次整党建党运动。次年2月，中共中央又发出《关于"三反"运动和整党运动结合进行的指示》，对党员干部做了一次深刻的考察和了解。实践中，整党运动着力解决党员思想不纯和党的组织不纯的问题，明确要求在"三反"运动的基础上，对党员进行"八项标准"的教育，并进行登记审查和处理。"三反"运动开除了一批丧失无产阶级立场的贪污腐化分子出党，撤销了一批严重的官僚主义分子和那些居功自傲、不求上进、消极疲沓干部的领导职务。尤其是对刘青山、张子善两名高级干部的处决，是一次对腐化堕落分子的严重震慑。整党运动的开展，是在整风运动的基础上，更为现实、更为深刻的廉政思想道德教育，对执政条件下革命精神的保持、党员思想政治教育、人民政府廉政建设起到了推进作用，成为新中国成立以来反腐倡廉思想道德教化的重要里程碑。

3. 出台廉政建设政策措施，强化舆论监督

1950年，中共中央发布《关于在报纸刊物上展开批评和自我批评的决定》，促使新闻舆论监督在廉政建设政策出台的落地对接。实践中，新闻舆论监督具有教育力度强、传播速度快、影响范围广的特点，宣传工作对腐败违纪事实的揭发和批判，对强化舆论监督具有现实意义，对勇于同腐败现象做斗争的好人好事给予大力宣传和表扬，弘扬社会正气，成为加强党风廉政建设具体举措的典范。

二、改革开放以来至党的十八大前的廉政建设

1978年中共十一届三中全会的召开,成为历史性的伟大转折,中国进入了改革开放和社会主义现代化建设的历史新时期。改革开放大幕拉起,开启了新中国成立以来第二个历史时期,同时开启了承上启下的廉政建设的新时期。

审视廉政建设的实践拓展不难发现,这一拓展总是与特定历史时期所面临的现实任务相联系的;廉政建设的展开,无论其作用形式如何,归根到底都是实践的产物。在这一时期,我国社会主义现代化建设的实践面临着几大问题,其中包括和平与发展时代主题的转换、经济全球化拓展的挑战、市场经济全面推进的考验、现代科学技术进步的要求等。这些问题既为廉政建设的细化提供了基础和条件,又提出了新的挑战和新的要求。它所带来的社会矛盾的急剧变化、关系重组的深度变革、社会转型的利益重构,以经济、社会、文化、科技等各个领域的综合协调,深刻介入了这一时期廉政工作的各个维度。中国共产党作为执政党,必须将中心任务转移到以经济建设为中心的社会主义现代化建设上来,大力发展社会生产力,并在这个基础上逐步改善人民的物质文化生活,这在根本性上决定了这一时期廉政建设的时代表征与现实意涵。

围绕着中国共产党全国代表大会召开的时间线,廉政建设在这一时期所取得的阶段性成果,具有体系化和制度化的特征,以群众利益作为廉政建设的基本出发点,加大依法惩处的力度,对改善社会环境,健全权力配置、制约与监督机制,培育廉政文化起到了关键的促进作用,并在制度建设层面进行了理论性的总结和提升。

(一) 党的十二大对廉政建设的贡献

党的十二大首次提出以加强社会主义精神文明建设的方式推进廉政建设,"在建设高度物质文明的同时,一定要努力建设高度的社会主义精神文明",阐明了思想建设决定社会主义精神文明性质的原

理，同时阐明了廉政工作实践拓展的关系范式；强调了在推进廉政建设过程中加强党同人民群众的联系，"我们党之所以有力量，就因为党代表着最广大人民的利益"，要求我们更加自觉地保持和发扬党的群众路线的优良传统；对党员和干部提出了更加严格的要求，并对党章进行了修改，以制度建设的形式，落实了廉政建设的标准与要求。

（二）党的十三大对廉政建设的贡献

党的十三大提出以政治体制改革推进廉政建设，"制定行政诉讼法，加强对行政工作和行政人员的监察，追究一切行政人员的失职、渎职和其他违法违纪行为"，以干部人事制度改革为抓手，实现干部人事的依法管理和公开监督，同各种不正之风做斗争；提出加强廉政制度建设，健全党的集体领导制度和民主集中制，以制度建设促进廉政建设；提出把廉政制度寓于改革开放之中，"我们党正在领导改革开放，必须经得起改革开放的考验"，同各种消极腐败现象做斗争。

（三）党的十四大对廉政建设的贡献

党的十四大提出防止和纠正用人问题上的不正之风，"要按照干部队伍革命化、年轻化、知识化、专业化的方针和德才兼备的原则，把各级领导班子建设成为忠诚于马克思主义、坚持走有中国特色社会主义道路的坚强领导集体"，着重强调了干部选拔任用的程序正义；提出廉政建设要靠教育，更要靠法制，要建立健全党内和党外、自上而下和自下而上相结合的监督制度。

（四）党的十五大对廉政建设的贡献

党的十五大提出加强党的作风建设，"全党要按照新的伟大工程的总目标，从思想上、组织上、作风上全面加强党的建设，不断提高领导水平和执政水平，不断增强拒腐防变的能力，以新的面貌和更强大的战斗力，带领人民完成新的历史任务"；提出坚持标本兼治，"教育是基础，法制是保证，监督是关键"，全方位、多角度、大视野地论述了廉政建设的格局与目标。

（五）党的十六大对廉政建设的贡献

党的十六大提出"两大历史性课题"，"加强和改进党的建设，一定要坚持党要管党、从严治党的方针，进一步解决提高党的领导水平和执政水平、提高拒腐防变和抵御风险能力这两大历史性课题"，先后开展保持党的先进性教育活动，使广大党员干部经受了一次马克思主义教育的洗礼，是推进廉政建设的一次成功实践；提出进一步推进党的作风建设，核心是保持党同人民群众的血肉联系；提出进一步反腐败的方略，"在长期执政的条件下，在对外开放和发展社会主义市场经济的环境中，党必须十分注重防范各种腐朽思想的侵蚀，维护党的队伍的纯洁。各级党委既要充分认识反腐败斗争的紧迫性，又要充分认识其长期性"，在源头上预防和解决腐败问题，要建立和完善反腐败领导体制和工作机制，认真落实党风廉政建设责任制，形成防止和惩治腐败的合力。

（六）党的十七大对廉政建设的贡献

党的十七大首次把反腐倡廉建设与党的思想建设、组织建设、作风建设和制度建设，确定为党的建设的基本任务，"必须把党的执政能力建设和先进性建设作为主线，坚持党要管党、从严治党"；对进一步推进廉政建设进行了重要论述，要"坚持深化改革和创新体制，加强廉政文化建设，形成拒腐防变教育长效机制、反腐倡廉制度体系、权力运行监控机制"；对中国特色反腐倡廉道路的内容进行了集中概括，就是"坚持求真务实、与时俱进，用马克思主义中国化的最新成果指导反腐倡廉实践"。

三、党的十八大以来对廉政建设的决策部署

党的十八大提出，要在全党深入开展以"为民、务实、清廉"为主要内容的党的群众路线教育实践活动。中央将对这项活动进行部署，各级党委要切实抓好落实，着力解决人民群众反映强烈的突出问

题，保证活动取得实效。以习近平同志为核心的党中央在总结历史经验教训的基础上，对反腐败斗争进行了新的思考，提出了更加全面的新反腐策略，在党风廉政及反腐倡廉方面取得了重要进展。

（一）习近平总书记关于反腐败斗争的论述

1. 腐败是导致亡党亡国的社会毒瘤

习近平总书记充分肯定了改革开放以来党在党风廉政建设和反腐败斗争中的努力，认为这些措施为改革开放和现代化建设提供了有力保障。他指出："可以说，如果我们党不是一以贯之高度重视党风廉政建设、坚决反对腐败，我国经济社会发展不可能取得这么大的成就，改革发展稳定大局也不可能得到巩固。"① 在新的形势下，面对各种诱惑和风险，必须雷厉风行、大刀阔斧地进行反腐败斗争。

习近平总书记认为，在改革开放和发展社会主义市场经济的条件下，党脱离群众的危险比过去大大增加，党面临各种考验和危险，如执政考验、改革开放考验、市场经济考验、外部环境考验的长期性和复杂性，精神懈怠危险、能力不足危险、脱离群众危险、消极腐败危险的尖锐性和严峻性。在各种风险中，"党面临的最大风险和挑战是来自党内的腐败和不正之风。权力寻租，体制外和体制内挂钩，形成利益集团，挑战党的领导"②。

腐败具有极大的腐蚀性，在政治上带来非常严重的后果。中国历史上因为统治集团严重腐败导致人亡政息的例子比比皆是，当今世界上由于执政党腐化堕落、严重脱离群众导致失去政权的例子也不胜枚举。习近平总书记指出，"腐败是社会毒瘤。如果任凭腐败问题愈演

---

① 习近平：《在第十八届中央纪律检查委员会第二次全体会议上的讲话（节选）》（2013年1月22日），见《党的群众路线教育实践活动学习文件选编》，党建读物出版社2013年版，第69页。
② 习近平：《在中央政治局常委会听取中央巡视工作领导小组关于二〇一四年中央巡视组第二轮巡视情况汇报时的讲话》（2014年10月16日），见《习近平关于党风廉政建设和反腐败斗争论述摘编》，中央文献出版社、中国方正出版社2015年版，第101页。

愈烈，最终必然亡党亡国"①。我们对此应时刻保持警醒，惩治腐败的决心丝毫不能动摇。

2. 坚决反对腐败才能保持党的肌体健康和国家的繁荣强大

党中央坚持党风廉政建设和反腐败的坚定态度受到人民群众的欢迎，但也引起一些人的担心。针对这些疑虑，习近平总书记指出，"不反腐败确实要亡党，真反腐败不仅不会亡党，而且能增强党自我净化、自我完善、自我革新、自我提高能力，保持党同人民群众的血肉联系，使我们党更加坚强、更有力量"②。

加强党风廉政建设，坚定推进反腐败斗争是党和国家健康发展的基本保障。首先，只有中共保持廉洁，才能领导国家实现中国梦，保证国家的繁荣强大。中国共产党是中国的执政党，肩负着领导中国人民实现国家富强、人民幸福的目标。只有清正廉洁、在人民群众心目中拥有崇高威望的中国共产党，才能率领中国人民不断从一个胜利走向另一个胜利。因此，习近平总书记指出："实现党的十八大确定的各项目标任务，实现'两个一百年'目标，实现中华民族伟大复兴的'中国梦'，必须把我们党建设好。"③ 其次，只有坚决反对和惩治腐败才能取信于民。习近平总书记认为，为政清廉才能取信于民，秉公用权才能赢得人心。一个政党，一个政权，其前途和命运最终取决于人心向背。因此，"核心的问题是党要始终紧紧依靠人民，始终保持同人民群众的血肉联系，一刻也不脱离群众。要做到这一点，就必

---

① 习近平：《在第十八届中央纪律检查委员会第二次全体会议上的讲话（节选）》（2013年1月22日），见《党的群众路线教育实践活动学习文件选编》，党建读物出版社2013年版，第70页。

② 习近平：《在中共十八届四中全会第二次全体会议上的讲话》（2014年10月23日），见《习近平关于党风廉政建设和反腐败斗争论述摘编》，中央文献出版社、中国方正出版社2015年版，第26页。

③ 习近平：《在第十八届中央纪律检查委员会第二次全体会议上的讲话（节选）》（2013年1月22日），见《党的群众路线教育实践活动学习文件选编》，党建读物出版社2013年版，第68页。

须坚定不移把党风廉政建设和反腐败斗争深入进行下去"①。最后，只有坚决反腐败才能实现党的自我完善，保持党的战斗力，巩固党的执政基础和执政地位。腐败是影响党的肌体健康的毒瘤，一日不除后患无穷。习近平总书记指出："凡是影响党的创造力、凝聚力、战斗力的问题都要全力克服，凡是损害党的先进性和纯洁性的病症都要彻底医治，凡是滋生在党的健康肌体上的毒瘤都要坚决祛除，使中国共产党始终同人民心连心、同呼吸、共命运。"②

3. 坚持法治与德治、制度建设与修身律己相结合的反腐思路

通过对反腐败策略的深入思考，习近平总书记认为反腐败斗争是一个需要多管齐下、综合施策的系统工程，必须坚持依法治国和以德治国相结合。"规范人们的行为，规范社会秩序，不仅要确立与之相适应的法律体系，而且要形成与之相适应的思想道德体系。儒法并用，是我国历史上常用的社会治理方式，只有思想教育手段和法制手段并用才能相得益彰。这是因为，法是他律，德是自律，自律和他律结合才能达到最佳效果。"③

法治就是要加强制度建设，将权力"关进制度的笼子里"。"没有健全的制度，权力没有关进制度的笼子里，腐败现象就控制不住。在这次教育实践活动中，建章立制非常重要，要把笼子扎紧一点，牛栏关猫是关不住的，空隙太大，猫可以来去自如。"④ 党员不仅要严

---

① 习近平：《在十八届中央政治局第五次集体学习时的讲话》（2013年4月19日），见《习近平全面从严治党论述摘编》，中央文献出版社2016年版，第186页。

② 习近平：《在庆祝中华人民共和国成立六十五周年招待会上的讲话》，载《人民日报》2014年10月1日。

③ 习近平：《在十八届中央政治局第五次集体学习时的讲话》（2013年4月19日），见《习近平关于党风廉政建设和反腐败斗争论述摘编》，中央文献出版社、中国方正出版社2015年版，第140页。

④ 习近平：《在河北调研指导党的群众路线教育实践活动时的讲话》（2013年7月11日、12日），见《习近平关于党风廉政建设和反腐败斗争论述摘编》，中央文献出版社、中国方正出版社2015年版，第125页。

格遵守法律法规，而且要严格遵守党章等党规。

德治就是要修身律己，筑牢思想防线，加强党性修养，做到持之为明镜、内化为修养、升华为信条。习近平总书记在2014年3月参加十二届全国人大二次会议安徽代表团审议时，向各级领导干部提出了严以修身、严以用权、严以律己的要求，他指出："严以修身，就是要加强党性修养，坚定理想信念，提升道德境界，追求高尚情操，自觉远离低级趣味，自觉抵制歪风邪气。……严以律己，就是要心存敬畏、手握戒尺，慎独慎微、勤于自省，遵守党纪国法，做到为政清廉。"①

（二）开展以作风建设为核心的群众路线教育实践活动

党的十八大后，以习近平同志为核心的党中央从改进工作作风着手，加强反腐、防腐建设。习近平总书记强调："工作作风上的问题绝对不是小事，如果不坚决纠正不良风气，任其发展下去，就会像一座无形的墙把我们党和人民群众隔开，我们党就会失去根基、失去血脉、失去力量。"②

1. **中央八项规定**

作为改进工作作风的第一个重要举措，2012年12月4日中共中央政治局会议通过了关于改进工作作风、密切联系群众的中央八项规定。中央八项规定要求政治局成员改进调查研究，避免形式主义，轻车简从，简化接待，不搞宴请；精简会议活动，改进会风；精简文件简报，改进文风；规范出访活动，严格控制出访随行人员；改进警卫工作，减少交通管制；改进新闻报道，进一步压缩报道的数量、字数、时长；严格文稿发表，除中央统一安排外，个人不公开出版著

---

① 习近平：《在参加十二届全国人大二次会议安徽代表团审议时的讲话》，载《人民日报》2014年3月10日。

② 习近平：《在第十八届中央纪律检查委员会第二次全体会议上的讲话（节选）》（2013年1月22日），见《党的群众路线教育实践活动学习文件选编》，党建读物出版社2013年版，第75页。

作、讲话单行本,不发贺信、贺电,不题词、题字;厉行勤俭节约,严格执行住房、车辆配备等有关工作和生活待遇的规定。中央八项规定意味着中共领导层率先垂范,从自身做起,防止腐败现象的发生。

2. 落实中央八项规定精神的群众路线教育实践活动

改进工作作风的第二个重要举措,是开展以反对"四风"为主题,进一步落实中央八项规定精神的群众路线教育实践活动。2013年6月18日,第一批群众路线教育实践活动正式启动,活动的主要任务聚焦到县处级以上领导机关、领导班子和领导干部的作风建设上,集中解决形式主义、官僚主义、享乐主义和奢靡之风这"四风"问题。主要任务是教育引导党员干部树立群众观点,弘扬优良作风,解决突出问题,保持清廉本色,使干部作风进一步转变,干群关系进一步密切,"为民、务实、清廉"形象进一步树立。

习近平总书记曾解释为何要将重点放在作风建设上,他说:"中央提出抓作风建设,反对形式主义、官僚主义、享乐主义,反对奢靡之风,就是提出了一个抓反腐倡廉建设的着力点,提出了一个夯实党执政的群众基础的切入点。"①"党的作风就是党的形象,关系人心向背,关系党的生死存亡。执政党如果不注重作风建设,听任不正之风侵蚀党的肌体,就有失去民心、丧失政权的危险。"②

随着党的群众路线教育实践活动的开展,"四风"问题得到有效整治,群众反映强烈的突出问题,如公款送礼、公款吃喝、公款旅游、奢侈浪费、滥发奖金等问题得到有效遏制。

(三)强化党内监督,全面从严治党

党内监督全面加强,全面从严治党成为常态。监督是中国特色反

---

① 习近平:《在十八届中央政治局第五次集体学习时的讲话》(2013年4月19日),见刘静艳、王太海《大学生廉洁教育教学参考》,西北农林科技大学出版社2015年版,第157页。

② 习近平:《在十八届中央政治局第十六次集体学习时的讲话》(2014年6月30日),见《习近平关于党风廉政建设和反腐败斗争论述摘编》,中央文献出版社、中国方正出版社2015年版,第8页。

腐倡廉战略体系的重要组成部分。在其他国家，社会监督是反腐败的重要一环，但是中国的监督战略更加强调中国共产党党内监督，这是中国与国外反腐败的根本区别。党的十八大之后，中国采取了一系列措施来强化监督，起到了重要作用。中纪委实现了其47家派驻纪检组在139家中央一级党和国家机关的全覆盖①，其独立性在很大程度上得到了提升。到2017年3月，中央先后开展了12轮巡视，目标是要对280多个中管单位进行全覆盖②。由于中央强调"巡视发现不了问题本身就是问题"，巡视组的责任感明显加强，确实发现了大量各级党组织和党员领导干部违纪违法的线索。党的十八大之后，在中央纪委立案审查的中管单位干部中，有一半以上是根据巡视移交的问题线索查处的③。此外，中国也加强了对县处级以上领导干部个人事项申报的核查力度，抽查比例从3%～5%逐步提高到了10%，而且要求对拟提拔的干部进行核查。2015年，全国被抽查的领导干部中因不如实报告个人有关事项等问题，被取消提拔资格的有3902人，调离岗位的有35人，免职的有58人，降职的有14人，发现问题线索移交纪检监察机关给予党纪政纪处分的有160人④。这些措施在很大程度上强化了对原有制度的执行力度，使得党内监督取得了明显效果。最后，党内法规体系全面完善，刑法修正案适时出台。除了国家法律，中国在反腐败方面与其他国家有一个很大的不同，就是执政党还有大量的党纪要求。从2012年开始，中共中央办公厅对从新中国成立到2012年6月期间出台的2.3万多份中央文件进行了全面筛选，梳理出规范党组织工作、活动和党员行为的党内法规和规范性文件

---

① 毛新华：《实现对中央一级机关派驻纪检机构全覆盖》，载《新华每日电讯》2016年1月6日。

② 《十八届中央第十二轮巡视已全部进驻》，载中央纪委国家监委网站，2017年3月10日。

③ 习近平：《在第十八届中央纪律检查委员会第六次全体会议上的讲话》，载《人民日报》2016年5月3日。

④ 范云波：《2015年3900多名干部因瞒报等问题被取消提拔资格》，载《新华每日电讯》2016年1月25日。

1178 份①。这些党规和文件有的是条例形式，有的是通知形式，效力有很大差别。尽管党的纪律要求严格，但是在党纪和国家法律之间有很大距离，使得因为腐败问题受到党纪处分的领导干部之中最终被司法判刑的比例并不高。党的十八大以来，中央对党规体系进行了全面修订完善，一系列与全面从严治党相关的重要党规相继制定或修订颁布，其中体现的尊崇党章、相互配套、把纪律挺在前面的原则和思路尤为重要，为全面从严治党提供了重要制度保障。

经过长期酝酿，中国于2015年8月出台了《中华人民共和国刑法修正案（九）》，这是1997年之后第一次对刑法中关于职务犯罪的相关条款进行修订。该修正案调整了对贪污和贿赂案件的量刑标准，补充了对行贿者并处罚金的条款，增加了利益冲突法则，并要求因腐败而被判处死刑缓期两年执行的情况如果被减刑，不得被进一步减为有期徒刑等。

中国在反腐败工作中面临的重大挑战之一，就是解决由于党的十八大之前长期管党治党不严而产生的腐败存量。2015年9月，王岐山在福建调研时提出的"四种形态"为解决这个问题提供了有效的政策工具②。监督执纪"四种形态"是党的十八大之后纪委职能调整的一个具体体现。它要求纪委转变工作方式，从以前以抓大要案为主转向对违纪线索的全面清查，抓早抓小，把纪律挺在前面。在党的十八大之前，纪委由于工作力量的局限，所以往往只对所掌握的问题线索中的一部分，通常是比较严重的问题进行立案调查。只要查处了一批大案要案，纪委的成绩似乎就得到了认可。然而现在，中央要求各级纪委对所掌握的所有问题线索进行全面清查。对于其中问题严重

---

① 《专家详解党内法规文件首次集中清理细节》，载新华网，2014年11月7日。

② 王岐山指出："党内关系要正常化，批评和自我批评要经常开展，让咬耳扯袖、红脸出汗成为常态；党纪轻处分和组织处理要成为大多数；对严重违纪的重处分、作出重大职务调整应当是少数；而严重违纪涉嫌违法立案审查的只能是极极少数。"见《全面从严治党 严明党的纪律 把握运用监督执纪"四种形态"》，《人民日报》2015年9月27日。

的，照样严厉惩处；而对于其中没有那么严重的，可能就要适用执纪监督前"四种形态"的要求进行处理，做出结论。这就达到了全面执纪问责，降低腐败存量的目的。这一政策的实施在中国当前的腐败形势下具有重要的现实意义。

（四）巡视工作常态化

如果说作风建设旨在防止出现新的腐败现象，那么巡视工作常态化既是对作风建设情况的监督检查，也可通过巡视发现腐败线索，对已经发生的腐败行为予以严厉惩处。中央纪委向地方和部门派出巡视组是中共进行党内监督的基本制度之一，党的十八大以来，这一制度由以往的偶一为之变为常态化的工作制度，成为中央反腐败战略部署中的战略性制度安排。

1. 党的十八大以来的第一轮巡视

2013年5月，中央展开了党的十八大以来的第一轮巡视。2013年下半年，中央又派出了一轮巡视组，两轮共计20个中央巡视组，巡视了20个省区市和国家机关单位。巡视工作聚焦党风廉政建设和反腐败斗争，把发现问题、形成震慑作为主要任务。2014年，中央增加3个巡视组，开展3轮巡视，对21个省区市和新疆生产建设兵团开展常规巡视，对19个部门和中央企事业单位开展专项巡视。中央巡视工作已经覆盖了全国31个省区市，发现了许多严重问题，如首轮巡视的10个巡视点中，有9个被发现存在腐败问题。习近平总书记在听取巡视情况时指出："通过巡视发现线索，坚决查处，这是兑现我们向全党全国人民的承诺，在党纪国法面前没有例外，红线不能碰，底线不能破！"[①]

[①] 习近平：《在中央政治局常委会听取中央巡视工作领导小组关于二〇一四年中央巡视组第二轮巡视情况汇报时的讲话》（2014年10月16日），见《习近平关于党风廉政建设和反腐败斗争论述摘编》，中央文献出版社、中国方正出版社2015年版，第24页。

2. 创新巡视方法

中央巡视组采取了创新性的工作方法，取得了明显效果。在巡视组的组建方式上，实行巡视组组长不固定、巡视对象不固定、巡视组与巡视对象关系不固定，建立巡视组组长库，一次一授权，选派有经验的办案人员参加巡视，以提高巡视质量和水平。在巡视方式上，采取常规巡视与专项巡视相结合的方式，选取若干部门开展常规巡视，根据掌握的情况和工作实际，在问题集中的地区或单位适时开展专项巡视。正如时任中央纪委书记王岐山指出的："哪里问题集中就巡视哪里，谁问题突出就巡视谁，巡视过后再杀个回马枪，给党员干部以警示，发挥更大威慑力。"① 针对巡视的发现，每一次巡视结束后，中央纪委国家监委网站都会及时开设专栏，公布"巡视清单"和"整改清单"，将问题曝光在阳光下，极大地增强了中央纪委巡视工作的透明度与公信力。

党的十八大以来的巡视工作受到社会各界的欢迎和赞赏，习近平总书记对巡视工作也做了高度评价，"巡视作为党内监督的战略性制度安排，不是权宜之计，要用好巡视这把反腐'利剑'。现在的巡视有点'八府巡按'的意思了，群众说'包老爷来了'，有'青天'之感，有问题的干部害怕了"②。

---

① 《王岐山：不折不扣落实中央要求　持续强化巡视震慑作用》，载新华网，2014 年 7 月 16 日。

② 习近平：《在中央政治局常委会听取中央巡视工作领导小组二〇一四年中央巡视组首轮巡视情况汇报时的讲话》（2014 年 6 月 26 日），见《〈中国共产党巡视工作条例〉释义》，中国方正出版社 2015 年版，第 10 页。

第二节　澳门公职人员财产申报制度的改革与经验

公职人员财产申报制度是许多国家和地区用于监控公职人员的财产状况、防范利益冲突的重要措施，对监督掌握公权力的官员的不轨行为、减少和防止腐败现象有重要意义。中国澳门特别行政区在引入和完善公职人员财产申报制度方面有过多次探索，克服重重阻力实现了公职人员财产公示的制度化。尽管澳门的财产申报制度仍然存在不少问题，但澳门从公职人员财产申报到财产公示不断探索的经验，对刚刚着手建立官员财产申报制度的国家或地区具有重要的借鉴价值。

一、澳门公职人员财产申报制度的设立与改革

澳门公职人员财产申报制度发端于1998年，小幅修正于2003年，2006年欧文龙巨贪案曝光后，该制度在社会各界的呼声中进一步进行改革，并于2013年确立了新的财产申报制度。作为一种重要的廉政措施，澳门公职人员财产申报制度的创设与改革和廉政机构的成效与改进密切联系在一起。

（一）制度的设立

1992年3月，经多年酝酿、讨论及立法，借鉴香港地区廉政经验而成立的澳门"反贪污暨反行政违法性高级专员公署"（简称"反贪公署"）正式开始运作，但公署资源有限，权力不足，无权扣留贪污嫌疑人的护照及其他旅游证件，也无权决定是否逮捕和起诉贪污疑犯，因而无法像香港廉政公署那样从根本上扭转澳门官场贪腐严重的局面。1995年11月，时任司法警察司司长斐明达出任反贪专员后，力图扩大反贪公署的权力，"这些权力包括赋予公署调查立法会和市政议会议员选举的权力，对协助检举贪污有功的行贿者，反贪专员可

提出免诉处分，反贪公署得设置线人和卧底进行调查工作"①。这一时期一个最重要的改革措施就是，1998 年 6 月，为更有效打击贪污腐败行为，立法会采纳了反贪公署提出的官职与收入不相称刑事化建议，通过了《收益及财产利益的声明与公众监察》这一法律，规定所有公务员须在入职 90 日内向反贪公署或高等法院提交个人和配偶的财产报告②。这一被称为"阳光法"的防贪法律未能发挥预期的作用，一个重要原因是，正如澳门廉政公署助理廉政专员杜慧芳所讲，该法律"立法原意在于使公职人员的收入及财产是否与其所任职务相称受到一定的监督，但由于一切有关收入及财产的申报资料均只能在特定情况下方被启阅，因此原期待发挥的监察作用在实践中则未见奏效"③。

（二）制度的改革

澳门回归后，在反贪公署的基础上重新组建成立了澳门廉政公署，澳门廉政形势出现焕然一新的景象。2000 年 8 月通过的《澳门特别行政区廉政公署组织法》赋予了廉政公署前所未有的权力，包括赋予调查员刑事警察的身份，以及增加了拘留、搜查、搜索、扣押、配枪等权力。廉政公署权力增加，资源充足，又获得澳门民众的全力支持，短短几年内民众就对澳门贪腐形势的认识出现了根本性变化。2003 年 7 月，澳门特区政府对"阳光法"进行了小幅修改，法律名称由《收益及财产利益的声明与公众监察》改为《财产申报》。在立法会对议案审议过程中，有议员提出应增加财产申报资料取阅的透明度，但这一意见遭到否决。有媒体认为："澳门阳光法的最大缺点是对政治职位据位人的财富不公开，这就欠缺了公众有效监察权利

---

① 何超明、陈锡豪：《反贪公署的现在与未来》，见吴志良、杨允中、冯少荣《澳门 1999》，澳门基金会 1999 年版，第 61 页。
② 澳门廉政公署：《廉透清风：澳门廉政十载纪念特刊》，2002 年，第 36 页。
③ 杜慧芳：《澳门廉政公署的肃贪倡廉角色》，载《行政》2003 年第 1 期，第 9 页。

的行使,而政治职位据位人亦未可真正履行到接受公众对其廉洁监督的义务。"①

2006年年底,澳门曝出运输工务司司长欧文龙巨贪案,为澳门改革公职人员财产申报制度提供了新的动力。主要的动力源自三个方面:第一个动力是澳门财产申报制度在欧文龙巨贪案中未能发挥防范作用,促使人们思考如何填补这一制度的漏洞。根据廉政公署的调查,欧文龙夫妇在港、澳和海外操控的资产折合8.54亿澳门币,但两人从2000年至2006年间的合法所得和不动产估值为2000万澳门币,而欧文龙妻子陈明瑛在2003年申报财产时申报的夫妇两人财产只有700万澳门币②。欧文龙申报的财产与其拥有的巨额资产形成了巨大反差,但没有人能从中发现其以权谋私的蛛丝马迹,因为公职人员的申报资料不对公众公开,也无人可以发现欧文龙的暴富。有人因此将澳门财产申报制度称为"无异于虚设"的制度,"实质是达不到监察公职人员财产的目的"。评论者甚至断言:"十年以来,该制度未曾为肃贪倡廉出过力,此话何解?因为没有人会蠢至将自己贪污和非法所得如实申报,大如欧案涉及的亿元金额,廉政公署既没有独立调查银行账户的权力,又如何查知款项去向,若不是有人经港洗钱,被港 ICAC 发现,欧案可能永远不能被揭发。"③ 财产申报法缺乏公众监察机制的问题再次引发各界人士的关注,他们要求公开官员申报资料的呼声日益高涨。

第二个动力是澳门适用《联合国反腐败公约》后与国际惯例接轨的要求。自2006年2月12日起,《联合国反腐败公约》在国际上对中国生效,同时也适用于香港和澳门两个特区。按照联合国《反对贪污腐化实际措施手册》的要求及国际惯例,公众监督是"阳光法"的核心内容,公职人员的财产申报书内容必须向公众公开,以

---

① 《高官财产无公众监察机制本澳廉政工作仍有待改进》,载《华侨报》2003年7月2日。
② 《欧文龙夫妇财产三年暴涨八亿》,载《市民日报》2008年4月2日。
③ 银木:《财产申报制度形同虚设》,载《正报》2006年12月12日。

便接受社会监督，申报资料应汇编列册供人查阅，具体做法是一定职级以上的官员的申报资料刊登在《政府公报》上。澳门学者余永逸认为，澳门特区的"阳光法"虽然具有"强制申报""强制处罚"等原则，却欠缺"强制公开"的原则，"也就等于是有枪没有子弹，银样镴枪头，中看不中用，徒具'财产申报'形式而已"①。与国际惯例接轨也要求加入财产申报的公众监察机制。

第三个动力是澳门特区政府在公众监察公职人员财产申报问题上采取了积极的态度。2007年年底，时任澳门行政法务司司长陈丽敏在立法会行政法务范畴施政方针辩论中表示，澳门特区已适用《联合国反腐败公约》，廉政公署已有专责小组跟进公约内容。若公职人员申报制度需要修订，将交由立法会审议，首次暗示特区公职人员财产申报制度有可能根据《联合国反腐败公约》予以修订。澳门特别行政区第三任行政长官崔世安在2010财政年度施政报告中向社会公众宣布了特区政府建设阳光政府的目标，承诺特区政府要全面提升施政透明度，全力推动阳光政府建设，其中的具体措施就包括修订《财产申报》时引入官员财产资料适当公开的机制。建设阳光政府的设想成为促使特区政府在公职人员财产申报制度方面进行重大改革的直接动力。

2010年，澳门廉政公署参考加拿大、美国、新加坡及澳大利亚等国家和香港地区的相关法律，对澳门的财产申报制度进行了修订。2011年1月1日至2月28日，廉政公署就修订文本向社会各界展开为期两个月的咨询。2012年，澳门特区政府正式向立法会提交修改第11/2003号法律《财产申报》的法律文本。2013年1月3日，澳门特别行政区立法会召开全体会议就修订公职人员财产申报制度展开讨论，并以全票表决通过了新修改的《财产及利益申报法律制度》。该法案增加了申报人的申报内容，扩大了申报对象的范围，最重要的修订是引入官员财产适度公开的规定。1月14日，澳门特别行政区

---

① 余永逸：《有必要修改财产申报法律增强廉政透明度》，载《新华澳报》2007年8月15日。

行政长官崔世安签署并公布新法案。2013年4月22日起新法案正式生效，包含官员财产公示内容的澳门财产申报制度得以确立。

二、澳门公职人员财产申报制度的运作方式

澳门《财产及利益申报法律制度》全面规定了公职人员财产及利益申报制度的运作方式，包括申报主体与申报内容，申报时间、地点与方式，财产适度公开的范围与内容，财产申报的监察和责任等。

（一）申报主体与申报内容

申报主体包括两类人：公共职位据位人和公共行政工作人员。前者包括行政长官及主要官员、立法会议员、司法官员、行政会成员、公共行政部门的领导及主管人员，以及公营企业、公共资本企业等机构的行政管理机关及监察机关的据位人等；后者包括定期或临时委任的公务员、保安部队文职或军事化人员及海关人员等。也就是说，澳门实行所有公职人员，包括临时委任或以编制外合同制度聘用的服务人员都须申报财产的全面申报制。

申报书共分为四部分：第一部分为个人信息，第四部分为公示的信息，核心内容是第二部分和第三部分。第二部分包括申报人及其配偶（或与其有事实婚姻关系者）属申报范围内的财产和收益资料：

（1）资产，包括不动产、商业企业或工业场所、股份、船舶、飞行器或车辆、有价证券，以及金额或价值超过公职薪俸表所载薪俸点500点[①]的对应金额的银行账户、现金、债权、艺术品、珠宝及其他物品等。

（2）从工作或职业活动中取得的收益，包括退休补助或退役补助及退休金或退役金；从工商业活动中取得的收益；从不动产、著作权、工业产权及资金运用中所取得的收益。

（3）负债，指金额超过公职薪俸表所载薪俸点500点的对应金

[①] 2013年澳门公职薪俸表所载薪俸点500点对应金额为35 000澳门币。

额的债务。

（4）所兼任的有酬或可获财产利益的职位、职务或活动。

（5）如属开始或重新开始担任职务的情况，申报人须申报其在前两年内曾服务的机构的相关数据。

第三部分载明在过去两年基于担任公共职位而获得的直接或间接的经济利益或优惠，特别是财务上的赞助，往外地的交通及逗留的款待费用，以及从公共或私人实体中所收取的财产利益，但因执行职务而获得的收益除外。

（二）申报时间、地点与方式

申报人自开始担任有关职务之日起90日内须提交申报书。申报人自终止职务之日，公共职位据位人自续任、再当选或续期之日，公共行政工作人员如发生部门变动、职务变动或薪俸发生较大变化，亦须在90日内提交具有最新资料的申报书。公共行政工作人员如无上述变化，则在5年后再提交新的申报书。

公共职位据位人及廉政公署工作人员等须将申报书提交终审法院办事处，公共行政工作人员的申报书须提交廉政公署。申报书可以使用廉政公署或终审法院发出的纸本表格，也可从廉政公署网站下载电子版本，两者具同等效力。

（三）财产适度公开的范围与内容

引入官员财产适度公开机制是澳门本次财产申报改革的最重要内容。法律规定行政长官及主要官员、立法会议员、司法官员、行政会成员、办公室主任、公共行政部门副局长以上官员，以及公营企业、公共资本企业等机构的行政管理机关及监察机关的据位人等，须按规定填报和公开财产及利益申报书第四部分。该部分只是申报书第二部分详细申报部分的简化版，只包括相关人士拥有的不动产、商业企业或工业场所、股份、出资或其他的资本参与，以及在任何非营利组织担任的职务。公众可通过法院网站查阅申报书第四部分的内容。

(四)财产申报的监察和责任

法律规定,申报人须以名誉承诺如实申报,依据法律要求按时申报,并将申报书邮寄或亲自提交廉政公署或终审法院。凡在规定期限内欠交申报书者,可被停支薪俸的一部分或科以罚金;如拒不遵守终审法院院长或廉政专员的警告,欠交申报书者在指定期限内仍未补交申报书者,则触犯违令罪。

与其他实行公职人员财产申报制度的国家和地区一样,考虑到成本效益的问题,澳门对申报书仅有形式的审查而无申报内容的核查。如发现任何形式上的不当,尤其申报书的提交形式不当,或其第一部分个人信息部分的填写方式不当,申报人将被通知在十日内做出补充或更正。法律无设立核查申报内容是否属实的机制,但对申报不实的情况规定了处罚措施。《财产及利益申报法律制度》第二十七条规定:一、如申报书任一部分所载资料不正确系因不可宽恕的过错所引致,违法者将被科相当于所担任职位三个月至一年报酬的罚款。二、如申报书任一部分所载资料不正确且属故意造成时,违法者受作虚假之当事人陈述或声明罪的处罚;如判处的刑罚为罚金时,则罚金不低于违法者所担任职位六个月的报酬。按澳门《刑法典》第三百二十三条的规定:就应陈述之事实作虚假之声明者,处最高三年徒刑或科罚金。另外,申报财产者其本人或借居中人所拥有的财产,异常地超过所申报的财产,且对如何和何时拥有不作具体解释或不能合理显示其合法来源者,处最高三年徒刑或科罚金。未能解释来源的财产或收益,可在法院的有罪判决中宣告将之扣押和归澳门特区政府所有。

2013年10月18日之前,澳门相关人士依法提交了财产申报书。10月19日,特区终审法院网站公布了约400名特区政府官员的财产。

三、澳门公职人员财产申报制度改革的经验

实行公职人员财产申报和公示制度,可以加强对权力的监督,防

范贪腐行为的发生，这一经验已经得到世界众多国家和地区廉政实践的验证。从20世纪90年代中期起，我国就加强了领导干部的财产申报工作，1995年4月30日，中共中央办公厅与国务院办公厅联合颁布《关于党政机关县（处）级以上领导干部收入申报的规定》；2001年6月，中纪委、中组部联合颁布了《关于省部级现职领导干部报告家庭财产的规定（试行）》；2010年5月，中共中央办公厅、国务院办公厅印发了《关于领导干部报告个人有关事项的规定》；一些地方还就干部财产申报和公示做出了尝试。但总体来讲，我国内地公职人员财产申报制度尚存在不足之处，在廉政建设中仍未发挥应有的作用。澳门在公职人员财产申报制度的改革中面临着和内地相同的问题，澳门推进财产公开的经验对内地建立有效的财产申报制度具有重要的启示作用。

首先，在公众知情权与公职人员的个人隐私权的矛盾中，用保护公职人员隐私的方式作为推进财产适度公开的突破口，有效推进公职人员财产申报和公示的改革进程。与内地一样，澳门多年来一直存在要求官员公布财产的呼声，但鉴于治安、隐私的问题，公职人员中也存在强烈的反对声音。如果不能找到双方认可的妥协方式，官员的财产公示就无法走上正轨。澳门特区政府的破解之道就是既要公布官员的财产，也要适当考虑官员的正当要求。不是所有的官员都要公布财产，只有公共职位据位人和副局长以上的官员才需要公示财产；他们也不是要公布所有财产，而只是法律要求的其中一部分。澳门财产申报法将"严格尊重私人生活隐私原则"与"遵守透明原则"并列，特别注重保护申报人的隐私权。除本人外，他人不得取阅财产申报书，只有司法当局、廉政专员和刑事警察机关及当局出于调查案件的目的，需要在严格的条件下才能取阅整份申报书。但是这些机构也要提供申请取阅相关申请书确有必要的证据，还要经过终审法院院长或廉政专员的许可，并且要知会申报人。如果申报人本人反对，还须经过终审法院的裁决。凡未通过法律规定的程序取得申报书的资料，不构成针对申报人的证据，而以此取得的证据视为无效。这些规定保障了公职人员的隐私权，减少了他们对财产申报与公示的抵触情绪。

其次，用立法的形式将公职人员财产申报的各项规定予以法制化，具体规定了违法行为的制裁措施，维护了财产申报制度的权威性。内地有关干部财产申报的规定多由中共中央有关部门与政府部门联合制定，没有上升到国家法律的层面，虽然有关规定内容较为全面，相关的文件数量较多，但对财产申报中的不轨行为无法发挥有效的威慑力。以 2010 年 5 月印发的《关于领导干部报告个人有关事项的规定》为例，如果出现不如实申报财产或隐瞒不报的情况，受到的处分只是"根据情节轻重，给予批评教育、限期改正、责令作出检查、诫勉谈话、通报批评或者调整工作岗位、免职等处理；构成违纪的，依照有关规定给予纪律处分"，而无法对其实施法律制裁。澳门《财产及利益申报法律制度》详细规定了对各种违规行为的法律惩罚措施，从拖延提交财产申报书的扣发薪金到虚假或不实申报最高判三年徒刑或科罚金等，任何违反财产申报法的行为都足以构成法律制裁的充分理由。2008 年 1 月，澳门终审法院对欧文龙巨贪案做出的终局判决中，欧的罪名中就有两项与财产申报有关，其中财产申报资料不正确罪被判处 1 年 6 个月徒刑，财产来源不明罪被判处 2 年徒刑和 240 日罚金，每日 1000 元①。

再次，只是将财产申报看作反贪防贪的一个制度措施，而不把廉政的希望都寄托在财产申报上。从世界各地施行公职人员财产申报与公示制度的实践情况看，财产申报和公示固然有助于提升公职人员的道德责任感，很多实行该制度的国家都有较好的廉政记录，但财产申报制度的完备程度与其廉政效果并无必然联系。俄罗斯、越南等一些发展中国家或所谓转型国家比较追求财产申报与公示制度的完备性、法律的周密性，腐败问题反倒较为严重；新加坡对公务员申报财产严格保密，不做主动公开，反而是世界上政治最廉洁的国家之一②。这种情况表明，整体的廉政建设是否完善、是否形成健康的廉政文化比

---

① 澳门廉政公署：《廉政公署年报 2007》，第 25 页。
② 中国社会科学院"政治发展比较研究"课题组：《国外公职人员财产申报与公示制度》，中国社会科学出版社 2013 年版，第 7-9 页。

单项的财产申报制度是否严密更加重要。澳门廉政公署充分认识到这一点，因此在有关财产申报制度改革的咨询报告中指出："'公署'深明这项措施并非灵丹妙药，需在整个行政体系建设方面着手及作出配套，为此，'公署'稍后还会向特区政府建议多项政策或措施，希望对贪腐的风险点对症下药，以堵塞贪腐的源头，促进廉政制度的建设。"① 廉政公署后来在改进批地制度、加强公共工程监管方面都推出了新的措施，进一步改善了澳门的防贪措施。

最后，财产申报制度的推行也要考虑相关人员的方便，尽量创造便于申报的条件，在满足法律规定的同时，避免给申报人员带来不必要的麻烦。为提高效率、简化不必要的程序，澳门财产申报法规定只有薪俸点增幅超过85点才须申报（或距离上次申报达五年的时间），原则上公务人员在职程里的横向晋阶（即平级调动）无须再做申报。申报表格不再使用专门印制的表格，可直接从互联网下载，填写后以影印方式制作副本，借以节省行政成本，同时也避免了填写申报书时表格太小无法容纳所有内容的问题。

从不公开公职人员的财产状况到有限度地公示官员的部分财产，澳门公职人员财产申报制度迈出了重要的一步，但这不意味着澳门的财产申报制度已经很完善。澳门终审法院网站正式公示特区政府官员的财产后，澳门媒体发现，有的官员巨细无遗，连所持墓穴、电动车车位也详细申报，有些身家丰厚的官员居然连一处住房也没有；而官员不必公开与配偶或子女或透过商业机构股份共同持有的资产内容，即使申报物业单位也无须填写资产估值，给民众监督官员增加了难度。尽管媒体肯定财产公示具有开创意义②，但不少人认为这一法案不够"阳光"，有人甚至认为"阳光只照到五成，照到有多少数量，

---

① 《修改7月28日第11/2003号法律〈财产及利益申报法律制度〉简介》，2010年12月30日，澳门廉政公署网页：http://www.ccac.gov.mo/gb/news/docP1_cn.pdf。

② 《官员财产公开体现阳光政府好形象》，载《新华澳报》2013年10月23日。

但不知里面是什么，都不知官员决策时会否有利益冲突"①。透明度不足导致对官员的监督作用有限，人们希望特区政府在法律运作一段时间后，检讨不足之处，予以改进②。

我国内地正在讨论公务员财产申报立法的问题，澳门的经验和不足都可以为我所用，取其所长，弃其所短。澳门特区政府克服阻力实现公职人员财产公示的做法值得我们借鉴，而澳门对官员申报资料缺乏有效的核实、监察这一局限则需要加以克服。只有广泛借鉴各地先进经验，方能将我国公职人员财产申报制度建立在坚实的基础之上。

第三节　廉政剧集与香港的廉政教育

廉洁社会的建设需要廉洁的社会文化相配合，只有彻底改变贪污行为赖以产生的社会文化，才能从根本上杜绝各种权钱交换的不轨行为。而要建设廉洁的社会文化，就需要充分利用各种行之有效的教育方式，将建设廉洁社会的各种信息传播到公众的头脑中。中国香港廉政公署（以下简称"廉署"）在消除贪污工作中成效卓著，主要原因在于廉署采用了调查、预防、教育三管齐下的防贪策略。在廉政教育方面，廉署积极借助各种有助于影响民众观念的传播媒介，其中利用电视剧集进行廉洁教育成为廉署的一大创新，并产生了积极的社会影响。

---

① 《学者倡披露官员更多财产信息》，载《澳门日报》2014 年 10 月 3 日。
② 《财产申报走过场　应公开配偶资产详列估值》，载《市民日报》2013 年 10 月 23 日。

一、从《静默的革命》到《廉政行动》——树立廉署严格执法的正面形象

1974年,香港廉署刚刚成立,负责廉政教育的社区关系处高层就看到了电视剧在廉政教育中的潜力,他们认为,电视将成为廉署接触普罗大众最有效的媒介,电视剧虽然刚刚兴起,但前景广阔。因此,廉署从成立初期起就注意网罗电视制作的专业人才,在香港电台拍摄《狮子山下》时崭露头角的黄华麟、梁立人等导演、编剧成为社区关系处第一批负责媒体宣传的工作人员。1976年2月,在廉署成立不到两年之际,黄华麟导演的第一辑廉政剧集《静默的革命》开始播映,该剧集首创了用电视剧进行反贪宣传的新形式,并在以后的几十年中逐步发扬光大,成为香港廉政文化建设中独具特色的内容。

《静默的革命》包括《小贩》《亚银》《学校风波》《归来》《百折不挠》等13集系列电视剧,通过普通市民的生活实况,反映了不同领域的贪污对社会的危害,这种危害既表现为警察和政府官员对小贩等普通民众索取贿赂,也表现为公立医院清洁工收取茶钱、采购者向供应商收取回佣等。剧集用写实的方式,将现实生活中的实例与艺术上的虚构结合起来,男主角目睹贪污带来的不公平,决定放弃原来心仪的职业,投身廉署,成为一名走在反贪第一线的廉署调查员。《静默的革命》成功利用戏剧形式和电视传播的威力,向公众传递了肃贪倡廉的信息,在观众中产生了重大影响。

《静默的革命》一炮打响,廉署继而拍出由许鞍华执导的廉政剧集第二辑《ICAC》。许鞍华留英回国不久,在无线电视工作期间拍摄了极受欢迎的警匪剧集《CID》,1977年3月被招请到廉署社区关系处。《ICAC》包括《黑白》《归去来兮》等7集系列剧,在改编重大贪污案件的基础上进行艺术加工,通过贪污犯的感情纠葛和廉署调查员的成长经历等,反映了人性的贪婪、乖张以及善良、温情等不同的侧面,从社会关怀、世情描绘中轻轻带出反腐倡廉的主题。1978年,

《ICAC》在当时的丽的、无线、佳视三个电视台播映,根据廉署的统计,每集的观众超过 200 万人。《静默的革命》和《ICAC》奠定了此后几十年廉政剧集的基本风格,不论是《廉政先锋》(1981—1989年)、《廉政追击》(2000 年),还是其他年份的《廉政行动》都是奠基于事实的警匪剧模式①。

(一) 廉政剧集制作方式的变化

据 1982 年起就在廉署社区关系处工作、后任社区关系处处长的穆斐文回忆,廉署成立初期,廉署人员编制中只有一个导演的职位,具体制作要通过招标程序从外部的摄制公司选择合作伙伴。摄制公司提供摄影师、灯光师及摄影设备,廉署负责摄制思路、素材、导演以及提供助理人员,负责协助拍摄事务、联络演员、提供服装等工作。由于制作成本较高,加上廉署没有演员并考虑到收视等其他因素,所以从 1994 年起,廉政剧集转换为另一种模式,即与拥有良好影视制作及播映条件的无线电视合作,但与无线电视的合作每次都要透过招标程序外判,每一辑都会重新招标,招标的要求就是投标者的制作条件以及收视率②。2014 年,廉署成立 40 周年之际,新一辑《廉政行动 2014》每集由过去的一小时增加至一个半小时,每集的制作费也由 400 多万元增加到 800 多万元③。《廉政行动 2016》是第 16 辑剧集,在剧集形式和播映方式上都有所创新。以往的廉政剧集采用单元剧形式,每集各自独立。《廉政行动 2016》改由邱礼涛导演个人拍摄 5 集,由同一批调查人员发展成连续剧,因此更有连贯性和吸引力。在播映形式上,廉政剧集不限于通过传统电视台接触观众,还在网络

---

① 澄雨:《自成一格的廉政剧集》,见李焯桃、陈耀荣《静默革命:廉政剧集四十年》,香港国际电影节协会 2014 年版。
② 陈耀荣、李焯桃、谢伟烈:《穆斐文:改编个案考虑多》,见李焯桃、陈耀荣《静默革命:廉政剧集四十年》,香港国际电影节协会 2014 年版,第 13 页。
③ Emily:《狂舞派导演拍廉署奶粉案〈廉政行动〉新一辑制作费倍增》,载《明报》2014 年 3 月 25 日。

平台和手机应用程序上同步播放剧集,以配合时代的变迁和社会需要①。

(二) 廉政剧集的特色

首先,大部分剧集根据真实个案改编而成,并且在不同时期有不同的重点。在集团式贪污猖獗的20世纪70年代,葛柏案及同"官职收入与财富不相称"有关的个案等成为拍摄的素材;80年代,涉及私营机构的贪污案件增加,海外信托银行事件、中华巴士贪污案等重大案件也被改编为廉政剧集;90年代后,贪污罪行日趋隐蔽,如在世界各地开设户口调动贿款等,廉政电视剧中就包含了一些针对这种情况廉署主动出击的案件②。

其次,除了廉政剧集的初创期及2016年后的改革创新期以外,多数情况下每一辑的不同剧集由几个不同的导演执导。如《廉政行动2004》由邱礼涛、梁坚、林超贤、章国明导演,《廉政行动2007》由章国明、林超贤、邱礼涛、马伟豪执导,《廉政行动2014》由林超贤、唐基明、邱礼涛、泰迪·罗宾、章国明执导。不同的导演可以用自己的风格演绎廉政剧目。以《廉政行动2009》为例,林超贤编导了股市弊案《造市》,叶伟民执导了诈骗市建局赔偿金的《钉子户》,刘国昌执导了在判处工程合约时攫取非法回佣的《维修大鳄》,邱礼涛执导了诈骗保金的《死亡保险》,章国明执导了公职人员以权谋私的《公私车》。五个导演讲述了五个故事,以不同拍摄风格带出打击贪污的信息③。

最后,廉政剧集通过角色、主题等因素形成了稳定的风格。廉署

---

① 胡慧雯:《〈廉政行动2016〉创新单元剧变连续剧》,载《香港经济日报》2016年4月14日;《新〈廉政行动〉"星"势够强劲》,载《星岛日报》2016年4月13日。

② 《专访廉署创作主任谈肃贪剧〈廉政行动2004〉取材准则》,载《香港经济日报》2004年4月16日。

③ 《5个贪污的故事》,载《明报》2009年9月24日。

调查员成为廉政剧集的固定角色,肃贪倡廉始终是廉政剧集的固定主题,而廉署调查员夙夜匪懈地将贪污犯绳之以法就成为廉政剧集的固定故事程式。与一般的电视连续剧不同,廉政剧集是系列剧集,每一集讲述一个故事,每一集的内容都不同。只是2016年的改革向着电视连续剧靠近了一步。在共同的大框架下,廉政剧集允许不同的导演有不同的处理方式和个人风格。

廉署利用电视剧集进行倡廉教育的努力取得了良好效果,几乎每一辑廉政剧集都引起了观众的关注。如1989年制作的13集电视剧《廉政先锋Ⅲ》观众数量众多,平均每集有213万名观众收看,位列电视台五个收视率最高的节目之一[①]。5集电视剧《廉政行动2009》,每集平均有137万人收看,剧集更首度于内地中央电视台播放[②]。1989年,社区关系处对《廉政先锋Ⅲ》的播映效果进行调查,结果显示,94%的被访者认为该剧集具有良好的教育意义,88%的被访者认为剧集真实反映了廉署的工作及贪污的问题。

二、润物细无声——寓教于乐的廉政教育手段

廉政剧集作为倡廉教育的一种方式,其目的是通过形象的描绘、生动的情节,告诉公众贪污对社会的危害,增强公众对廉署的信心,促成民众支持和配合廉署的反贪活动。具体来说,廉政剧集主要从以下五方面进行廉政教育:

(一)宣传廉政法例和反贪基本知识

廉政剧集肩负宣传廉政知识的重任,借助具体戏剧情节普及廉政法律知识成为该剧的一个特色。尤其在廉署成立初期,市民对哪些行为属于贪污贿赂没有清晰的认识,廉政剧集中的每一集都会透过具体案例,不厌其烦地解释剧中案犯的行为触犯了《防止贿赂条例》的

---

① 香港廉政公署:《总督特派廉政专员1989年年报》,1990年。
② 《〈廉政行动2009〉收视劲升三成》,载《星岛日报》2010年1月20日。

哪一条。如《ICAC》第四集《第九条》酒店服务生瞒着雇主替客人召妓,向双方索取金钱,触犯《防止贿赂条例》第九条;1982年,《廉政先锋I》第六集《救星与四房客》中,新界民政署地政督察违反了《防止贿赂条例》第三条;1989年,《廉政先锋III》第二集《第十条》,具体阐释了案犯如何违反了《防止贿赂条例》第十条"收入与官职不符"。在市民对廉署和廉政法律有深切认识后,廉政剧集的教育功能逐渐淡出,不再每集都反复解释案犯触犯了哪一条反贪法律,但在公众容易困惑的问题上,廉政剧集仍会加以解释。如《廉政行动2004》第三集《以权谋私》中,一名产业署高级人员多年来把巨额合约判给朋友,表面上没有受贿现象,但廉署追查下去发现,当事人公然利用自己的职权,剥夺了其他人公平竞争的机会。这也是廉署引用普通法中有关公职人员行为不当的条文提出检控的一个例子。

(二)回应社会疑虑,树立廉署严格执法的正面形象

廉署给多数港人带来了遏制贪污、实现社会公平的希望,但也给不少人带来了困惑。据《静默的革命》导演黄华麟回忆说,当时社会上对廉署有很多疑虑:廉署是否权力过大?大家以为办事送茶钱、给利是或佣金是润滑剂,能令事情顺畅,现在派利是就会触犯《防止贿赂条例》,大家就很害怕,有人担心廉署会否搞垮经济[①]。如果不能消除人们的疑虑,肃贪倡廉的工作就得不到民众的充分支持,因此,廉政剧集就要负起宣传教育的责任。廉政剧集中扮演调查员、组长等角色的演员,不仅要演技好、外形好,而且一定要通过廉署的审查,以免有不轨行为影响廉署的形象。作为正义的化身,廉署调查员在剧中要克服重重困难,将案件查个水落石出,把贪污分子缉捕归案。在《静默的革命》中,剧组还特意设计了廉署人员在社区中心举办讲座的场面,插入创作的电视清谈节目,由廉署代表即场回应人

---

① 李焯桃、陈耀荣、刘嵚、谢伟烈:《黄华麟:当时创意很澎湃》,见李焯桃、陈耀荣《静默革命:廉政剧集四十年》,香港国际电影节协会2014年版。

们对廉署的意见①。剧中的廉署调查员严格执法,讲究证据和法律程序,入屋调查之前必先表明身份,然后出示搜查令,在整个过程中始终保持礼貌。"透过展现调查行动的细节,除了呈现廉署拥有对付贪污罪行所必需的专业技能外,更多的是回应成立初期,社会人士对其权力过大的批评,强调所有廉署调查员的行动都是有法可依、按规章办事,不会滥用权力。"②

(三)灌输廉洁、诚信的价值观

在廉政剧集中,贯穿始终的观念就是贪腐只会给个人和社会带来灾难和不幸,不论贪污疑犯多么狡猾,最终也不免落入法网。《归去来兮》的主角因贪污被查,在感情的旋涡中备受煎熬,多番盘算到头来还是一场空。《富贵浮云》的案犯虽然处心积虑骗取他人的信任,收取了回佣,却生活在郁郁不得志的境况中。《钉子户》力图将廉政与普通市民的生活联系起来,用剧情表明:如果没有定力,在蝇头小利的诱惑下,普通市民也可能陷入贪污的泥潭。《静默的革命》第一集《小贩》最清楚不过地阐述了廉署的基本理念,刘松仁扮演的大学落榜生江定邦放弃来年再考医科大学,决心投考廉署调查员,他在面试时解释自己弃医从廉的原因时说:"正确的思想观念比健康的身体更加重要,如果不肃清贪污,香港就没有一个健康的社会给下一代成长,廉署工作同样是救人的工作。"在该剧集的结尾,江定邦走在布满阳光的街道上,满面喜悦地前往廉署报到。这时,屏幕上打出一段字幕:"越来越多人加入了反贪污的行列,他们将以狂风扫落叶的气势,将香港社会的贪污势力完全瓦解、彻底根除。廉政公署的成功是社会繁荣安定的先声,亦是那些正直善良的香港人为自己争取公平、维护正义的一种胜利。"

---

① 刘嶔:《官民配合的〈静默的革命〉》,见李焯桃、陈耀荣《静默革命:廉政剧集四十年》,香港国际电影节协会 2014 年版。
② 小伟:《变与不变——廉政剧集的调查员形象》,见李焯桃、陈耀荣《静默革命:廉政剧集四十年》,香港国际电影节协会 2014 年版,第 153 – 154 页。

廉政剧集以润物细无声的方式将廉洁、诚信、公平、正直的理念灌输到市民的头脑中。

（四）注重刻画在调查贪污弊案时廉署与警方的密切合作关系

廉署成立时，因为集团贪污案大多涉及警方人员，所以不少警察对廉署持敌视态度。廉政剧集《ICAC》中有两集《男子汉》《查案记》涉及警察贪污，1977年警廉大冲突后，有人担心播放后会激化警察的不满，这两集节目在播放前被临时抽出，直到20多年后才得以公演。廉署调查的对象是贪污疑犯，而不是警察。如果廉署和警方不能建立合作关系，既不利于调查贪污案件，也不利于香港社会的安定。因此，在廉政剧集中有不少反映警廉合作的电视剧，如《廉政行动1994》第三集《人肉速递》中，入境事务处发现有人持造假证件入境，遂向廉署举报，由此揭发一宗大案。《廉政行动1996》第一集《再见大龙凤》中，在警方的帮助下，廉署终于拘捕了警队中接受贿赂包庇色情场所的贪污疑犯。一般的模式是，剧中警方会将贪污线索交廉署调查，廉署采取行动时，得到警方的全力协助。双方目标一致，却又保留各自的特色。最好的例子是1989年《廉政先锋Ⅲ》的《亿万追踪》，警探郑浩南与廉署调查员吴岱融合作调查诈骗案，两人因办案作风和手法不同而产生芥蒂，最终冰释前嫌，合作破案。

（五）利用廉政剧集的轰动效应举办辅助的廉政教育活动

1989年，《廉政先锋Ⅲ》极受欢迎，廉署便在该剧播映的三个月期间举办了一项宣传活动，在《东方日报》刊载该13集电视剧的故事内容，每集均占用半版篇幅，连同一个有关该集内容的问答比赛，配合其播映日期刊登，都吸引了逾3万份竞猜表格。多种形式相互配合，增强了廉政宣传的复合效果。

三、真与美的融合——廉政剧集吸引力的来源

与一般电视剧相比,廉政剧集有一些劣势:题材单一,情节围绕着调查贪污案件这一主题来进行;廉政剧集的主角——廉署调查员主要从事调查工作,文质彬彬,西装革履,很少有警匪片中的激烈枪战场面,缺乏一般人感兴趣的强烈的戏剧性;廉政剧集大多是单集片,一集一个故事,缺乏多集电视连续剧的吸引力。作为负有廉洁教育义务的廉政剧集,能让观众看下去就不错,而香港廉署拍摄的廉政剧集还做到了让观众看得津津有味。廉政剧集的吸引力表现在何处?

(一) 改编真实案例

从《静默的革命》开始,改编真实个案就成为廉政剧集的一个准则。据该剧导演黄华麟回忆,当初改编真实个案遇到很大阻力,一是廉署负责调查工作的执行处担心改编会偏离事实,泄露涉案者隐私,导致被控诽谤;二是担心泄露廉署的调查方法,罪犯会预加防范,增加调查的困难。经请示律政署,改编真实案件的法律问题获得澄清,但剧中要加上一句话"根据真实个案改编,如有雷同,实属巧合"。最初几部廉政剧集播映后舆论反应正面,执行处的疑虑逐渐消失,也愿意提供真实大案的材料。廉署在挑选个案方面形成了三个贯彻始终的基本原则:①司法程序全部完成的案件才列入考虑之列;②考虑对公众利益和民生的重要性;③有关案件能否带出调查员在调查过程中面对的挑战。廉政剧集不会公开改编自哪一宗真实案件,因为署方的目的是教育公众,带出贪污祸害,希望市民引以为鉴,而不是再惩罚已经接受法律制裁的人士。

廉政剧集的真实性体现在三个方面:个案真实、实景拍摄、调查方法真实。一旦导演决定改编某案件,就要先看与案件有关的档案,包括大量的剪报、内部文件及执行处的调查资料。之后还要和案件调查员交谈,了解调查的具体情况,以及调查员和犯案者的心态,以便导演在拍摄时给演员以适当的指导。然后在大纲拟定、剧本编写、剧

情演进等不同阶段,导演都要就重点问题与编剧讨论,先写大纲,提出方向,确定故事如何开始。在剧本编写阶段要与执行处沟通,重大问题由执行处把关。查阅档案的剧组成员要签一份文件,承诺离开廉署后也不能将这些资料向外界公布①。在可能的情况下,廉署剧集拍摄时争取实景拍摄。一般电影制作难以借惩教署、机场禁区等场地来拍摄,但廉署拍摄的电视剧就能获得其他政府部门的配合。如在拍摄《廉政行动2014》时,政府产业处特别提供美利道停车场大厦,即旧廉署执行处总部拍摄,重塑当年境况,惩教署借出罗湖女子监狱、玛丽医院的羁留病房,并将前北九龙裁判法院即现萨凡纳艺术设计学院还原成旧法庭的模样。实景拍摄,大大加强了真实质感②。为了增加剧集的吸引力,自然需要加入曲折的情节和角色之间复杂的感情冲突,但有一个原则就是犯罪手法、调查手法要尽量忠于事实。电视剧拍摄时,廉署的监制要保证调查手法不违反廉署的指引,不可以有违反法律和廉署规定的行为。市民对真实发生的案件兴趣浓厚,而廉署的调查"一向都是'廉署保密,密密实实',外界无从得知内情。现在观众能够透过剧集,去窥视廉署抽丝剥茧的查案过程,自然能够满足观众的好奇心"③。

(二) 兼顾艺术性

香港《大公报》在评论廉政剧集的文章中写道:"廉政公署的剧集,尤其是20世纪七八十年代推出的早期作品,可以说是台前幕后精英云集,可观性不下于同期任何电视剧集。幕前我们可以见到晚年的张瑛,以及初出道的刘松仁、吴镇宇,以至曾江、乔宏等好戏之人。而幕后,在1979年播出的第二辑廉政剧集,更是网罗了许鞍华

---

① 陈耀荣、李焯桃、谢伟烈:《唐基明:拍卧底最刺激》,见李焯桃、陈耀荣《静默革命:廉政剧集四十年》,香港国际电影节协会2014年版,第41页。
② 邝素媚:《〈廉政行动2014〉头炮追查走私奶粉主脑影视精英助阵》,载《香港经济日报》2014年4月5日。
③ 沙壶:《廉政剧集四十年》,载《文汇报》2014年4月18日。

担任导演,严浩、陈韵文、倪匡担任编剧,甚至金庸这样的重量级人物也出任其中一集的编审。而近年除了有任职该署高级编导的新浪潮导演章国明外,像林超贤、邱礼涛等名导亦为这些剧集执导,在商业电视台流水作业生产模式的今日香港,这样的导演阵容可能只有政府机构出资才可能见到。"① 与追求速度的一般香港电视剧不同,廉政剧集每一辑的准备、制作都需要两年时间,对质量有较高的要求。梁朝伟、刘德华、郭富城、梁家辉、任达华、黄秋生、郑裕玲、李修贤、吕良伟、苗侨伟、罗家英、米雪、廖启智、古天乐、张智霖、狄龙等知名艺人都曾在剧中出演角色。廉政剧集的导演们吸取国际先进手法,极力在拍摄过程中表现出更多的创新性和艺术性。在拍摄《死亡保险》等剧时,邱礼涛导演采用了美剧《24小时》的倒叙方式,重现廉署人员如何在48小时内搜寻证据,以快速的剪接、紧凑的情节,使平淡的调查过程既具有真实感,又充满戏剧性②。许鞍华导演的《ICAC》更注重在罪案实例和查案过程中做人性的解剖,描绘人性的复杂性而不做简单的道德判断。有论者甚至认为:"如果不打上《ICAC》的片名,观者不会觉察《黑白》是廉署拍的宣传片。"③ 廉政剧集对质量更加重视,大多启用电影导演执导,在镜头运用、场面调度、演员演出等方面,都极具电影感,与电视剧的制作大异其趣。说是电视剧,其实制作规模更接近电视电影。不少廉政剧集的导演属于注重社会批判的新浪潮导演,如许鞍华、严浩、章国明等,将电视用作反映现实、批评社会的艺术表达媒介。廉政剧集虽然是廉署的宣传工具,但在导演的心目中,他们要在廉政题材上拍出反映人性的好电视剧。如章国明导演所讲:"这里的制作模式跟电影圈一样,且资源充足。题材虽然只是表扬廉洁和反对贪污,但故事说的

---

① 行光:《廉政剧集40年见证社会变迁》,载《大公报》2014年2月27日。

② 邝素媚:《导演邱礼涛拍出真实感〈廉政行动2009:死亡保险〉》,载《香港经济日报》2009年10月16日。

③ 罗卡:《〈ICAC〉与电视新浪潮》,见李焯桃、陈耀荣《静默革命:廉政剧集四十年》,香港国际电影节协会2014年版,第147页。

其实是人性。"

（三）反映香港人的喜怒哀乐

廉署选择改编个案的一个原则就是与民生有关，因此，廉政剧集的内容大多与港人的实际生活有密切关系。1982年，《廉政先锋Ⅰ》中的《救星与四房客》叙述了新界民政署一名地政督察收受四户人家的贿赂，答应安排他们入住公屋，而其他住户则需要轮候八年才得以上楼入住公屋。《廉政行动2004》第五集《短桩》则反映20世纪90年代后香港发生的众多因建筑公司贿赂工程人员、偷工减料而出现的短桩问题。《廉政行动2009》中的《维修大鳄》和《钉子户》分别探讨了与普通民众联系密切的楼宇管理维修中的贪污以及市建局收购旧楼重建时遇到的"钉子户"问题。随着香港与内地的关系越来越密切，廉政剧集也着眼于跨越两地的贪污犯罪，如《廉政行动2009》中的《死亡保险》讲述了跨越香港与内地的一宗以假死骗取人寿保险赔偿金的案件，廉署调查员在内地的帮助下终于破案。《廉政行动2011》的《黄金噩梦》主要围绕一对从内地移居香港的兄妹以虚假买卖讹骗银行的事件而展开。廉政剧集与时俱进地记录了香港的民情与普通市民的生活，自然会引起港人的高度兴趣，而廉政剧集中给人留下深刻印象的镜头已经成为香港集体回忆的一部分。

第五章　社会主义核心价值观的价值引领

价值是人们对客观属性的具体评价和主观应用，表示人与各种对象之间需求和满足需求的关系。价值要求上升为观念形态，是主体在实践活动和认识活动中形成的关于价值的理性认识，是系统化和理论化的价值认知与价值体验。作为价值主体关于实践客体和认识客体对自我、他人、社会的意义认知与自觉认识，价值观的核心聚焦在价值主体对人生目的的认识、对人类社会的态度以及对生活道路的选择。社会主义核心价值观与中国特色社会主义发展要求相契合，与中华优秀传统文化和人类优秀文明成果相承接，是稳定社会、抵御干扰、形成合力的共享价值理念，是人们思想观念、思维方式和日常行为的基本规范。

2013年12月，中共中央办公厅印发《关于培育和践行社会主义核心价值观的意见》，对"大力加强理想信念教育，弘扬中华优秀传统文化、革命文化、社会主义先进文化"进行了强调。《中国近现代史纲要》教科书第十一章"中国特色社会主义进入新时代"，更是指出："在文化建设上，要坚定文化自信，推动社会主义文化繁荣兴盛，牢牢掌握意识形态工作领导权，培育和践行社会主义核心价值观，加强思想道德建设，繁荣发展社会主义文艺，推动文化事业和文化产业发展。"① 有鉴于此，社会主义核心价值观在中国梦践行场域

---

① 本书编写组：《中国近现代史纲要》，高等教育出版社2018年版，第346页。

中的培育，新时代思想政治工作价值引领的实践课题，文化强国建设过程中价值引领的实现方略，以社会主义核心价值观价值引领的多维阐发，构成了"纲要"课教学与研究的重要内容。

第一节　社会主义核心价值观在中国梦践行场域中的培育

中华民族核心价值观是中国梦价值内涵生发的基础。作为观念形态价值表达的物化，中国梦的实现是观念形态的意识以"人化自然"的实践对"自在自然"的改变，是中华民族的价值体认和价值追求由认识向实践、由理想向现实、由精神向物质的转化。换言之，中国梦的实现是中国梦价值内涵践行的结果，而中国梦践行的过程则从意识活动对客观世界的改造聚焦于中国梦价值追求的实现。以"三个倡导"为主要内容的社会主义核心价值观，继承和发展于中华民族一以贯之的价值目标、价值取向和价值规范，是中国梦践行与外在化转变的精神要求。社会主义核心价值观在中国梦践行场域中的培育，以客观关系系统、力量关系构型、主观见之于客观的中介，引领并推进中国梦价值认同的对象性活动。

一、社会主义核心价值观的系统结构

价值具有双重性，表现为功用价值和内在价值的统一。在功用维度上，价值是在社会实践基础上形成的客体属性满足主体需要的效用关系，它以真善美为最高境界。哲学层面的价值"从人们对待满足他们需要的外界物的关系中产生"，与其说是一种实体范畴，或曰属性范畴，不如说是一种关系范畴。价值作为哲学范畴具有较高的普遍性和概括性，表征着客体属性对主体的意义、客体满足主体需要的关系，以及促进人们本质力量对象化和推动主体全面发展中的积极影响和意义。在内在维度上,价值是指人类本身具有的优异性质与能力。在新实在论者穆尔(G. E. Moore)看来:"说一类价值是内在的,仅仅意味一物是否具有它,在何种程度上具有它,单独依靠该物的内在性质。"① 受此影响,价值更多地指向功用维度。价值主体、价值客体和价值介体的相互联系与相互依存,构成了价值范畴的系统结构。价值主体是价值的实际承担者,同时是实践活动和认识活动的主体;价值客体是价值的客观物质基础,同时是实践活动和认识活动的作用对象;作为实践关系和认识关系统合的价值介体,是价值主体和价值客体相互联系、相互作用的纽带和桥梁。价值具有客观性、主体性、社会历史性和多维性。价值的客观性在于价值主体的需要、价值客体的属性、价值实现的过程和结果均具有客观性;价值的主体性在于同一价值客体对不同价值主体具有不同价值;价值的社会历史性在于价值主体需要、价值客体属性和价值实现过程都同社会关系及其历史变迁紧密相连;价值的多维性在于价值主体和价值客体的内在结构和规定性都具有全面性、立体性和复杂性,从而构成多维度的价值关系。作为主体尺度与客体尺度、真理原则与价值原则、合目的性与合规律性的有机结合和辩证统一,价值指涉人类实践活动和认识活动的动机和归宿。

价值要求上升为观念形态,是主体在实践活动和认识活动中形成的关于价值的理性认识,是系统论和理论化的价值认知与价值体验,其实质是价值主体关于实践客体和认识客体对自我、他人和社会的意义之自觉认识,其核心是价值主体对人生目的的认识、对人类社会的态度和对生活道路的选择,是一定价值目标、价值取向和价值准则的集合体。作为价值主体实践活动和认识活动的价值指向,价值目标是价值观的动力系统,是价值取向和价值准则的目标与方向;作为价值主体在价值判断和价值选择中表现的一以贯之的倾向性,价值取向是价值观的图式系统,它以特定的价值预设导引具体的价值选择,不仅

---

① 转引自陈瑞华:《刑事审判原理论》第二版,北京大学出版社 2003 年版,第 21 页。

是价值目标的具体表现和价值准则的理论升华,而且是价值目标和价值准则双向互动与相互贯通的纽带和桥梁;作为规范价值主体实践活动和认识活动的行为准则,价值准则是价值观的规范系统,它以具体规范和明确界限指引价值活动,表现为特定的价值标准、价值尺度和价值要求,是价值目标和价值取向的实践形态。古往今来的价值观大致可分为:以上帝为价值源泉的宗教价值观、以物欲为价值追求的庸俗价值观和关于价值问题理论思考的哲学价值观。就此意义而言,价值观更多地侧重于哲学层面。

价值观具有理想性、相对稳定性、社会历史性、阶级性和民族性。价值观的理想性,是指价值观将价值目标融入价值判断,表现为现实与理想、实然与应然的有机统一;价值观的相对稳定性,是指价值观一经形成便会在具体的时空轴发挥持续不断的影响;价值观的社会历史性,是指价值观受制于一定的社会情境,并在一定的历史条件下形成和发展;价值观的阶级性,是指价值观的特性与特质,不同阶级的意识形态差异集中体现了价值观的分殊性,即"占统治地位的思想不过是占统治地位的物质关系在观念上的表现,不过是以思想的形式表现出来的占统治地位的物质关系"[①];价值观的民族性,是指不同的民族共同体在历史底蕴和文化基因之上的价值观区别,表现为独具民族特质的价值目标、价值取向和价值准则。

作为社会价值观体系的组成部分,价值观可分为核心价值观和其他价值观,前者居于支配地位,起主导作用,后者居于从属地位,起辅助作用。作为文化体系的精神内核,价值观的博弈主要体现为进步与落后、积极与消极、正面与负面的价值碰撞。作为一个开放的系统,价值观通过价值主体的实践在与认识系统交换物质、信息、能量的过程中,发挥着动力、导向、评价和规范的作用。概言之,价值观对实践的引领具有动力功能,是指价值观可以激发、调动和维护价值主体的思想动机和主观能动性;价值观对实践的引领具有导向功能,是指价值观可以对价值主体的实践和认识活动进行价值定位和价值定

---

① 《马克思恩格斯文集》第1卷,人民出版社2009年版,第550页。

向；价值观对实践的引领具有评价功能，是指价值观可以为价值主体的实践和认识活动提供评价标准；价值观对实践的引领具有规范功能，是指价值观可以调节价值主体的实践和认识活动，使之符合特定的价值目标、价值取向和价值准则。

在社会价值观体系中居于中心地位的核心价值观，生发于一定的民族文化传统，阐释了一定的思想体系、社会形态和社会制度，是社会存在的集中概括和综合反映。核心价值观的"核心"，表现为在社会系统运行中起主导作用的价值目标、价值取向和价值准则的集合体，它贯穿于社会价值观体系的各领域、各方面和各环节，受到全体社会成员的普遍认同和持续遵循。作为价值观统合作用的范畴，核心价值观不仅具有价值观的共有特征与功能，与此同时，作为社会的主导价值观，核心价值观亦具有区别于一般价值观的特征与功能。就核心价值观的特征而言，核心价值观具有统摄性、共识性和建构性。核心价值观的统摄性，是指核心价值观具有磅礴的凝聚力、感召力和引导力，可以整合、协调和引导其他社会价值观，使之契合核心价值观的价值要求；核心价值观的共识性，是指核心价值观是"绝大多数人的、为绝大多数人谋利益的"价值观，因而受到绝大多数人的承认、认可和赞同，是社会价值观体系的"最大公约数"；核心价值观的建构性，是指核心价值观并非自发形成，而是自觉建构的结果，且建构的过程并非一蹴而就、一劳永逸的。

在现实性上，"人们的意识，随着人们的生活条件、人们的社会关系、人们的社会存在的改变而改变"[①]。随着经济体制的改革、社会结构的变动、利益格局的调整和思想观念的变化，核心价值观的培育和践行更加需要不断地丰富、发展和完善。从功能发挥机制出发，审视核心价值观具有的主导功能、凝聚功能和维护功能，亦从不同的角度诠释了面对各种社会思潮的侵蚀，核心价值观抵御"异质"意识形态渗透所扮演的角色；在推动国家治理和社会管理现代化的进程中，核心价值观赋予其共同价值目标、价值取向和价值准则；在尊重

---

① 《马克思恩格斯文集》第2卷，人民出版社2009年版，第50-51页。

差异、包容多样的基础上，核心价值观的价值表达、目标说服、合作协同展现于吸引力、向心力和亲和力的聚合；在提供社会黏合剂的同时，为经济、政治、文化、生态的发展谋求价值共识和凝聚力量；在论证经济发展道路和政治合法性的坚守上，核心价值观所阐释的精神支撑和文化命脉，更是核心价值观现实作为的体现。

从国家性质的内在要求出发，社会主义核心价值观揭示了中国特色社会主义在国家、社会、个人三个层面的价值目标、价值取向和价值准则，它以三者互构的抽象构成了互动有机的系统结构。具体来说，社会主义核心价值观国家层面的价值目标是国家整体发展的顶层设计，它从宏观层面回答了"建设什么样的国家"的价值要求。其中，富强、民主、文明、和谐的价值内涵，代表了中国特色社会主义对未来经济、政治、文化、社会和生态发展模式的勾画与描绘，是在物质基础、政治保障、精神动力和社会环境等方面的规划和设计，构成了确立社会层面价值取向和个人层面价值准则的总体依据。社会主义核心价值观社会层面的价值取向是社会总体发展的战略部署，它从中观层面回答了"构建什么样的社会"，是对社会发展愿景的规划和设计。其中，自由、平等、公正、法治是对中国特色社会主义社会本质属性的综合反映，分别构成了社会层面价值取向的终极目标、基础条件、社会秩序和制度保证，形成国家层面价值目标向个人层面价值取向转化的中间环节。社会主义核心价值观个人层面的价值准则是个人实践和认识活动的道德规范，它从微观层面回答了"培育什么样的公民"，是对个人对象性活动的引导和规范。其中，爱国、敬业、诚信、友善是中国特色社会主义的社会公德、职业道德、家庭美德和个人品德规范的集中概括，是个人层面价值准则的主题主线、实践基础、人格基石和心态条件，构成了落实国家层面价值目标和社会层面价值取向的具体要求。

培育和践行社会主义核心价值观，由国家层面经社会规范向个体层面的转化，不仅表征着价值意识的能动反作用于客观事物，以正确的价值引导服务于实践活动的具体，而且体现在社会主义核心价值观的价值要求由抽象向具体、由宏观向微观、由理论向实践的逐步落细和落实,以及三个层面的相互渗透、相互依存和相互融合。国家层面的价值目标在社会主义核心价值观系统中处于统领地位,发挥主导作用,离开了国家层面的价值目标,社会层面的价值取向和个人层面价值准则的建构将迷失方向;社会层面的价值取向在社会主义核心价值观系统中处于支柱地位,发挥中介作用,离开了社会层面的价值取向,国家层面价值目标和个人层面价值取向之间的相互贯通将无从实现;个人层面的价值准则在社会主义核心价值观系统中处于基础地位,发挥主体作用,离开了个人层面的价值准则,国家层面价值目标和社会层面价值取向的落地将陷入空洞。正是通过国家层面、社会层面和个人层面目标、规范与要求的相互建构、紧密关联和整体共生,中国特色社会主义与社会主义核心价值观所赋予的目标指引、价值导向、实践要求进一步结合了起来。

二、中国梦践行场域的系统机制

场域是客观事物普遍联系观点的具体表现。作为力量关系和旨在改变斗争关系的构型,场域以相对独立性、作用必然性和特有逻辑性强调了客观关系系统的作用方式;作为实践主体影响社会条件的联系纽带和中介环节,场域凸显为这种关系力量的本质。与此相适应,"根据场域概念进行思考就是从关系的角度进行思考"。站在普遍联系的立场,"当我们深思熟虑地考察自然界或人类历史或我们自己的精神活动的时候,首先呈现在我们眼前的,是一幅由种种联系和相互作用无穷无尽地交织起来的画面"[1]。践行是一定的思想观念、理想目标、道德规范付诸实践的对象性活动。其中,价值观念与价值活动的结合、价值内涵主观见之于客观的构型、认识形态由理想向现实的转化,往往意味着主体客观化的完成。中国梦承载着中华民族的共同理想和发展愿景,其价值内涵由认识向实践形态的转化不仅导引了中国梦践行的外在化活动,导引了价值观念与价值活动的结合,而且通

---

[1] 《马克思恩格斯选集》第3卷,人民出版社1995年版,第359页。

过主观见之于客观的物化，表征了精神变物质的客体化过程。中国梦践行的场域，就是这一转化过程中客观关系的独立性、必然性和特有逻辑性系统作用的"场"，其力量关系的结构、斗争关系的构型，以及主体与社会条件联系的中介，共同指向了中国梦践行要素的生成与发展，指向了系统和关系结合的方式与运作。

客观关系系统是中国梦践行场域的顶层设计。若干相互联系和相互作用的要素，具有一定结构和功能的有机体，指谓了系统的结构性内涵。中国梦践行场域的客观关系系统，强调了中国梦价值结构中的关系域和连接质，具体体现在中国道路、中国精神和中国力量的结构功能中。中国梦客观关系系统中的中国道路，特指中华民族历经五千年的光荣与梦想、曲折与沉沦、反思与建构后抉择的社会主义道路，是中华文明与世界文明交融的结晶与出路，它以中国精神的外显汇聚中国力量；中国梦客观关系系统中的中国精神，连接民族精神与时代精神，它以中华文化的内聚，引领中国道路的方向；中国梦客观关系系统中的中国力量，是中国精神生发的基础，是中国精神激发的动力，同时受制于"精神"与"道路"的规制和牵引。在现实性上，中国道路、中国精神、中国力量的形成、引领、凝聚，在交互转化的关系中促进了中国特色社会主义道路自信、理论自信和制度自信的生发，并在文化自信的场域中促成了中国梦从观念形态向物质形态、从认识形态向实践形态的飞跃。

力量关系构型是中国梦践行场域的协调机制。"构型"特指事物的结构和造型，是由相互交错的诸多要素构成的网络与形塑。中国梦践行场域的力量关系构型，不仅指涉了中国梦践行的力量关系结构和作用方式造型，而且指涉了力量交错和网络形塑影响具体关系的过程。在中国梦践行场域中，各种行为主体根据中国梦的价值原则，以各自不同的强度、力度和效度进行实践中的斗争与博弈，并通过主导建设和话语表达的机制规约中国梦践行的方式。中国梦践行的建构与解构、斗争与博弈，在强调实践主体既成图式和改变图式的同时，凸显了主观能动关系结构和作用方式的实践形态。解构即消解结构，目的在于以对某种形而上学的观念及其内在矛盾冲突的揭示，影响和重

第五章 社会主义核心价值观的价值引领

组新的等级与秩序。具体表现在中国梦价值认同的践行场域中，建构力指推动中国梦价值内涵由认识形态向实践形态转化的力量，解构力则相反。建构力来源于力量关系构型中的价值共享意识与利益共享机制，生成于力量整合与协同运作的推进中；解构力来源于斗争力量构型中失衡的关系，即利用既有的、固化的结构模式拒斥的流动与转化，反作用的局部力量扩张和限制。建构力与解构力在中国梦践行场域中的博弈，是中国梦践行力量关系构型的整体，其交互的斗争、结合和转化，共同推动了中国梦价值认同的实现。

主观见之于客观的中介是中国梦践行场域的基础链接。客观事物相互联系和相互转化的中间环节，反映了主观思想渗透客观事物的交叉地带，表征着从一种形式向另一种形式过渡、转化或发展的概念、范畴和体系。正是基于事物之间联系中间环节和事物转化的媒介，黑格尔将与直接性相对的中介以概念的形式运用于认识论，批判了那种将普遍真理视为直接呈现在人意识面前，无须通过经验和逻辑思维的所谓直接知识论。从主观见之于客观相互交换的媒介、交替的递质、内在规律性和中间层级的质点出发，考察中国梦由理想向现实的转化，其价值认同不仅是一个从抽象到具体的逻辑演化过程，而且是客体概念和主观范畴从简单到复杂、从不全面向全面发展的延伸，因而是具有内在必然性的概念与矛盾运动的过程。概言之，中国梦认同主观见之于客观在践行中的中介，不仅凸显了中国梦实践主体与社会经济条件的联系，而且凸显了二者相互转化的中间环节。从理论的层面加以审视，中国梦的实现"要有使用实践力量的人"。中国梦实践主体不仅包括单个的民族成员，而且包括不同民族、层次、地区的政府部门和社会民间组织，既具有区域性质的组织主体，也兼容了跨国的世界性组织主体，是一个多维交叉的主体系统。中国梦践行的客体，不仅包括物质技术方面的对象性提升与变革，而且包括交往关系、思维模式以及利益关系的结构性调整和发展。在中国梦践行主体客体化过程中，对中国梦主体力量的整合与协同，对中国梦价值内涵的理解与认同，对社会经济条件、关系模式、利益分享机制的变革与创新，共同构成中国梦践行的中间环节。

中国梦价值认同是中国梦践行的客观关系系统、力量关系构型、主观见之于客观的中介在各个环节和各个方面的有机结合与辩证统一。一方面，中国梦践行场域的三个支撑各有侧重、自成系统。中国梦践行的客观关系系统，强调中国梦践行的现实路径、思想保证和实践主体，强调这三种客观关系的结构与功能，从整体上确立了中国梦践行场域的理论框架，在中国梦践行场域中处于支配地位，发挥引领作用；中国梦践行的力量关系构型，凸显中国梦价值认同的建构力与解构力，二者的博弈与斗争，动态调整中国梦践行的力量关系系统，在中国梦践行场域中处于中继地位，发挥协调作用；中国梦践行的中介环节，强调中国梦价值认同的实践基础，从精神物化的对象性活动中推动中国梦价值认同的践行，提供精神支撑，实现主体付诸实践的主客体运动，在中国梦践行场域中处于基础地位，发挥变革作用。另一方面，中国梦践行场域的三个系统相互依存、融会贯通。客观关系系统以中国梦践行的顶层设计引领方向，力量关系构型以中国梦践行的动态协调机制，保障客观关系系统的结构稳定和功能健全，促进中国梦践行的中介环节按照顶层设计的方向有序运动；主观见之于客观的中介，以中国梦践行协调作用的机制，在观念范畴内将价值要求结合在一起，在实践统合中连接关系系统和力量构型，以一定的逻辑要求导引中国梦价值认同的实现。

三、中国梦践行系统推进的价值引领

中国梦话语是中华民族站在新的历史节点时空定位与现实畅想的高度凝练，是中华民族在特定历史境遇下方向引领、目标明晰、路径抉择的理论阐析。中国梦价值内涵植根于中华文化的深层基因，是中华民族共同体思维习惯和思维规律的外在化表征。就此意义而言，民族成员对中国梦价值内涵的体认、归属和认同，是中华民族共同体进行价值整合、共享价值观念、生成价值共识之心理机制作用的结果。与此相适应，中国梦价值认同的当代建构，有赖于中国梦践行的系统推进，有赖于道路自信、理论自信、制度自信、文化自信的价值引领，有赖于国家、民族、个体三个层面的家国梦想整合、践行动力激发和践行力量凝聚。

在现实性上，社会主义核心价值观与要素相联系，内蕴精神引领、价值整合、动力激发的系统功能，强调了一定结构中的价值表现形式和社会运作方式，并在本质上与中国梦践行的目标支撑、价值共识和精神动力高度契合。概言之，中国梦价值内涵是社会主义核心价值观在中华民族理想愿景与奋斗目标阐释上的具体化。

（1）培育社会主义核心价值观具有精神引领功能。社会主义核心价值观的精神引领表现为民族共同体群体准绳、理想信念和精神支柱的提供，包含个体要求与群体目标"顺应—认同—同构"的过程、个体精神与社会共同信仰"碰撞—渗透—相融"的过程。在现实性上，一个民族的文化观念印记着这个民族历史发展的源与流，存续在"从哪里来，到哪里去"的民族记忆里。核心价值作为民族国家的主导价值体系，更是以价值目标、价值规范、价值准则在历史进程中的演进，建构着一以贯之的民族特质。受制于理智形式的外在逻辑和自身规定性，工具理性和价值理性的碰撞，存在于民族成员价值目标的转换中。一方面，客观的逻辑规定未必能满足民族成员的全部价值之需；另一方面，民族成员的个体需要一旦上升为固定的目标，便会演化为相对稳定的价值行为。社会主义核心价值观在国家层面、社会层面和个体层面的精神引领，着重于以政治目标、社会规范和个体准则的提供，对民族成员的思想行为进行符合目标的牵引，对偏离目标的思想行为进行纠正。在实际过程中，这种引领不仅趋向于抽象的目标，而且面对着充实的未来；不仅表现为具有政治性的价值取舍，而且表现为具有综合性的协调运作；不仅落实在民族个体价值目标确认与选择过程中，而且落实在民族群体遵循客观规律的价值预期里。

（2）培育社会主义核心价值观具有价值整合功能。社会主义核心价值观的价值整合表现为思想观念的调整与修正，它包含了思想文化的批判、排斥、过滤和推崇，是社会主义核心价值观作用的重要方式。个人意志、自我价值与社会价值的冲突，反映了民族文化自然的发展性和文化精神特有的矛盾性。一个民族深层和本质的精神特征、思维习惯、行为方式源于民族文化的核心内容，社会主义核心价值观是中国特色社会主义世界观、人生观、道德观的高度总结，是中华民族道德情操和文化信仰的集中反映，是中华民族独特的精神标识。社会主义核心价值观不仅与中国特色社会主义的发展要求相契合，而且与中华优秀传统文化和现代人类优秀文明成果相连接，是稳定社会、抵御干扰、符合民族成员心理特点的共享价值理念。社会主义核心价值观的价值整合，着力于将分散而相近的社会意识加以转化，将异质而对立的社会思想加以销蚀，将未建立或未完善的社会观点加以升华，整合的宗旨既要为民族成员多样性的自我实现提供保障和条件，又要使民族成员多样性的发展在价值目标的协调下与核心价值观保持一致，因而是广泛的、根本的思想整合。

（3）培育社会主义核心价值观具有动力激发功能。社会主义核心价值观的动力激发表现为情感激发和行为激发，基于对民族成员思想和行为所进行的开发和刺激，包含以心理需要的满足调动民族成员主动性和积极性的标的。社会主义核心价值观是占主导地位的价值体系，是中国社会评判是非的价值标准，是中华民族最持久、最深层的价值理念。事实上，社会主义核心价值观对其他价值观的统摄，对全体成员激情与热情的阐释，构成了历史合力激发的基础。"历史是这样创造的：最终的结果总是从许多单个的意志的相互冲突中产生出来的，而其中每一个意志，又是由于许多特殊的生活条件，才成为它所成为的那样。这样就有无数互相交错的力量，有无数个力的平行四边形，由此就产生出一个合力，即历史结果，而这个结果又可以看作一个作为整体的、不自觉地和不自主地起着作用的力量的产物。"① 在现实性上，未满足的需要通常是激励过程的起点，而需要的满足往往意味着激励过程的实现。正因为"激情、热情是人强烈追求自己的对象的本质力量"，社会主义核心价值观的动力激发常常付诸心理意识作用的过程，通过奋斗目标与发展愿景的展示，在理性与感性的交织作用下推动认知、赞同、体验与归属的心理化建构，实施新的激

---

① 《马克思恩格斯选集》第4卷，人民出版社1995年版，第697页。

励，产生新的动力。

因而，在中国梦践行场域的系统结构中培育社会主义核心价值观，不仅能够以中华民族的价值目标、价值取向、价值准则的系统结合，促进社会主义核心价值观的传播与认同，而且可以通过目标支撑、价值共识、精神动力的同频共振，作用于中国梦践行场域的客观关系系统、力量关系构型、主观见之于客观的中介，推进中国梦价值认同的理性自觉，导引中国梦价值内涵由认识形态向实践形态、由观念形态向物质形态的转化。

（1）社会主义核心价值观提供的目标支撑拓展了中国梦践行的客观关系系统。中国道路、中国精神和中国力量所构成的中国梦通过从认识到实践、从理想到现实、从精神到物质转化的客观关系系统，以及在中华民族的历史传统、思想启蒙、价值体认、世界意义中的生成与拓展，赋予了中华民族以深刻的历史省思，并从现实性上回答了国家、民族、个体"从哪里来，到哪里去"的诘问，系统阐释了"我们之所以是我们的本质所在"，不仅具有现实性的价值意涵，而且具有民族性的世界标识。民族目标来源于民族精神的培育，民族精神是剔除了消极部分的民族文化。社会主义核心价值观承载了中华民族的历史与记忆、文化与思想，沉淀、融会并贯通了传统精神与时代精髓，凝练并彰显了中华优秀传统文化的世界意义。社会主义核心价值观所具有的精神引领功能，不仅为中国梦践行具象目标、诠释价值，而且以民族自豪感、意义感、获得感的系统生成，为中国道路、中国精神、中国力量所构成的客观关系系统抉择路径、萃取精神、定位价值、汇聚力量。

（2）社会主义核心价值观提供的价值共识拓展了中国梦践行的力量关系构型。培育社会主义核心价值观所提供的价值凝聚功能，源于民族成员对中华民族优秀传统文化的深层归依与理解认同。社会主义核心价值观植根于中华优秀传统文化的土壤，是历史与时代精神交融的文化观念，不仅反映了中华民族利益关系、价值追求、价值目标独具特质的研判方式，而且具象了民族成员思维共通的规律性阐发和价值性表达。事实上，中国梦的价值认同表征着民族成员对中国梦价值内涵的精神把握，诠释着据此形成的中国梦归属意识，它以承认、认可、赞同的逐层递进，最终达致民族成员文化自信的理性自觉。促进社会主义核心价值观与中国梦价值认同在践行方式上的契合，不仅使社会主义核心价值观的养成贯穿于中国梦价值认同实现的过程，而且使社会主义核心价值观提供的价值引领融通在中国梦践行力量关系构型的博弈里。在民族成员的社会实践中，价值共享与利益求解构成了社会主义核心价值观价值整合的基础，而中国梦践行之建构力与解构力的相互交织，则以关系形态的协同进行主体力量的拓展和客体力量的延伸，触发并导引自发的、失衡的、板结化的关系网络，朝着结构性、系统性流通与平衡的方向演进。受此影响，建构力与解构力相互斗争、相互博弈的力量关系构型，在价值共识所提供的范式内进行着结构性的价值要求协调、价值标准规约和价值观念引领。

（3）社会主义核心价值观提供的精神动力拓展了中国梦践行主观见之于客观的中介。中国梦作为昭示世界、凝聚国民的民族标识和精神旗帜，是国家软实力的重要组成部分，它以物化力的生发、汇聚整合为中国梦价值认同实现的推进力。作为文化主导的思想观念，中国梦话语的提出不仅参与建构国际话语体系，提升中华民族的国际话语权，而且通过社会主导价值观念体系培育所提供的同类价值定向和价值共识，强化构成国家软实力的凝聚力、感召力、吸引力和向心力。事实上，民族成员主观见之于客观的对象性活动，往往伴随着实践行为的意识化与意识观念的客观化。在中国梦价值认同实现的过程中，意志自由是对象性活动的前提，也是个体成员对民族国家责任关系养成的基础。作为整体社会力量的价值感知，社会主义核心价值观代表了中华民族代际相袭的基本精神，与中华民族成员的根本利益一致，符合全体成员共同的思想观念和心理定式，因而能够形塑休戚与共的群体互动关系。在此基础上形成的认同力和影响力，以主观见之于客体的中间环节贯通个体成员与民族国家责任关系的链接，对民族成员的情感激发和意志培育具有强大的统摄力，进而能够生成稳定的理想信念和精神动力。这种具有精神引领与价值整合功能的中介，不仅生成了自由意志对中国梦价值内涵认知的理性投射，而且生成了主体力量现实物化的价值整合,二者在社会经济条件、关系模式、利益分享机制价值重塑中的发展与变革,充当了中国梦践行场域中的中介和环体作用的基质。

第二节　思想政治工作价值引领的实践逻辑

党的十九大报告指出:"社会主义核心价值观是当代中国精神的集中体现,凝结着全体人民共同的价值追求。"① 社会主义核心价值观的全方位统摄,聚焦在思想政治工作的价值引领,着重于培养担当民族复兴大任的时代新人。根据党的十九大报告对社会主义核心价值观统领教育引导、实践养成和制度保障的强调,思想政治工作价值引领的实践逻辑,着眼于将社会主义核心价值观全方位、全覆盖、全过程地融入思想政治工作中,落脚于人们情感认同和行为习惯的养成。从思想政治工作价值引领的时代境遇出发,进行思想政治工作价值引领的类型分析,阐析思想政治工作价值引领的实践理路,不仅助益于高校思想政治理论课的拓展,而且助力于社会主义核心价值观的培育和践行。

一、思想政治工作价值引领的时代境遇

作为高校思想政治理论课和思想政治工作的重要归旨,价值引领指涉在多元价值相互博弈的理论场与实践域中确立蕴含最大公约数的价值目标、价值方向和价值道路,借此实现价值凝聚和价值育人。历史表明,任何时代的任何国家中,必然有一个占统治地位的、主流的

---

①　习近平:《决胜全面建成小康社会　夺取新时代中国特色社会主义伟大胜利——在中国共产党第十九次全国代表大会上的报告》,人民出版社2017年版,第42页。

意识形态与思想体系，作为维系社会稳定和发展的共同思想基础。而对思想政治工作来说，其核心任务是解决受教育者的价值取向问题，即用正确的价值标准引导大学生的价值判断，勾勒价值取向的最大同心圆，最终达成价值共识。然而，经济全球化、价值多元化、社会信息化给当下思想政治工作带来了一系列挑战，其价值引领功能的发挥面临着多领域、多层次、多方面的挑战。

经济全球化是当今世界经济发展的根本特征，它是一种以国际化为空间转向、以市场化为基本特征、以流动化为运动方式的经济发展过程与态势，当前以"逆全球化"形式表现出来的新全球化仍然是全球化的组成部分。作为全球市场整合的结构性调整，全球化"可以视为世界范围内社会性联系的加强，由此发生在各个地域的事件，其影响可以波及原来被认为遥不可及的地方和人群"①。跨国公司、跨国联盟和区域联盟的发展，以及资本、货物和人口全球流动的加速，造成了民族国家传统界限的突破，被赋予了跨国家和地区的世界意义。早在《共产党宣言》发表之际，马克思就已经对经济运行全球化的结果做了经典的论述："资产阶级，由于开拓了世界市场，使一切国家的生产和消费都成为世界性的了。"② 在此趋势下，资本、技术、商品、服务和劳动力等生产要素几乎都被整合卷入单一的全球大市场，任何国家和地区都不可能独立或置身于这一市场之外。概言之，全球化作为一种时空的分延，以社会力量的面目出现的资本杠杆推动了工业社会向后工业社会的转型，标志着工业现代化转型为经济全球化的历史进程。

思想政治工作价值引领在于消除价值迷茫、廓清价值定位的理论，本身就是一种力求获得价值共识的意识形态镜像，民族化和国家化的价值本位植根于其工作属性的价值立场，内蕴极高的"政治站位"和"政治定力"要求。在"异质趋同"与"排他斥异"彼此交

---

① 李鑫炜：《体系、变革与全球化进程》，中国社会科学出版社2000年版，第15页。

② 《马克思恩格斯选集》第1卷，人民出版社1995年版，第276页。

‖ 第五章　社会主义核心价值观的价值引领 ‖

织的全球化时代,当下思想政治工作的价值引领呈现出三种矛盾态势:一是价值引领的迷茫状态,即价值的不确定性扩张致使方向与道路的迷失,并在现实性上处于一种孤立无援的窘境;二是价值引领的疲惫状态,即价值的自我向心力受到弱化,自我表达力后劲不足,难以对自我价值进行有效凝聚和表达;三是价值引领的歧出状态,即趋向脱离自身价值的本质与主流,逐步靠拢他者价值的形式和内容。尽管经济全球化的强势席卷从经济、政治、文化等各个方面对思想政治工作的传统和原则发出挑战,但它的另一面则为价值的牵引和向导注入了新的机遇与源泉,两者形成互动和张力,在拓宽意识形态理论视野与实践路径的同时,也为思想政治工作的价值凝聚提供了新舞台。因而,经济全球化反映的是经济流动与民族国家的固定界限在区分你我价值标界前的矛盾与碰撞,其间的冲突和反复固然为意识形态的建构、解释与维护增添了变数,但它的解决亦为思想政治工作注入了新的活力,提供了新的场域。因此,经济全球化的深入预示着思想政治工作发展与创新的可能,蕴含着价值凝聚的机遇,同时表征着价值引领的不断提升。

现代论域下的价值多元,表征为价值多样和诉求规范的集聚与扩张,它不同于宗教狂热般的纷争嘈杂和表层性的粗线描摹,而是对"一切固定的东西"解魅后秩序的分庭抗礼,也是对多样诉求博弈互斥的事实性确认,更是对包容、通约、共存的世界承载是否可行的现实观照。一个思想不断扩大的场域,一个边界不断延展的空间,多元、对峙和诠释纷至沓来,追求、自由和理性交织变幻。在这个过程中,价值的多元并不如某些人想象的那样简单满足于自娱自乐的认同和肯定,而是历史、民族、社会等多种因素交互中的偶然性叠加和必然性聚合。价值多元往往是造成社会分化的重要推手,它以时间的历时态变动和空间的共时态稳定,于全球时空格局愈趋一体化的背景域下,逐步瓦解传统方式、缩近空间间距、凸显个性特质,呈现各民族、各地域文化观念和思想价值并蓄共存的态势。纷繁的诉求和多元的价值既打破了原来社会存在的时空状况,又促使对现存价值体系进行反思、确认和注解。在"固定秩序"日渐式微的世界里,占主流地位的单一价值不复存在，原有的价值秩序裂变式地向外扩散和蔓延，人们的价值观感和取向在价值交往的比较与交融中变得变幻不定，多元价值并存成为后现代生活普遍的社会现象。

  作为主观见诸客观的对象性活动，思想政治工作的主要任务表现为在多元的价值体系中凸显核心价值，发挥核心价值的引领作用，即用社会主义核心价值观引领社会风尚，凝聚价值共识。但是，多元化时代的价值要求总是以各种名目繁杂、去一元化的解构主义面孔出现，一再淡化并消解思想政治工作价值引领的内容和目标。在精英和大众争论的多重困扰中，在利益、权力和金钱的较量和侵蚀下，在麻痹与调侃的挤压中，大学生群体对自身与外在的关系定位困惑不解。价值分野下的反叛、迷惘和虚无从各个层面对大学生的价值要求进行分化和离散。然而，社会多元价值体系并非令人不解的表象，它通常指涉那些具有特殊意义的"个体"以他们特有的个性表现出来的"普遍"。就此意义而言，共识总是存在于多元价值的冲突和妥协中，隐藏于个体诉求与社会规则非永恒的稳定状态里。因此，价值共识的达成只能是个体特殊性自我完善和自我超越的结果。从这个视角强调的价值引领，意味着个体认知的自觉与质变，代表着个性对一般的包容和接纳。"所有这些认识的环节（步骤、阶段、过程）都是从主体走向客体，受实践的检验，并通过这个检验达到真理（＝绝对观念）。"① 在偶然性所蕴含和聚合的必然性中，在一定条件的全面诠释与反复比较下，在逻辑与历史相统一的基础上，价值共识在从边缘向中心的聚拢中得以发酵和产生。

  社会信息化是当今最主要的特征之一，大众传媒伴随着人类社会经历了口述、文字、影像等不同的发展阶段，在不同的历史时期，大众传媒以不同的介质特点影响着人们的交往、实践、教育的渠道、教育的方式、教育的内容和手段。随着全球广播、卫星电视、电缆、影像、计算机网络等媒介的接踵出现，媒介信息的影响力远远超出了文字印刷媒体所能抵达的范围，大众传媒开始进入真正意义上的信息化

---

① ［苏］列宁：《哲学笔记》，人民出版社1956年版，第356页。

时代。现代网络、手机的普及，尤其是播客、博客、微博及微信等软件的使用，呈现着"传媒就在生活身边"的重要场景。作为信息化时代现代公共话语建构的重要载体，大众传媒被称为信息化时代的"喉舌"和"第三域"。大众传媒的存在以多元角色的定位著称，在发挥议程设置、政治调控、舆论导向等功能时，作为公共管理的主体；在发挥文化传承和娱乐休闲功能时，扮演公共管理的客体；在发挥政策参与和舆论监督功能时，充当公共管理主体与客体之间的"公共领域"。大众传媒以及时性、潜隐性、消费性和大众性，实现了其政治属性、文化属性与经济属性的多重表达，从原始信息的输入到加工信息的输出，其本身的"过滤"带有明显的意识形态性，或曰情感倾向性，因此，大众传媒的社会影响及其意识倾向一直是各方诸侯争夺的战场，也印证了福柯所阐述的"话语即权力"的价值研判。

媒介化生存对意识形态的作用不容忽视，当前思想政治工作正遭遇虚拟社会的渗透和侵入。虚拟、全面、迅速的社会信息传播格局和特点，使得思想政治工作的价值引领陷入多重困境。大众传媒总是以新、异、偏为其标榜，对核心价值、主流文化的宣介和传播不足，"高雅文化与大众文化之间层次分明的差异消弭了；人们沉溺于折中主义与符码混合之繁杂风格之中；赝品、东拼西凑的大杂烩、反讽、戏谑充斥于市，对文化表面的'无深度'感到欢欣鼓舞"[①]。信息化时代的传媒迎合大众的商业化倾向，从各个方面对核心价值的传播、教育和引导形成冲击。以"娱乐至死""消费至上"著称的文化媒介，弱化着国家层面、社会层面和个人层面核心价值的引领功能。此外，大众传媒的某些低俗化取向与价值引领内容的先进性产生不可调和的对立与矛盾。大众传媒与大众文化为满足受众的猎奇心理并吸引眼球，常常以低俗、媚俗、庸俗的文化输送赚取收视率或点击率。在明星崇拜泛滥、孤独感蔓延、焦虑症生长的商品化取向、低俗化取

---

① [英]迈克·费瑟斯通：《消费文化与后现代主义》，刘精明译，译林出版社2000年版，第11页。

向、碎片化取向的传媒时代，泛滥的社会信息正静悄悄地侵蚀高校思想政治工作价值引领的根基。但是，大众传媒的记忆重组功能和"理解间距"的拉近，也为思想政治工作的价值引领提供了新的机缘。通过对现代大众传媒的再造并加以历史再现来重新弥补记忆缺失，以社会主义核心价值观的深化为纽带，使过去成为当下，成为合理化产生之理所当然的来源，再经由大众传媒在思想宣传工作理念上的更新，将思想政治工作的资源、内容和方向进行有效对接，亦有利于增强思想政治工作的价值引领，借此凝聚价值共识。

二、思想政治工作价值引领的类型

思想政治工作就其价值引领的类型而言，指谓了一个包含多层次内涵的价值体系，指向了社会各领域的方方面面。若从它面临的时代境遇来分析，价值博弈和价值分歧、价值矛盾与价值冲突常常凸显活跃在经济社会层面，作为各种经济社会问题价值形态的观念反映，作为经济社会的必然产物，利益分化、社会治理和文化碰撞是现代社会在经济、社会、文化层面上的现实图景和表现形式。按其衍生的价值定位进行界分，利益分化中的价值类型、社会治理中的价值类型和文化碰撞中的价值类型，共同构成了当前思想政治工作价值引领的多重语境。

（一）利益分化中的价值类型

所谓利益分化，"就是社会成员在利益拥有上的不同和差别，或者说社会成员原先在利益拥有上没有什么差别，但是随着时间推移，原来不大的差别变大了，原来不显著的差别变显著了"[①]。就利益的划分而言，既有局部利益和整体利益的区别，也有个体利益和群体利益的区别。局部利益和整体利益，体现为价值就是局部价值和整体价

---

① 王春光：《快速转型时期的利益分化与社会矛盾》，载《江苏社会科学》2007年第2期，第109页。

值。个体利益和群体利益，体现为价值则更多地对应着权利价值和规则价值。对于个体而言，更看重个体的权利，但对于群体而言，更看重通过规则的有效运行来实现群体的利益。因此，局部价值与整体价值、规则价值与权利价值构成了利益分化中的两类价值。

由利益分化形成的局部价值和整体价值，是当前思想政治工作价值引领的基本价值类型。局部价值与整体价值的协调统一是一个重要的哲学命题。辩证唯物论认为，一切事物都是由各个局部构成的有机联系的整体，整体处于统率的决定地位，整体高于局部，而局部制约着整体，也离不开整体，一定条件下关键局部甚至会对整体起决定性作用，二者相互依赖、相互影响，并在一定条件下相互转化。只有处理好局部价值与整体价值之间的关系才能保证整体利益、兼顾局部利益，从而实现共赢。这里讲利益分化中的局部价值与整体价值，是从利益分化的不同社会群体的视角来看的，那么必然会涉及局部价值与整体价值之间的协调与统一问题，具体来说，这种协调主要包括三个方面，即局部利益与整体利益如何达成平衡问题、局部利益损失与利益补偿的均衡问题以及局部诉求满足与整体不公平的问题。从思想政治工作的现实要求出发，审视社会利益分化中的价值问题，引导大学生正确看待社会主义市场经济下因利益分化而产生的局部与整体、个体与集体的价值矛盾，使其理性地分析利益冲突背后的价值根源，进一步树立以公正为导引的价值观和义利观，则是思想政治工作价值引领首要直面的问题。

规则价值与权利价值是群体利益与个体利益向价值层面分化、延展的结果。规则价值是引导群体利益有序实现的重要价值工具，其通过建立社会成员所共同承认、共同遵守的制度或者章程，实现对社会成员社会行为的约束、价值观念的指导以及社会关系的调节。权利价值是个体追求个体利益实现的价值手段，其以权利内涵的外延化、实现意识的强烈化、救济范围的扩大化为显著目标，体现的是权利主体对权利的认知、理解和态度。实践表明，权利价值与规则价值在展现出不同的价值追求和价值目标的同时，又在实现最高原则上归于统一。两者正如一个硬币的两面，相互之间既相互排斥，又相互依存，既对立，又统一，是充满着内在矛盾冲突的价值统一体。主体层面划分里群体和个体的明确，价值指向中规则与权利的厘清，指涉了当前思想政治工作价值引领的重要方面。

（二）社会治理中的价值类型

政治层面的社会转型，是社会治理能力现代化、治理方式现代化取代传统社会治理方式的过程。所谓社会治理能力现代化、治理方式现代化，是指使公共利益最大化的社会管理过程和管理活动。在实现"善治"的过程中，在治理战略选择层面、治理策略制定层面、治理实施主体层面分别存在着不同的价值类型，具体来讲，在治理战略选择层面主要是局部价值与整体价值，在治理策略制定层面主要是效率价值与公平价值，在治理实施主体层面主要是官本价值与民本价值。

（1）治理战略选择层面的局部价值与整体价值。此语境下社会治理中的局部价值与整体价值，主要是从政府治理的视角来分析。在制定整体治理战略时，治理主体较容易忽略的便是局部价值与整体价值的平衡，主要分为两种情况：一是重视局部价值，忽略了整体价值。如执着于某一地方的价值实现，而忽略了全国范围内的价值实现。二是重视整体价值，忽略了局部价值。

（2）治理策略制定层面的效率价值与公平价值。当社会治理主体制定治理策略时，往往面临着效率与公平之间的犹豫、彷徨和左右摇摆，主要表现为作为最主要社会治理主体的政府在进行公共决策的过程中，不能正确处理效率价值与公平价值之间的关系所面临的困境，其结果是导致公共决策的质量和效益不尽如人意。

（3）治理实施主体层面的官本价值与民本价值。社会治理中的官本价值是指在行政行为中追求政府官员利益和具有官僚主义特点的价值取向。而社会治理中的民本价值是指在行政行为中体现人民意志、维护人民权利的价值取向。实践表明，同为治理主体的政府与人民也同样存在着价值的分歧，主要表现为官本价值与民本价值的不一致。

局部价值与整体价值的不协调，效率价值与公平价值的错位，官本价值与民本价值的不一致，是社会治理视野下价值形态的主要表现。社会治理层面各种事件背后所反映的价值体现必然蔓延到作为思想文化和价值观念汇聚地的高校中，不可避免地给大学生造成价值困惑和价值迷茫。如何以自由、平等、公正、法治等社会层面的应然价值来回应、解读和阐析社会治理过程中出现的种种问题，进而在价值困惑中明晰价值取向、导引价值认同，是当下思想政治工作在社会视角上进行价值引领的关键方面。

（三）文化碰撞中的价值类型

文化层面的转型是指传统文化向现代文化、传统价值向现代价值转型的过程。中国社会在现代化的转型期间，传统的道德观与现代价值理念产生激烈碰撞。以现代价值为核心的现代文化，一步步冲击和激荡着以传统价值为核心的传统文化。新旧文化的对话和代替过程，也是现代价值和传统价值冲突的过程。事实上，所有社会发展时期都会面临如何对待传统价值与现代价值的问题。但在社会转型期，尤其是中国社会的空前剧烈变迁时期，现代价值和传统价值的矛盾则会通过社会交往和社会关系表现为现代价值和传统价值的冲突。传统价值主要是指在我国历史发展中形成的一系列约定俗成、为大家所长期遵循的价值，主要是指儒家的传统价值。现代价值主要是指近代以来中国社会在与西方接轨过程中形成的民主、自由、平等、法治等价值。有学者在论述传统价值观念与现代价值观念冲突时认为，"这种以个体经济为基础所形成的价值观念基本上是自我封闭、单一内向的，同现代市场经济的开放性、外向型、多元化的价值取向是根本对立的。同时，建立在血缘关系基础上的祖宗观念、家族观念、宗法权力观念、长官意志、唯我独尊等非理性价值意识同现代平等观念、民主观念、合作观念、竞争观念、法制观念也是格格不入的"[1]。

中国传统文化博大精深，凝集于包括儒、墨、道、法诸子百家经

---

[1] 张军：《走出黑洞——当代中国失范现象批判》，中国经济出版社2000年版，第233—234页。

史子集的经典之中，流动于中华民族的生活方式之中、传统的风俗民情之中。而改革开放以来，随着国门的打开，西方社会所谓主流价值观也以各种不同的形式和面目扑面而来。在这种情况下，我们身处两种文化交流碰撞的大环境之中，各主体之间的价值观念也在剧烈碰撞，形成了较为明显的价值冲突。对当下思想政治工作而言，如何在传统文化与现代文化、中华文化与西方文化的交织互动中确立价值定位和价值取向，在不忘本来、吸收外来和面向未来的保存与抉择中明晰价值内涵和价值遵循，对大学生的价值引导意义重大。因此，文化碰撞意义上的传统价值和现代价值亦成为当前思想政治工作价值引领的主要方面。

三、思想政治工作价值引领的践行方式

毛泽东同志曾指出："理论与实践的统一，是马克思主义的一个最基本的原则。"① 社会主义核心价值体系以马克思主义指导思想、中国特色社会主义共同理想、民族精神和时代精神、社会主义荣辱观为主要内容，反映了国家、社会、个人三个层面的价值目标、价值取向和准则。

（1）思想政治工作的价值引领必须坚持历史与现实的统一。"人们自己创造自己的历史，但是他们并不是随心所欲地创造，并不是在他们自己选定的条件下创造，而是在直接碰到的、既定的、从过去承继下来的条件下创造。"② 正视历史、发扬传统、服务现实，坚持思想政治工作价值引领的历史与现实的统一，须将思想政治工作价值引领的理论和实践置于现代化建设的大背景下，运用喜闻乐见的手段进行宣传和教育，要求高校思想政治工作价值引领的教育主体必须树立历史与现实相结合的意识，强调"究天人之际，通古今之变，成一家之言"的作风，既要注重历史事件的考究、历史规范的学习，以

---

① 《毛泽东文集》第 7 卷，人民出版社 1999 年版，第 90 页。
② 《马克思恩格斯选集》第 1 卷，人民出版社 1995 年版，第 585 页。

及历史方法的运用,又要注重学生实践思想的培养,结合现实进行思考能力的提高;既要教会学生从历史的经验中吸取智慧与力量,又要激发他们对民族和国家的使命感与责任感。

(2)思想政治工作的价值引领必须坚持个体价值与社会价值的统一。思想政治工作的价值引领意指教育活动对个体和社会需要的有用性,教育的价值取向是教育目的确立的基础,是教育实践开展的指导。在思想政治工作价值引领的教育系统中,应结合个体价值的合理需要,培养人的自我教育、自我发展、自我完善和自我判断的能力,使之成为面向社会的积极、能动的主体。思想政治工作认同教育统一个体价值和社会价值,必须正确认识和把握施教者与受教者之间的关系,尊重受教者的主体地位。要求施教者在教育过程中,既要从共同体发展的需要出发选择社会主义核心价值认同的具体内容,实现中华优秀传统文化的传承和创新,以及主流价值观念的推广和普及,又要尊重和满足个体成员合理的追求和需要,注重受教者个体价值的实现。

(3)思想政治工作的价值引领必须坚持显性教育与隐性教育的统一。作为一种有意识的、外显的、直接的教育方式,显性教育具有知识性、组织性、系统性、计划性等特点;与显性教育相异,隐性教育更加强调文化和心理因素的运用,主要通过无意识的、间接的和内隐的方式,将高校思想政治工作的价值引领渗透于环境、娱乐、管理、制度等社会生活与日常生活的方方面面。显性教育与隐性教育的统一,须充分调动有意识与无意识因素的结合,实现两者的互补:一方面,正确的系统理论知识的灌输和引导,能够克服隐性教育较易出现的盲目性和随意性,有利于民族文化认同教育方向性和深刻性的维系;另一方面,隐性教育将受教育者的主体地位放在首位,考虑受教者思维水平和思维习惯的差异,有利于受教者逆反心理的克服。

作为指导人们言论和行动的理论规定、处理问题的准绳和依据,当下思想政治工作价值引领的实践,有赖于社会主义核心价值观所倡导的价值目标、价值准则和价值要求,对繁复多样的价值主张进行方向、方法和时机引领。

（1）深化社会主义核心价值观培育，以思想政治工作意识形态建设的加强，促进价值认同。作为一定社会集团和阶级政治理想、价值标准、行为规范的思想基础，意识形态以一定的社会经济为基础，反映一定社会集团利益系统化、理论化的思想观念，是工具理性与价值理性的统一；作为凝聚民族意志的共同体精神系统，意识形态与政治权力密不可分，反映了民族共同体的利益和需要，因而具有鲜明的阶级性。在现实性上，加强意识形态建设是促进社会主义核心价值认同的题中之义。思想政治工作的价值引领，坚持意识形态建设与社会主义核心价值认同的统一，便于掌握社会多种价值体系变化中的不确定性和非均衡性。社会主义核心价值观是中华优秀传统文化、中华精神的当代体现，对社会主义核心价值的认同为意识形态的建设提供稳定的政治环境和思想根基。在新时代多元文化交往、交流、交锋的大环境下，面对国内、国际复杂的形势变幻，更需要从价值认同的视角寻找社会成员的民族理解和文化支撑。由此可见，思想政治工作价值引领坚持意识形态建设与社会主义核心价值认同教育的统一，不仅有利于思想政治认同教育，而且有利于意识形态建设。

（2）强化社会主义核心价值观培育，以思想政治工作教育理念的更新转变引领方式。当前思想政治工作的价值引领在理论上，应依托现代教育学和现代心理学的研究成果，构建系统的认同教育体系；在目标上，把握国家要求、社会规范与人们认知特点之间的综合平衡，注意教育层次和坡度的设计；在内容上，适应社会发展和人们思想观念的变化，既一以贯之，突出系统性，又与时俱进，体现时代性；在方法上，兼顾个体价值和社会价值的统一，坚持启发式，反对灌输式，注重教育与自我教育的结合；在效果评估上，做到科学严谨、实用规范。

（3）铸牢社会主义核心价值观培育，以思想政治工作实践养成着力达成价值共识。价值共识是民族成员就共有的历史文化价值理念及其合理性的价值表达形成一致的意见和看法。通过价值认同，形成共同体的价值共识，是民族文化认同的重要目标。回顾民族国家的发展历程，以共同历史和共享文化形塑的价值共识，不仅是国家意识的集中代表、民族精神的具体体现、民族成员同一性生成的基础，而且是一体化民族形成和发展的重要因素。从价值认知、价值批判、价值选择到价值共识的达成，不仅表征了从价值原则到未来预期的经验累积和实践反馈，而且展演了从主体规范到实践模式的心理本位和价值行为。有鉴于此，思想政治工作的价值引领必须关注和促进施教者与受教者国民素质的提高和发展，必须关注和促进施教者与受教者积极主动的参与和广泛深入的实践，必须关注和促进教育主体与客体间文化思想之共性。

在现实性上，思想政治工作的价值引领通过对文化因素的认识、凝练和提升，培养个体成员的归属意识，消解个人身份的价值迷茫和信仰危机，使社会个体明晰利益选择和身份归属的具体指向与文化边界，其实践养成的共识达致，与社会主义核心价值观的培育和践行息息相关。优秀价值观的融合和基本价值观的推进是价值共识形成的重要方法，思想政治工作价值引领经实践养成提升的价值共识，与社会主义核心价值观的影响力、渗透力紧密相连。作为民族基因与时代特质的综合表达，社会主义核心价值观所指涉的中华优秀传统文化与民族精神，对高校思想政治工作价值引领的教育主体与客体具有亲和力、吸引力、凝聚力和感召力，其独具特质的价值体系为高校思想政治工作的价值引领，形塑了国家层面价值目标、社会层面价值准则、个人层面价值要求有机统一的社会基础。在此基础上形成的价值共识，对内可以激发施教者与受教者的向心力，凝聚人心，对外可以获取社会整体的文化支撑，赢得他者的承认和尊重。有鉴于此，思想政治教育价值引领的践行方式，应切实提升社会主义核心价值观在实践养成中的地位与作用，实现教育主体、教育客体、教育介体、教育环体紧密联系的价值共识。

第三节　文化强国建设价值引领的实践向度

受价值导引的体系和思想的影响，文化是人类对象性活动本质与力量的显现。作为具有物质承载功能的观念形态，精神文化价值意蕴的指导作用，一直是价值引领的核心要素，同时也是新时代文化建设的重要命题。从文化建设价值引领的问题出发，关注价值引领的实践向度，凸显了社会主义核心价值观的统摄作用，不仅投射了文化强国建设中的价值引领之理性自觉的实践要求，而且反映了文化强国建设与社会主义核心价值观培育的深度融合。就此意义而言，文化强国建设价值引领的实践问题既包括社会主义核心价值观培育的实践逻辑，亦包括文化强国建设的实践向度，二者统一指谓了文化强国建设价值引领的方向和程度，它以"培养担当民族复兴大任的时代新人为着眼点"强化中华民族共同体意识，提出了社会主义核心价值观培育的实践方略，聚合了社会主义核心价值观统领文化建设教育引导、实践养成、制度保障的实践模式。

一、文化强国建设价值引领的背景域

与经济强国和政治强国相融通的文化强国，代表了当代中国文化发展的目标定位和总体追求，对内意味着文化自信，对外强调了文化吸引。文化强国建设以"中国道路"的话语逻辑和实践逻辑，指谓了中华民族文化软实力与文化竞争力提升和强化的动态建设过程，是"更基本、更深层、更持久"的国家战略价值归旨。与文化认同目标密切相连的价值引领，以"我们是谁"的身份诘问指涉了文化强国建设中的作用场和发展域，不仅凸显为国族命运诠释的价值基础，而且昭示了民族感召力作用的文化基础。"理论模式"与"思维图式"

相统一的引领"范式"①，阐发于作为核心概念演绎的"文化认同"在文化强国建设进程中的达致，它以要素的层级结构、连接关系和解释体系，在聚焦文化强国建设内容的同时，推进承认与归属的层次链接。就此意义而言，文化强国建设在"情感归属—自主自由—理性自觉"的"理论模式"下，在"承认、认可、赞同—形成归属—获得自觉"的"思维图式"中所实现的价值共意，以文化认同的逻辑互构、意义生成的话语表达，具体指出了文化强国建设方向何以引领的现实路径。

集感性因素与理性因素于一体的综合性研判和自主性抉择，不仅反映了文化强国建设中的文化自觉过程，而且聚焦了文化认同在文化强国建设的理论要求和践行方式，从而进一步凸显了价值引领问题。在现实性上，强调主观亲和的"情感归属"、主张价值抉择的"自由自主"和彰显理性归依的"文化自觉"，构成了文化建设认同指向的核心概念、意义生成逻辑和话语表达范式。这种认同机制作用拓展的模式强调了价值共意行为主体的一般方式，即认同的重复性、稳定性和可操作性在价值引领中的作用；强调了认同主体价值判别一般性与特殊性衔接的共意过程，即对认同达致要素的调整与结构功能结合的阐发。受此影响，文化强国建设认同达致在价值引领中的群体确证，指涉了文化认同理论与文化行为践行的中介环节，投影在个体与群体、自我与他者、个体与自身、"我们"与"他们"的关系建构中，个体行为和群体要求的契合由此生发。那些群体边界伸缩与拆合、文化力量凝聚与离散的现象，则表达了认同行为展开和认同价值导向作用的博弈。因此，文化强国建设内蕴的政治认同、价值认同和国家认同目标，不仅仅是价值引领作用的结果阐释，而且是文化强国建设价值考量的重要指标。

理论与实践结合的物化逻辑，生发于文化强国建设价值引领力的物质转换，缩影于民族成员丰富而生动的社会实践。其过程并非是丧

---

① 金炳华：《马克思主义哲学大辞典》，上海辞书出版社 2003 年版，第 391 页。

失了"普遍性格"的感性活动，而是在文化价值理念指导下自我塑造的展开，渗透了文化创造主体目的、意志、情感在价值判断中的作用。事实上，文化强国建设价值引领的精神成果，以及它们的文化刻写本身就是一种资源，是一种可以实现外在化转换的价值力量。文化强国建设价值引领力的物化，不仅指涉了价值引领作用的凭借，即"意识在任何时候都只能是被意识到了的存在，而人们的存在就是他们的现实生活过程"①，而且指向了价值引领合目的性、合规律性的物态化转换，表征着"精神变物质，物质变精神"的物化规律掌握、物化手段运用和物化结果凝结。就此意义而言，文化强国建设内在吸引力和外在辐射力不仅生发于文化软实力的话语表达，而且延展于价值引领所带动的观念形态向物质实存转化的过程，它集合了理论与实践的连接、互构和贯通。概言之，文化强国建设不仅助益于精神与物质双向支撑的价值引领，而且助力于认同语境下物质实践效果与物质生产能力作用的价值阐释。强大的价值引领力以目标导向、动力支持、路径决策的综合作用，促进文化强国硬实力的提升；强大的经济、军事、科技实力在诠释文化作用的同时验证了价值理念的势能；离开了价值引领的文化阐释，文化强国建设的实践势必缺失德厚源远的精神；离开了价值引领的物质转换固基，文化强国建设的作用犹如"无根之木，无源之水"。

　　立足于文化强国建设的实践场，聚焦价值引领的背景域，价值与文化的互动是其重要的面向，而价值多元的时代则使这一表征更为凸显。"这个时代的命运，是一切终极而最崇高的价值从公众生活中隐退——或者遁入神秘生活的超越领域，或者流于直接人际关系的博爱。"② 时间的空间化演绎着空间的时间化，传统的裂变、理论的诘责、个性的凸显所聚焦的价值多元，以个性主张的内蕴和外延、规范共蓄的同律和歧义，质疑"统一整体"秩序分化的确认，这不仅是多元诉求竞争加剧的事实肯定，而且是通约、包容、并存的秩序承载

---

　　① 《马克思恩格斯选集》第1卷，人民出版社1995年版，第72页。
　　② Max Weber. *Essays in Sociology*, Oxford University Press, 1946, p.155.

第五章 社会主义核心价值观的价值引领

是否可行的现实考量。社会存在的重大变化因纷争和繁杂的加剧,触发了价值体系的重新定位和再思考,价值交往的比较、竞争和妥协几乎渗透在社会领域的各个方面,不同的终极价值和目的取向的争议由此引发。情感预设的价值主张博弈着理论预设的现实作为,"神圣秩序"的祛魅对弈着价值共识的愿景,构成了后现代社会的时代图景。在现实性上,从多元到普遍的价值认同更多的是以国家为载体转化为政治归结的哲学思考。"每一个人的纯粹特殊的、个人的价值被所有人,被体现在这种国家中的普遍性承认为他的特殊性,国家的普遍价值得到作为特殊的个人,所有的个人的承认"①,更是在实践层面上对现代论域下的价值多元提出了普遍的时代诘问。

  价值多元的本质,凸显于利益与身份多元所预制的复杂事实和多变的价值实践行为。从利益多元对价值多元的事实预设来看,"利益的判定决定价值导向的选择",正如恩格斯指出的那样:"每一既定社会的经济关系首先表现为利益。"② 在竞争的社会格局中,"'思想'一旦离开'利益',就一定会使自己出丑"③。多元化时代的价值要求总是以各种貌同实异、去中心化的要求一再模糊价值引领的内容和目标,使"价值引领问题"成其为问题。在马克思主义经典作家看来,"意识在任何时候都只能是被意识到了的存在,而人们的存在就是他们的现实生活过程"④。价值引领是多元语境下价值共识达致的重要手段,就价值引领意识形塑的本源而言,客观现实经由主体抽象、凝练、升华,通过外显形式的反映,表达了价值引领实践所指涉的运动、方向和过程。马克思曾说,"哲学家们只是用不同的方式解释世界,而问题在于改变世界"⑤。与其说价值引领的理论阐释着

---

  ① [法]科耶夫:《黑格尔导读》,姜志辉译,译林出版社2005年版,第218页。
  ② 《马克思恩格斯选集》第3卷,人民出版社1995年版,第209页。
  ③ 《马克思恩格斯全集》第2卷,人民出版社1957年版,第103页。
  ④ 《马克思恩格斯选集》第1卷,人民出版社1995年版,第72页。
  ⑤ 《马克思恩格斯选集》第1卷,人民出版社1995年版,第57页。

重对理论的探索和建构，不如说实践层面价值引领的再反思对体化践行的价值定位更具意义。受此影响，价值引领对多样性价值倾向进行的整合、消解、推崇，经主导、传动、牵引所汇集的合力，是价值引领力发挥的基础，而价值引领力所内蕴的价值表达力、目标推进力和精神感染力，则以引领机制的系统生成，将纷乱无章的价值主张调整为个体利益过程与群体利益目标的合题与求解。

价值引领在文化强国建设中的定位，主要在于社会主义核心价值观导向作用的发挥，这就在现实性上指涉了文化建设的发展方向、价值导向性和逻辑归旨等主导性问题的影响特质和诠释方式。"一个国家的文化软实力，从根本上说，取决于其核心价值观的生命力、凝聚力、感召力。"① 作为社会价值观中居主导地位的价值观，核心价值观表现了一定社会条件下，人的全部生活实践对自我、他人和社会所产生的意义的自觉认识。社会主义核心价值观与中国特色社会主义的发展要求相契合，与中华优秀传统文化和人类优秀文明成果相承接，是稳定社会、抵御干扰、形成合力的共享价值理念，表征着民族成员思想观念、思维方式和日常行为的基本规范。特定的价值存在经由价值主体的理性认知与情感体验转化为具有内在需求的自觉状态，指向社会主义核心价值观价值引领，以深层心理结构精神信仰的凝聚、共有精神家园的搭建、社会发展动力的激发、社会现象价值评判准则的提供，形塑了个体行动者接受社会主义核心价值观价值引领的行为自觉。

二、文化强国建设的实践要求

文化强国建设的实践是中华民族对社会发展规律和文化发展规律的深刻把握，是以建设带动国家综合实力全面提升的过程，是文化自觉、文化自信、文化软实力相互作用的结果。文化强国战略实践转换

---

① 习近平：《培育和弘扬社会主义核心价值观》，见《习近平谈治国理政》，外文出版社2014年版，第163页。

的核心意旨，指谓了在物质硬实力发展的基础上，通过文化资源的开发、挖掘、整合、建设、传播而形成的文化认同效应。这种价值共识的实践聚合，承载着中华民族对自身历史发展、民族基因、文化资源、世界意义的深度认知与自觉承续。

历史与现实映照的发展逻辑，阐发于文化强国认同力的道路自信。文化建设的实践对道路自信的投影，源于中华民族一以贯之的文化符号和文化内核，传承于深厚的文化历史传统经文化认同激发的民族精神和文化价值立场，形塑于中华民族探寻民族复兴历史演进与基本经验的概括与总结，表征着中华民族从文明大国向文化强国转变的动态建设过程。就此意义而言，文化强国建设不仅指谓了民族成员对文化传统的"寻根"，而且指向了时代发展诉求对文化建设的价值引领。民族国家深层的价值观念体系决定了民族成员文化身份的自我认知与群体确认，经文化认同形成的"我们"表征着"真实的归属意识"。作为文明国家民族文化演进的经典范例，中华民族成员"真实的归属意识"以多元一体的历史发展和文化积淀，诠释了文化强国建设历史与现实从未间断的"同类价值意识"，这种经长期历史变迁与空间交融形成的民族文化精髓，是对文化强国建设精神意蕴的价值体认。在此之上，文化传统所建构的民族记忆，表现为哈布瓦赫所描述的附着于或被强加在物质现实之上的为群体所共享的东西，是民族根基在文化强国建设中的传统延续；文化传统所孕育的历史底蕴表现为时代精神生发的国族特质，是文化创造的对象性活动在文化强国建设中的现实演绎。

校园文化建设是文化强国建设的重要部分。作为特定的精神环境和文化氛围的统一，校园文化以校园建筑设计和校园景观的物化承载，表征了集校风、教风、学风于一体的学校文化传统，既有人际关系、集体舆论、心理氛围的价值指向，又有学校制定的规章制度、共同活动中所形成的交往行为和准则。校园文化建设以学校全体成员共同参与、共同创造的互动性，贯穿于学校教学、科研、读书、做事、态度和情感的渗透性，历史沉积、时代创新、代际相袭的传承性，强调了以学生为主体、以文化活动为内涵、以校内外链接为纽带的校园风气的塑造和校园精神的弘扬。价值问题构成了校园文化建设的核心，价值以人的需要和满足这种需要的客体属性在人们头脑中的反映，关照着客体属性在人的评价和运用中所指谓的特定方面的交会点。作为价值问题实体表现形式之一的校园环境优化，构成了校园文化建设的重点，以中国特色社会主义理论为指导，以建设优良的校风、教风、学风为核心，不仅指向了校园文化建设的价值归旨，而且强调了社会主义核心价值观的培育方略，具体化了校园文化建设价值引领实践要求。

"一训三风"与校园文化景观是校园文化建设的重要内容。作为学校特质的文字化表达，校训体现了一所学校的办学传统，正是通过贯穿时间维度的人文历史沉淀与空间维度的精神标识演展，校园文化与育人理念以历时态的时间与共时态的空间在交互中完成了文化传统的传承和时代特质的彰显，其高度凝练的人文精神，为校园景观所蕴含的人文素养打下时代的烙印。就此意义而言，校训意涵的时代延展不仅要体现学校的个性思想与传统精神，而且要贴近学生生活的时代特点，契合学生身心成长规律。受此影响，校训意涵表达的挖掘离不开校园文化价值意蕴的历时态传统，同样离不开育人理念时代要求的共时态延伸。实践中依托校训的价值内涵进行校园文化建设，在词义精炼上要做到主旨明确，词精义达，借此实现历史感与现代感的融会。

作为校训拓宽的具体化，校风以价值表达的精神凝聚承载着学校的办学理念、学术追求和办学特色；通过品位和格调的综合作用，校风亦体现了集行为和道德意义于一体的校园风气。作为教育和管理的成果之一，校风所内蕴的促进力、认同力和约束力影响和规约着校园文化生活。较之严肃的制度章程和学校管理机构的刚性作用，校风建设因其特殊的精神属性更能解决教育者与受教育者之间存在的理解差异，克服疏离感，拉近距离感。实践中，正是通过校风建设对荣誉感的事实诠释，师生们对学校文化传承的情感认同得以唤起；通过校风建设对自豪感的情感熏陶，师生们对学校文化精神的理性共鸣得以生发；通过校风建设对使命感的价值养成，师生们对学校文化发展的责任意识得以提升。教风作为全体教师在传道授业解惑、立德树人过程中所展现的精神风貌,涵盖了教师的职业道德与育人态度,形成并固化为学校的传统和气质。通过学校全体成员的意志与行动,教风凝聚了教与学的精神动力、工作作风与方法措施,因此,教风建设对学生成长和学校发展具有重要意义。实践中,教风建设以教育群体德才兼备的统一性表现,指谓了教师队伍德、才、素养和治教等方面的建设要求。与教师的科研水平相联结,教风还表征着学校教育水平、教学方法、教学效果综合评估的整体状况。因此,校园文化的教风建设更加着力于改革的推进、教育教学体系的重构和完善,着眼于教学目标、内容、方式、手段的多维化与综合化。学风代表着一所学校的气质,这是以学生为主体的高校在长期的教育实践过程中累积而来的丰富教学经验,经时代变迁锤炼,凝集而成的光荣传统。它不仅代表了学校的社会声望,是吸纳人才、提升学校声誉的优势因素,而且关系着学校的人才培养方略,是优秀人才自我提升的沃土。实践中,学风建设的强化首先在于学生主体能动性的发挥,以扎实的专业基础和过硬的专业技能夯实基础,立足两个课堂吸引力和感染力的交互作用,激发学生的主动性和创造性。

文化景观作为一种环体在校园文化建设空间运用中的实践要求,同样呈现出价值引领的空间指向。"人创造环境,同样,环境也创造人。"① 文化景观建设实践要求的内蕴表达,关照的是形与神相结合的符号性能指与意指,注重的是历史感知与现实互动的可视性表达。具体来说,理论环境、空间氛围和生活环境构成了文化景观所承载的校园文化建设内容。理论环境即实践要素与学术、文化活动相互交织的现实场域,通过校园文化建设的统筹规划,搭建舆论宣传的主阵地,发挥其文化辐射的功能。实践中,价值引领以文化传播的形式发挥着功效,具有很强的亲切感与强大的感染力。而空间氛围指通过开展品牌文化活动和摆放校园雕塑等文化标识而打造的现实场景。黑格尔曾经说过,建筑本质上是象征性艺术,是用外在环境中的东西去暗

---

① 《马克思恩格斯选集》第3卷,人民出版社1995年版,第92页。

示移植到它里面去的意义①。以雕塑化、图像化、艺术化的方式,在呈现校园文化精神与历史传统的同时,实现校园文化建设的价值引领。实践中,雕像与标识作为艺术表达的方式凝结了大学精神的核心价值,这种静态的呈现为当前多元价值并存的浮躁社会开辟了更为广阔的视野,以冷静的态度审视价值引领的文化内涵。而生活环境则涵盖众多包括校园廊道风光、校园廊道空间、校园廊道设计等文化景观,于生活细节处进行润物无声的价值影响与情感导入。实践中,生活环境以让人难以察觉的特点为价值引领打上了实践的底色,如同空气般无处不在。构建者的所有动情与用心最终都落实于校园环境的一草一木,为师生所感知、体会、领悟。理论环境、空间氛围、生活环境的相交、相通、相融构成了校园文化环境的全景。而这种全景式的校园文化环境的搭建,不仅需要核心价值观的指引与扎实的理论水平,更有赖于设计者与建设者对实践要素的充分把握。

"结构作为诸要素的相对稳定的关系和联系,表现着系统的稳定性、持久性。"② 构建立体交互的"一训三风一景观"校园文化建设矩阵,以创新机制、拓宽载体、增加投入的校园文化建设合力带动价值引领。校训作为学校的精神标识对"三风"的建设起到统领作用,"校风—教风—学风"的相互融合在渗透于学校的教学、科研、管理、生活及各种校园活动等方面的同时,发挥着相互促进、相互影响的作用。作为校园文化建设的核心内容,高校应提高认识,确保投入,采取措施,全面推进,把"一训三风一景观"的矩阵建构作为一项系统工程,使之成为实现培育与践行社会主义核心价值观的强大推动力。

---

① [德]黑格尔:《美学》第 3 卷上册,朱光潜译,商务印书馆 1979 年版,第 29 - 30 页。

② 刘延勃、张弓长等:《哲学辞典》,吉林人民出版社 1983 年版,第 512 页。

三、文化强国建设价值引领的践行方略

集模式识别、系统分形和功能激发于一体的文化强国建设认同模型和作用框架,以文化自觉的梯级与节点,具体展示了价值引领对文化建设共享同一性之核心观念的确证、社会行动理解模式的中心思想和建设目标认同达致的抽象与刻写。在现实性上,自我定位与群体推崇的角色图式,强调了"承认、认可、赞同"的形成,中继了"群体归属"的理性,作用于"获得自觉"的过程。由此出发,文化强国建设价值引领范式的"思维图式",以自我、群体和角色图示的集成,通过"注意—编码—提取"的认知过程和"推理—评估—抉择"的认同过程,强调了文化建设之文化预制的网络、价值认知的结构和信息加工的过程,阐发了文化强国建设经认同形塑的价值同构性、目标确定性和作用稳定性。与此同时,文化强国建设内容、文化认同倾向和个体认知偏好在建设过程中基于原有图式的信息加工,更加凸显了进一步选择、建构的信息加工产生新认识、达成新共识的意义。就此而言,文化强国建设实践范式作用中的"思维图式",指谓了人们在理性认识过程中思维操作所遵循的稳定格式与演化结构[①]。作为文化认同心智结构的重要概念,价值引领作用的"思维图式"正是以认同主体价值域的组织和限定,影响了认知单元的嵌套和转化,串联起文化强国建设价值认同整体性的经验层级和基本框架,对个体认同建构和群体认同契合的行为模式进行了解释性的体系描摹。

基于共同体的社会实践,价值引领在于使社会成员在建设文化强国的过程中,通过认可共同体文化获得自我的身份定位和群体接纳的社会性,引领他们在认可、赞同文化价值的同时确立自身与群体的关系,即认知并使用共同体文化符号、赞同并秉承共同体价值理念、理解并遵从共同体的行为规范。正是因为文化强国建设价值引领首先依

---

① 李淮春:《马克思主义哲学全书》,中国人民大学出版社1996年版,第684–685页。

赖于民族共同体习俗、情感和规范的群体框架，民族文化价值体系所提供的精神归依、行动指南和目标诠释显得尤为重要。文化强国建设价值引领的践行更是助力于民族成员对所属文化的承认、认可和赞同，突出的是共同文化的价值表达和利益共享，在这个基础上形成的身份归属往往被视为民族成员自由意志进一步展示和自身利益实现的前提。在此意义上，群体的界标不再局限于相对狭隘的实体范围，而是以一种彼此承认的"认同意识"赋意于"承认、认可、赞同"的文化意蕴，上升共同体政治体系论证和思维范式思考，以此构成个体成员价值意向表达、政治参与热情和民族国家社会责任感涵濡的重要基石。就此而言，文化强国建设价值引领的践行不仅是承认、认可、赞同中华文化对民族成员价值观生成的具体观照，而且是他们体认与共同体推崇相一致的原则、认同社会关系自主选择的规范，以及激发主体意识客体化能动性的体现，而价值引领所催生的个体关注则在此过程中聚焦为民族国家对象性活动的关系，并在现实性上推进文化强国建设的意识涵化和个体成员自觉塑造的参与。

校园文化建设是文化强国建设的缩影，校园文化建设的践行同构于社会主义核心价值观的培育。在现实性上，校园文化建设旨在以体现社会主义特点、时代特征和学校特色的文化建设培育大学生正确的世界观、人生观和价值观；社会主义核心价值观不仅是文化软实力的灵魂，而且是校园文化建设价值引领的核心所在，它以影响文化性质和文化发展方向的决定性作用，形塑了校园文化建设价值引领的契合形态与实践方式。就此意义而言，校园文化建设与社会主义核心价值观培育的相互循环建构，连接"应然"与"实然"的实践向度，贯穿了价值引领的意义域、实践场和精神链。

校园文化建设是一个实践性命题。校园文化建设价值引领，实际上是在价值引领过程中以社会主义核心价值观统筹校园文化建设，将校园文化从观念形态转化为物质形态，其中包含校园设计者的价值取向、校园建设者的价值表达和校园使用者的自我形塑，其中蕴含的价值观与审美观融会了各种常识、判断、经验、知识，将最终的校园文化建设成果展现在人们眼前。围绕立德树人的根本任务，校园文化建设价值引领的方略，着力于聚集优势资源的系统架构，通过校园文化建设方略的制定，以相互嵌套的机构设置促进社会主义核心价值观的践行；着眼于社会主义核心价值观与校园文化建设的有效对接和层次递进，通过精神纽带的铸牢、成风化人的熏染，以"一训三风一景观"的具体内容实现富有创新性、针对性、实效性的价值引领。

在现实性上，价值表达力作为价值引领践行方略的逻辑起点，指涉了在价值引领过程中校园文化建设的实践判断和价值解读。马克思认为，"世界不是既成事物的集合物，而是过程的集合物"①，校园文化建设价值引领的结合向度亦是如此。目标推进力作为价值引领践行方略的逻辑中继，凸显了校园文化建设通过价值引领将价值规范转化为内部思维的过程，以及自主转化为行为表现和行为习惯的过程。马克思认为，"光是思想力求成为现实是不够的，现实本身应当力求趋向思想"②，校园文化建设价值引领动力激发的自觉外化亦是如此。精神感染力作为价值引领践行方略的逻辑终点，体现了"以文育人"的滋养、浸润、熏陶，表征了校园文化建设"以文育人"的基因传承。马克思认为，"如果你想感化别人，那你就必须是一个实际上能鼓舞和推动别人前进的人"③，校园文化建设价值引领的"树魂、立根、打底色"，以只有"促进自我教育的教育才是真正的教育"④的"入芝兰之室，久而不闻其香"，阐释了社会主义核心价值观培育日常化、生活化与形象化的教育旨趣。

（1）校园文化建设价值引领的实践，应立足于机构健全、制度保障、政策支持的顶层设计，通过统筹部署、协调推进、整体谋划提升校园文化建设的价值引领效果。从统筹部署校园文化建设价值引领的总体布局出发，以制度设计为旗帜，形成党委领导下的各职能部门

---

① 《马克思恩格斯选集》第 4 卷，人民出版社 1995 年版，第 244 页。
② 《马克思恩格斯选集》第 1 卷，人民出版社 1995 年版，第 11 页。
③ 《马克思恩格斯文集》第 1 卷，人民出版社 2009 年版，第 247 页。
④ ［苏］瓦·阿·苏霍姆林斯基：《少年的教育和自我教育》，姜励群、吴福生、张渭城等译，北京出版社 1984 年版，第 100 页。

相互配合的组织架构，进一步细化校园文化建设价值引领的责任清单；着眼于协调推进校园文化建设价值引领的战略布局，以"齐抓共管"、校院协同联动为目标，形成定期研究、有效指导、具体部署、督导反馈的常态化机制，促进校园文化建设价值引领的活动设置、人才榜样评选、综合后勤保障、社会服务创新等的持续推进；整体谋划校园文化建设价值引领的新目标和新任务，在学校党委的领导下，在校团委等学工部门的具体配合下，通过学校经费资助与社会资金支持，开展一系列受学生欢迎的文化活动，促进价值引领与校园文化建设的政策对接，组建相关研究团队，搭建相关研究平台，加快成果转化，提高校园文化建设价值引领的影响力。

（2）校园文化建设价值引领的实践，应立足于文化建设内容的要素对接、层次递进、功能整合，通过滋养心灵、涵育德行、凝心聚气，把握校园文化建设价值引领的方向。根据不同的培养方针与办学宗旨，创新具体的校园文化建设方式，精准确立校园文化建设价值引领的内涵与外延；无缝弥合链接内容，开拓创新链接方法，进行链接效果的监测反馈，精细定位社会主义核心价值观与校园文化建设的层次链接，通过校园文化建设价值引领的自然养成、教育强化和理性思考，加深师生对社会主义核心价值观的自觉认同；结合学校定位，具象落实校园文化建设价值引领的践行方式，通过层次递进的系统阐析，制定切实可行的校园文化价值引领方式，结合二者互构的内生逻辑，分层制定不同的建设模式，夯实以社会主义核心价值观培育促进校园文化建设的基础。

（3）校园文化建设价值引领的实践，应聚合网络平台、实践基地、品牌项目的结构效用，通过品牌化建设、项目化运作、规范化管理的实践平台优化，促进价值引领的外化养成。依靠微信、微博等网络平台，实现信息传递的扁平化，以线上线下的联动提升师生校园文化建设的参与度、满意度和认同度，增强校园文化建设价值引领的针对性与实效性；充分发挥网络平台数字化和交互性的新媒体作用，实时了解校园文化建设价值引领的动态反馈；在校园实践、社会实践的基础上，精心培育以价值引领为主题的系列实践活动，成立具有长效性、规律性的生活化的实践基地，使校园文化建设的正向影响扩展至社会范围，锤炼学生的践行力；强化建设品牌活动，整合学校资源，依托高校自身的办学特色与未来发展方向，以品牌活动的深入拓展聚合人气、凝聚共识，在知识外化的践行中实现校园文化建设的价值引领。

第六章 史论结合的"中国近现代史纲要"课教学

课堂教学与实践教学是历史再现的方式，是教育实现的渠道。历史教学的史论结合，透视了经典作家们的理论思想，阐释了历史发展的进程和规律，展示了人物活动和历史事件演化的现实场景，在理论的诠释中叙述了历史，在历史脉络的延续中抽象出理论，构成了人的再生产文化形式作用的教育指向。与之相伴随的是历史过程性与理论科学性的统一、材料具体性与观点概括性的辩证，它们在现实性上诠释了"详细地占有材料，加以科学的分析和综合的研究"[1]的过程。

"纲要"课自2007年成为全国高校面向本科生统一开设的思想政治教育公共必修课程，它以对中国近现代史实际的深刻阐发和对事件、人物的分析为基础，揭示中国近现代史的主题、主线和主流、本质，引导大学生认识近现代中国社会发展和革命、建设、改革的历史进程，了解国史、国情，明晰"三个选择"的历史必然性。《中国近现代史纲要·导言》指出："重视历史的学习与研究，注意总结和汲取历史经验，这是中国的一个优良传统。"[2] 由此出发，历史教学的史学认识与现实价值、"纲要"课的历史教学、"纲要"课教学中的四种意识，以史论结合的教学方法阐析构成了"纲要"课教学与研究的重要问题。

---

[1] 《毛泽东选集》第3卷，人民出版社1991年版，第757页。
[2] 本书编写组：《中国近现代史纲要》，高等教育出版社2018年版，第1页。

第一节 历史教学中的史学认识与现实价值

研究历史，终极目的是构筑一种史学认识价值系统，这种系统的特征不论如何必然要烙上现实价值之印①。触及历史的客观性问题，则要谈及历史实际上存在的"两重性"——既有客观的历史，又有历史的客观。肯定存在的真实的已经发生过的历史，是客观的历史。同时，又存在后人认识的历史，后人在界定历史或重现历史的过程中，掺入与历史客观性质相符或接近的要求，由此产生历史的客观②。作为"纲要"课教学的重要内容，客观的历史与历史的客观这"两重性"的发生之源，映照了史学认识与现实价值之间的关系。历史、文化、心态既具有延续性、遗传性和不可断裂性，又具有漂移、变化、转折和改形的特征。"纲要"课的史学认识，缩影于上述两种特征的背景、规律、诱因和过程的教学内容中。史学认识的方法受现实价值的限制，而现实价值又是史学认识的目的。所以，史学认识与现实价值的关系，构成了"纲要"课教学研究中的重要内容。

一、如何认识历史

历史是已经发生了的过去的存在事实，是一种过程，其本质在于时间和事物的延续。如果失去延续性，将无历史可言。文化是在历史的长期发展中形成的，作为历史的体现媒介之一，当然会接受延续性作为自身的属性。文化延续性不单是时间和事物的延续，还是观念意

---

① 刘汉东：《历史研究是一种文化现象》，载《历史教学问题》1990年第3期，第38–42页。
② 刘汉东：《历史的两重性：客观的历史与历史的客观》，载《江汉论坛》1991年第11期，第1–5页。

识和价值系统的延续,它形塑或约束了在此基础上进行史学认知的人们。文化价值与其他历史体现媒介综合在一起并在一定历史时期定型为一定的心态,以此作为人们的生存态度。生存态度,即心态,是当时的人们认识、解释、寻求或维护他们所认为的最佳生存方式的态度。其对象不仅是社会系统,也包括自然生态系统,当然更针对社会生态系统。如此,包罗万象的生存态度将会延续,便是不言而喻的了。

(一) 延续

历史、文化、心态的延续,由于受到历史时代、社会阶段、时期变迁和格局重组等因素的影响,不断受到干扰,从而有尽可能多的移位,我们将此视为延续漂移。移位的结果通常处在以量变和质变为限定的两个层次中,前者实际是根据移位增减数量而定的,可称作变化或转折,后者则是根据移位量是否突破质点而定的,可称作改形。

不论延续漂移带来的是变化、转折,还是改形,其延续性是绝对不变的,只在具象上加以体现。因此,就产生了延续环接点,保证漂移无论是在量限还是质限的情况下,都不间断。若舍此,则难言历史,也难言文化。延续环接点至少有八点:第一,血缘关系点。人类社会的历史,乃其祖祖辈辈的历史。人类世代繁衍,每一代的叠合,如接力棒一样接续。第二,地缘关系点。地缘作为人类活动必不可少的因素,也是人类历史必不可少的因素。如果从变迁的角度说人不能两次踏入同一条河流的话,那么从延续的角度来看,则一条河无数次哺育着人。地球只有一个,地球的每一个角落,哪怕有着沧海桑田之不同,仍是紧紧联系着世世代代在这块热土上生存的人们的。第三,文化同源点。文化的起源所具有的规定因素,其作用如何评价都不会太低。即便是已经被其他文化替代,每一种具体文化仍要受同源文化的影响。第四,价值认同点。价值系统是支配人们生存态度和生存方式的最高规范,因此,怎样的价值系统和怎样认同价值倾向性,在相同文化和相同心态的具体社会、具体民族和具体历史时期,都有其标准;为多数人或占统治地位者所倾向的标准,通常被视作认同点,并与上一时期和下一时期相联系。第五，思维定式点。同样氛围之下和同样背景之中的人，对生存的态度是有着比较统一的思维方式的。作为定向性的思维方式，当然要遗传下来。第六，核心吸引点。任何物质的结构都是围绕着核心的，以此吸引住外层。而历史事件和物体都有其核心，以之作为各层交杂重叠的联系点和网线。第七，外围向心点。相对于核心吸引点，外围不仅被吸引，也有向心力。向心力的大小取决于许多因素，但不论什么因素都不排斥，反而以此来促进相互沟通。第八，共同语言文字结合点。语言文字作为信息系统，不仅仅被用于交际和交换，更重要的是储存，也就是为了给后来者使用的。以上八个延续环接点，每一个都起着重要作用，使历史、文化、心态必然往下延续。这就规定了现实价值必须有史学认识，而史学认识一定会有现实价值的影子。具象到"纲要"课教学，历史、文化、心态的延续性，是在遗传之后受社会存在的制约，对现实产生的影响、约束和导向。延续往往可以看作简单的接替，遗传则具有束缚性。延续或许是表层的，但遗传必是深层的。遗传和延续虽然都具有漂移、变化、转折和改形的特征，但是遗传还有其自身的特点，这种特点形塑了人格价值取向和在历史延续中的角色。

（二）遗传

一切文化都有其遗传形式，人格也存在着遗传形式，价值取向不断地对人格形象加以形塑。作为典型的传统道德人格的遗传形式，融于学习文化知识、传播文化知识、创造文化知识的过程中。这一过程往往通过教育来处理，包括社会的、官办的、私办的、家庭的、长幼间的多层次、多渠道的教育形式。人格价值取向通过这种遗传，实际上的模式和理想的模式通过榜样的作用，对后来的个体加以规定。同时，在两方面使个体不能脱离群体的要求：一是在大我与小我、集体与个人的关系方面，受社会、家庭已成的氛围压迫，个体只能在其轨道上滑进；二是凡与当时价值系统和政治权势不能取得共识者，必将成为弃儿，甚至成为全体攻击之对象，不可能以己意行之。

因此，遗传特征必然影响到史学认识，因为史学认识是主体对客体的积极反映,而认知主体又具有客体所遗传的倾向性。在遗传价值和现实价值夹缝中的认知主体,只能兼两者而有之,绝对不可能取其一而舍其一。正因为这种因素,认知主体所重现的历史与确实存在过的历史便有了差距,从而使历史具有客观的历史与历史的客观两重性质。这也正是现实价值既是史学认识的目的,又是方法,同时又在改进现实价值,构筑时代文化的原因。

历史、文化、心态的延续性和遗传性,决定了其在具体范畴之中的不可断裂性。它以其自身的运动规律而发展,即使有漂移、变化,乃至转折和变形,也不会断裂。除非有外力的因素对其加以改造或促进其发生剧变,否则通常情况下它是不会断裂的。不可断裂的规定点至少有四个:第一,正常的运动规律是以线状发展的。在历史、文化、心态发展运动的线性轨迹中,不论是抛物线、螺旋线,还是曲线,其接续是确定不变的。如果发生断裂,那它就不是这一线性轨迹,而是另一线性轨迹了。第二,必然与偶然的关系中,无数的偶然便是必然。偶然虽然无所谓连续与断裂,但其转为必然时,相互间的关系便已是连续的了。第三,事物乃至历史在或长或短的周期中重复。重复比率虽有大有小,却都反映了不可断裂的特性。第四,人类最基本的生存方式与认识良知反复表现。作为生物体的人类,其生存当然有许许多多的形式,不过,至少有一个最基本的方式。同样,作为认知主体的人类,也有许许多多的认识,其尊重客体事实的良知总不会被湮灭。这在任何时代或环境中,均是一样的。具象到"纲要"课教学中,上述四个不可断裂的规定点,得出的结论亦可从中得到佐证,即只要没有外加之力强行扭断其延续性和遗传性,那么,作为一种线性的发展,外部的表象都可不论,其首尾之间则是不可断裂的。

延续和遗传所阐发的不可割裂性在"纲要"课教学中的体现,投射了史学认识的过程和历史观培育的过程,这一过程,强调的是历史所要认识的本相和表相,即历史、文化、价值习得的心性,而认知者却要时刻记住,延续性、遗传性和不可断裂性,使他们并不能做到真正的超然其外。

（三）漂移

史学认识的习性如上述所言，不可能完全脱离其延续性、遗传性和不可断裂性。然而，这并不意味着现实价值作用的式微，更不意味着它等同于现实价值，两者之间时间间距和价值间距的存在，在事实上表征了历史、文化、心态可能发生的漂移、变化、转折和改形，这种变形在一定程度上影响着"纲要"课的教学。

历史中的一切都处在不断地移动相对位置的状态中。移位都是相对于其他而言的，若无相对位置，也就无所谓移位了。移位通常非常缓慢，除了特别的时期有特殊的巨大移动，其他时期往往觉察不到移动。所以，这就是一种漂移。历史的漂移或移位较好理解。随着时间的迁逝和境况的变徙，政权在更替，人物面孔在走马灯似的调换。按照自然规律，永远都是新人代替旧人。并且，比较明显的移位现象，也是在历史中完成的，巨变的次数也不少。文化和心态，更多的是漂移。文化和心态属于意识形态领域，经常与社会现实存在差距，甚至错开。或者文化和心态超前于社会而发展，或者社会已发生巨大变革，文化和心态没有跟上社会的变化，滞后于社会发展。文化和心态超前的时候便少一些，滞后的时候便多一些。也就是说，文化和心态相对于历史和社会更多地处在漂移之中。此处的"历史和社会"概念较狭窄一些，没有包括精神的那一个层次。相对于物质（包括制度）的层次，或者我们所说的历史和社会，精神的层次能使自己的内在规律和规定保持得更长久、更稳定。换句话说，文化和心态要更长的发生和生长期才能形成，而一旦定型，就能更长久地维持其确定的形态。历史和社会则不一样，它们不断地移位，也即变化，乃至变革、转折和改变。

当然，历史和社会漂移也好，移位也好，因相对频率较高，成为绝对的一种运动变化。文化和心态漂移较缓慢，相对频率较低，但也是绝对的运动变化。毕竟，文化和心态既然属于事物，就一定要受运动规律的支配。更何况，文化和心态离不开历史和社会，必须以此为依托，哪怕其间有差距也好，错开也罢，归根结底它们是相互依存、互为影响、互为前提、互做基础的。所以，史学认识不可简单地以现实价值对这一切步骤下结论，而要认识到漂移和移位的存在事实。其次，漂移（包括移位）外在的反映是多角度、多层次的。若我们承认，实际上也必须承认漂移的缓慢性和难以觉察性，就说明后来的史学认识恰恰有这么一个重要问题要解决，即认识漂移的角度和层次。因为我们知道质限取决于量限，变化与否取决于漂移方式、方向和量积。线性漂移是漂移的重要方式之一。事物发展和移位，服从于规律，也就是连续不断地发挥规定性的作用，使其沿一定的轨道发展。什么样的排列形式都不会排除线性的存在事实，而且是比较正常的存在事实。点性漂移也是漂移中不可忽视的重要方式。事物普遍规律之外，容许特殊情况的存在，点性漂移便是其中的特殊化。我们可以借重生物进化和遗传科学的成就来加以证明。根据达尔文的生物进化论，在历史、文化、心态的漂移中，人们难以对特殊的变化提出合理的、科学的解释。现代科学发展了达尔文主义，提出了进化突变、进化中性等理论，以此为补充。点性漂移观点的提出，正与之合拍。根据进化突变理论，一些突然产生的巨涨落，并非小涨落长期积累过程的最后选择，这种跳跃式或台阶式变异，通常是某一个点的他移和变化带来的。辅以进化中性理论，更有助于说明这一问题，在水平线上发生漂移本是正常的，或者并不存在有益还是有害的问题，它是中性的。但是，中性选择有着随机性，方向也不确定，量限更不确定，并且是由突变速率加以决定，通过随机的"遗传漂变"在群体内传播，就能以一点之漂移而使整个线性漂移转换方向，变化量积。

点线漂移则是综合线性漂移和点性漂移的各自特点，相互重叠效能的漂移方式。单一运用线性漂移或点性漂移方式，往往很难概括历史、文化、心态的漂移事实和状况。事物都是复杂的，会具备各种特征，线与点同时起作用，正是其反映。

在漂移的基础上产生变化，而因点线漂移的缘故，呈现交叉变化的特征，并因变化而引起转折。漂移的结果必然是变化，其实移位从一开始就已是一种变化，到最后往往带来转折而引人注目。变化的外现形式有多种，作为历史、文化、心态通过漂移而产生的变化形式，

第六章　史论结合的"中国近现代史纲要"课教学

有量限的三个程度。第一个程度为交叉变化，不同的线与点反复相交，成为许许多多的交叉。有双相交叉，有三相交叉，也有多相交叉，乃至无数相交叉。交叉必然会有交叉效应，即不同的线或点经过与其他的线或点的交叉，改变原有的状态、方向，或者改变其他线或点的状态、方向。交叉之后不产生交叉效应，是绝对不可能的。第二个程度是变化增量，自交叉变化产生的那一刻起，不论朝哪一个方向变化，都处在不断增加变化量的过程中。反之，则处在因变化不相宜而逐渐消失之中。变化增量到一定程度，将会因为量增结果或者某一点（包括外来点和内在点）的影响而使增量过程超出这一程度。第三个程度，是变化达到了转折的程度。在本文中，转折仍被视为在量限之内，与改形超出量限进入质限不一样。转折是改变由漂移带来的变化的方向，其量限几乎没有本质区别，只有量大、量小、增量、减量的区别。转折会使变化方向外表上不同，可实质上并无大的不同，没有本质的突破。此外，转折后有普通的非质限而为量限的情况，如上所述，也有特殊的改形情况，也即质限的变化。质限只有在量限的基础上方能达到。量限中的变化达到转折时，不一定便是改形，改形却必须通过转折的阶段。改形或者要中断历史、文化、心态的延续，取消其遗传性能，代之以另一类型的替补物，也就没有不可断裂可言了。

因而，旧有的漂移、变化、转折，到此都被画上一个句号，一切从头开始。当然，改形或许不必完全取代一直发展而来的历史、文化、心态，只是对其加以割裂，将其重新组装。但再呈现出来时，不仅面目全非，而且核心或本质也已被替换。正是由于历史、文化、心态在延续和遗传中出现上述性状，加上史学认识实际上存在于每一个历史时期，并不断地对上一时期加以认识，又不断地修正指导史学认识当中的现实价值，所以，"纲要"课教学必须正确认识史学认识、现实价值和两者之间的关系。

二、史学认识的功能

史学认识的功能，以既定的状况和历史演进的律动，以及史学认识对现实价值的影响和它与现实价值的关系，反映了"纲要"课教学作为史学认识本身特性和规律性的存在、现实价值规定的结果和通过修正和派生对当下产生的导向作用。

历史教学中的史学认识是与人类历史相伴相生的古老而久长的认知方式。因此，每一个时期都在认识以往的历史，并且如同历史有延续性一样，史学认识也从不间断，一直延续下来。若说有所差异的话，那就是每往后一个历史时期顺延，史学认识所要认识的历史就更丰富多彩，任务就更繁重复杂。而其认识不仅仅是知道先人的存在状况和有什么发现，更重要的是提供一种规律：历史、文化、心态——延续性、遗传性、不可断裂性，漂移、变化、转折、改形——背景、诱因、过程，所以，这是一个不断沉积的过程，抽象为史学认识本身的特性和规律性。换言之，史学认识不论在哪一个时期，都是以当时的现实价值为依据的。因为认知的主体既无法将自己完全融入相应的认识世界，亦无法排除现实世界的客观模塑，更不能超然于与他相关的社会存在，脱离阶级、阶层、群体，所以，认知主体运用或选择某种符合现实价值系统的取向作为一个透视点，去认识历史，或是认识现实世界之外的世界，在客观上意味着以自己的目光，或者以自己所代表的特定的目光，去审视过去的世界，去接受现实价值的规约。基于前者派生的功能性诠释，史学认识通过修正当时的现实价值，产生对下一阶段现实价值的导向作用。

既然史学认识贯穿于各个历史时期，而且都以当时的现实价值去认识，那么，其认识结果必然要反馈回来，从而在接受上一时期引导的同时，修正现实价值中可以修正的部分。这种作用还包括对后来阶段现实价值产生的引领作用。形式上人们并不否认甚至十分强调历史有其真实性和客观性，问题是历史无非是后人根据蕴含着历史信息的各种载体而重现出来的那些部分，并非加以强调就可以真正做到真实和客观。实际上，过分地强调反而弱化了教育的效果，以偏颇的现实价值抹杀历史认识的痕迹，往往会走向反面。以现实价值回眸历史，具有一定的合理性，亦无须刻意掩饰。现实价值本来就是史学认识紧紧相随之物，既是方法，又是目的。因此，史学认识必然要以现实价值为主，又要不断促进现实价值的改进。

史学认识功能的三维视角，注解了现实价值的简要界说。把握史学认识与现实价值的关系，对"纲要"课的教学具有重要意义。我们所说的现实价值，结合史学认识，不外乎五点：一是根据现存利益格局而确定的主体倾向，以认知主体意识的反映而掺入重现的客体形象中；二是不违背史学认识自身发展的延续性和遗传基因，使之与主体和客体契合，从而很难分辨出是历史的印记还是现实的烙印；三是不断处在综合运动中，或者弘扬历史、文化，或者批判历史、文化，或者交错进行，或者同时进行，而弘扬与批判，都是在现实价值基础上的典型具象；四是以现实价值去认识历史，以史学认识来印证现实世界的合法性，维护现实价值；五是在历史演绎的经验教训中抽象出具体的范例，加以认可或改进。史学认识与现实价值的相互缠绕、彼此律动、互为前提，深刻影响了史学认识与现实价值的关系共演。史学认识仍是现实价值的一部分，即便我们的史学认识没有完全反映现实价值，现实价值也要顽强地通过认识历史来证实、丰富、改进、构筑自己。

史学认识受现实价值的深刻规约，并不意味着史学认识完全归附于现实价值。历史的客观性不以人们的意志为转移，无论什么时期的现实价值均无法改变客观的历史。客观的历史还是客观的历史，现实价值须源于并尊重历史的客观性。概言之，历史、文化、心态的延续性、遗传性、不可断裂性，规定史学认识不能脱离现实价值；历史、文化、心态的漂移、变化、转折、改形，影响当时史学认识中的现实价值；现实价值规定史学认识，史学认识具有客观性和独立性，现实价值既是史学认识的目的，又是史学认识的方法，史学认识通过历史记忆的建构书写现实价值。

第二节 "中国近现代史纲要"课的历史教学

"纲要"课是全国高等学校本科生必修的思想政治理论课之一。"纲要"课的历史教学,着力于中国近现代的历史叙事,阐述近现代中国社会发展和革命、建设、改革的历史进程,揭示内在规律,明晰国史国情,阐发历史和人民是如何选择马克思主义、中国共产党、社会主义道路、改革开放的。从"纲要"课教学基本问题出发,加强师生之间的教学互动交流,吸取相关学科的最新研究成果,将课程放在一个宏大的场域中联系国内外形势对比分析,通过细节叙述提升大学生的认同感、获得感和满足感,将有助于教学目标的达致。

一、培养问题意识,促进"纲要"课教学中的互动效果

马克思曾说:"世界史本身,除了用新问题来回答和解决老问题之外,没有别的方法。……问题是时代的格言,是表现时代自己内心状态的最实际的呼声。"① 对任何一个优秀的学习者来说,他需要具备强烈的问题意识,也就是说,他总能发现那些有价值、有意义的问题,然后通过聚精会神、持之以恒的探求,得出自己的结论。同样,作为知识的传授者——教师以系统化、理论化的方式提出问题、展开问题、回答问题,是"纲要"课教学中时刻要培养的意识。

"纲要"课教学首先要遵循课程的总问题,即近代中国历史和人民为何以及怎样选择了马克思主义、中国共产党和社会主义道路。具体而言,上篇的问题是:在中国共产党诞生之前,农民阶级、地主阶级、资产阶级各自是如何探索、选择历史发展道路的?中篇的问题是:中国人民在斗争实践中是如何选择马克思主义、共产党、社会主

---

① 《马克思恩格斯选集》第 1 卷,人民出版社 1995 年版,第 203 页。

第六章　史论结合的"中国近现代史纲要"课教学

义道路的？下篇的问题是：中国人民是如何在社会主义改造、社会主义建设和改革开放的历程中，经过不断的比较和总结，坚定不移地选择和坚持中国共产党领导、社会主义道路和以马克思主义为指导思想的？

　　在这些关乎全局的问题下面，传授者应该进一步设计一些具体问题作为每一讲内容的中心，以贯穿授课过程的始终。比如，鸦片战争中，为什么一个拥有四亿人的文明古国竟然会惨败于几千名远道而来的英国水兵？帝国主义入侵中国是"有功"还是"有罪"？甲午中日战争中，为什么李鸿章苦心经营了30年之久、实力相当强大的北洋舰队会全军覆没？辛亥革命为什么会发生，我们能否"告别革命"？中国共产党成立前夕，为什么马克思主义会在当时中国流布的几十种"主义"和思想当中脱颖而出？抗日战争初期，日本为什么能够在短时期内占领中国大片领土？为什么中国共产党能够成为中华民族抗战的中流砥柱？解放战争中，中国共产党是如何赢得和国民党的比较优势的？新中国成立后，社会主义的现代化实践为什么频频出现失误？中国共产党又是如何克服这些困难，走出困境的？教师应当坚持以当今国内、国际出现的实际问题为中心，有针对性地对大学生开展马克思主义理论与思想教育，使其明了当下之时代特征、国际格局和世界发展趋势。回答这些问题，可以通过专题讲授的方式进行。

　　在"纲要"课教学中，既要培养知识传授者的问题意识，也要培养知识受众的问题意识。鼓励学生积极提出问题、讨论问题，开展师生之间的互动对话是较为理想的授课方式。在讨论的过程中，教师应尽量从传统的知识传授者与权威者的身份转变为学生学习的辅导者、合作者、同行中的先行者的角色，给学生剖析复杂、真实的现实问题，并在"授业"过程中，通过"解惑"的方式，实现史学的"传道"功能。在此过程中，坚持用史实说话、真理至上的原则，通过对令学生困惑的一些历史现象和理论问题所做的合乎逻辑的、有说服力的回答，建立学生对教师的信任感和信服感，增进知识传授的效果。

　　问题意识是"纲要"课教学中最重要的意识。如果每次课都以问题开始,将会大大提高学生思考问题的积极主动性,以及对相关问题的敏感程度,其精力也会更加集中。对个人来说,知识看似是现成的,但理解了的知识永远是生成的。要在提出问题和解决问题的过程中,将现实的"死"的知识变成生成的"活"的知识。

二、明确"纲要"课界限,厘清其与相关课程的区别与联系

就"纲要"课的教学内容而言,它和中学的"历史"课、大学本科历史专业的"中国近现代史"课、"毛泽东思想—邓小平理论—'三个代表'重要思想概论"(以下简称"概论")课有相当密切的关联,它们既有区别又有联系。这一关联在一定程度上影响着"纲要"课的教学活动。事实证明,如果能很好地处理好这些关系,不但不会使"纲要"课的教学受到干扰,反而会促使"纲要"课教学效果优化、合理化。

第一,明确"纲要"课与中学的"历史"课的关联。中学的"历史"课包括中国古代史、中国近现代史和世界史,在内容和分量上远远超过"纲要"课的课程体系。但中学课程是全方位的史实积累和知识灌输,主要讲述历史"是什么";"纲要"课是中国历史进程中一段历史知识的升华,讲述"为什么"。两者之间具备了由低到高、由知识积累到认识升华的层级递进关系。但新入校的大学生有时认不清这一点,反而会感到困惑:这门课我们不是学过了吗?这不是浪费教育资源吗?因此,中学历史知识的积累在一定程度上成了新课程的包袱。对教师来说,首要的问题是要学生明白两者的区别和联系,以及开设"纲要"课的目的。因此,给学生讲述什么是"纲要"课、为什么要学习"纲要"课、怎样学习它是必要的。通过教师对这些问题的讲述,学生了解了近现代中国社会进步和革命发展的历史进程及其内在规律。在此基础上,跟学生分享学术界最新的研究成果,引导学生对既有知识结构进行重新定位和"更新",改变其对人物分析评价简单化的"好坏"模式和"一人一物""一时一事"的

孤立思考方式，养成学生整体地把握历史事件脉络与历史发展规律的能力。同时，尽量将古今中外的类似事件通过对比分析的方式分享给学生，加深其印象。比如郑和下西洋和西方航海大发现的比较、中国洋务运动和日本明治维新成败得失的比较等，这些教法不仅会给学生不同以往的感觉，还能培养其积极思考的能力和兴趣。

第二，明确"纲要"课与大学本科历史专业的"中国近现代史"课的关联。"纲要"课与历史专业课之间不是"浅"和"深"的关系、"泛"和"专"的关系。前者是思想政治教育，后者是专业素质教育；前者侧重思想性、理论性和德育功能的教育，后者则注重专业知识的培养和专业技能的训练。在"纲要"课教学中，应以专业课程研究为依托，将最新、公认的科研成果分享给学生，但要时刻注意不可过"深"、过"专"、过"窄"，而偏离思想政治教育的方向。时刻"以纲为纲"，围绕"三个选择"的主题进行讲述和分析，以收"纲举目张"的实际效果。

第三，明确"纲要"课与"概论"课的关联。"纲要"课和"概论"课之间既有联系又有区别：两门课程讲授的内容都发生在中国共产党领导的革命和建设实践这一大背景下，在内容上，两者有相似的背景和重复的历史时段；不同的是，在讲授方式上，"纲要"课重点讲"史"，"以历史讲逻辑"，"概论"课的重点是讲"论"，"以理论讲逻辑"；在授课目的上，"纲要"课主要是认识近现代中国社会发展和革命发展的历史进程及其内在规律，达到"两个了解，三个选择"的目的，而"概论"课主要是"从理论上科学回答为什么中国只能选择社会主义、什么是中国式的社会主义、怎样建设和发展社会主义，侧重于科学的理论分析"①。明白两者的不同要求才能做到两者的不重复、"不错位"、"不越位"，更好地实现两者的"对接"。

---

① 李松林：《"中国近现代史纲要"教学中应该注意的几个问题》，载《思想理论教育》2007 年第 7 期，第 40 页。

三、以"历史合力论"理论分析"纲要"课教学中的事件背景

简单化是历史研究的大敌,它会使历史教学陷于偏颇。恩格斯曾经详细地阐述过历史事件是多种因素创造的,即"历史合力论"的理论。因此,在教学的过程中,对于一些重要的历史事件要交代极为复杂的国内外背景,以世界历史的眼光审视中国近现代史,联系时代特征、国际格局和世界大势来看待中国问题。沙健孙就曾指出,中国不是孤立存在的。不联系中国所处的时代历史条件和国际环境,中国的许多问题就讲不清楚①。这就要求讲授者既清楚国内环境,亦明了世界大势。

下面以"历史合力论"的理论分析方法来讲解案例。例如,在分析抗日战争胜利后中国放弃日本战争赔款的问题时,就要将之放在一个复杂的国际背景下,结合国内形势的变化和国共两党的关系来讲述。

国际因素主要是美国态度的变化。"二战"刚刚结束时,美国由于遭到日本的沉重打击而在对日本索赔的问题上态度积极,主张削弱日本,防止其东山再起。但是随着冷战的开展和国民党在中国大陆的节节败退,美国对日本的政策发生了极大的变化。它开始希望日本能够取代蒋介石的国民党政权成为其在亚洲抵制苏联共产主义扩张的前沿阵地。国内因素则是国共内战。一方面,蒋介石正在全力打内战,无暇顾及对日索赔;另一方面,由于国民党在国内战场上迅速败退,其国际地位江河日下,很快失去了话语权。况且,蒋介石打内战离不开美国的支持,因而在对日索赔的问题上没有能力与美国分庭抗礼。

1950年,朝鲜战争爆发,美国不仅不再提及对日索赔,反而要

---

① 沙健孙:《关于〈中国近现代史纲要〉教学的若干问题》,载《中国高等教育》2007年第6期,第22页。

加强日本的实力,以使其成为美国强有力的反共帮凶。虽然台湾当局仍希望美国支持其对日索赔计划,但美国政府却认为赔款应该豁免。美国对日和约首席谈判代表杜勒斯甚至说:"自从对日作战胜利以来,美国已在日本投下了二十亿美元,美国不能继续那样资助日本。美国人民不能容忍那种做法,即把钱投入日本,然后让一些盟国用这样或那样的方式把它拿走。"① 最终,台湾当局在美国的压力下和急于与日本"建交"的现实诉求面前放弃了对日索赔。

中国共产党在对日索赔的问题上有明确的态度。1952年5月5日,周恩来代表中国政府发表声明,宣布蒋介石和日本签订的条约是非法的,中国政府坚决不予承认;台湾当局放弃对日本的战争赔偿要求,是慷他人之慨,不能代表中国政府和人民对这一问题的立场。同时宣称中国保留对日索赔的权利。1972年,中日开始就建交问题进行谈判,为了进一步打开新中国的交往圈和提高国际地位,也为了不增加日本人民的负担,中国主动放弃索赔。日本方面则对日本过去发动战争给中国人民造成重大损害的行为,表示深刻的反省。当然,在放弃对日本索赔的过程中,两岸的敌对状态给日本以可乘之机,这是值得我们警惕的。

再如"西藏问题"。教师可以这一现实问题做例子给学生以正确的引导。"西藏问题"不是一个单纯的民族问题、宗教问题,它有相当复杂的国际背景和历史根源。1888年和1903—1904年间,英国发动过两次侵藏战争,目的是把西藏从中国分裂出去,变成保护英属印度北部边境的一个"缓冲区"。这一做法即使在衰弱的晚清时期也遭到了强烈的反对。清廷还任命唐绍仪为议约全权大臣,赴印度与侵略者谈判,要求英国停止侵略中国的活动。

新中国成立后,西方插手"西藏问题"的活动仍然没有结束。这一时期主要是以美国为首的西方反华势力一直支持达赖集团,企图把西藏作为遏制中国、分化中国的突破口。因此,"西藏问题"从根本上说是历史上帝国主义侵略中国的产物。目前,主要有四类国外势

---

① 《顾维钧回忆录》第九分册,中华书局1989年版,第28—29页。

力在"西藏问题"上指手画脚:其一,以美国中央情报局为代表的情报机构。他们通过培训"藏独"分子、提供物质支持等方式扶植"藏独"势力。其二,以美国国会为代表的西方议会。他们通过形形色色的涉藏决议向中国政府施压,为达赖集团撑腰。其三,以"记者无国界"组织为代表的国际组织。他们为"藏独"活动造势,争取国际空间。其四,以"自由西藏运动"为代表的国际"援藏"组织。他们主要为"藏独"集团联络国际政要,并负责筹款。通过对历史上列强侵略中国西藏主权的叙述,以及对今天国际势力插手西藏的险恶用心的揭露,给学生这样一个强烈的信念:藏族是中国多民族大家庭中具有悠久历史的民族之一,西藏是中国领土不可分割的一部分,中华民族决不允许任何西方势力试图分裂中国。

以"历史发展的综合作用"为标准的分析方法,将历史事件放在了一个宏大的历史场域中,这不仅反映了历史事件的复杂性、真实全面性,也开阔了学生的视野,调动其关心国内外大事的积极主动性。

四、"细节论证历史逻辑"的方法可以丰富"纲要"课的教学手段

方法是内容的灵魂[①]。在讲授历史逻辑时采用理论性、专业性强的语言,枯燥而脱离非历史专业学生的知识结构,将给学生的学习造成困难。反之,在"纲要"教学中,以"细节论证历史逻辑"的教学方法,并不是历史教学"碎化",而是丰富教学手段,增强学生学习、思考兴趣的有益尝试。

所谓讲授历史细节,不是指在授课的过程中偏离教学中心要求,讲一些奇闻逸事,讲一些花边新闻,追求廉价的教学效果,如追究珍妃是怎么死的、洪秀全有几根胡子等事例,而是在适当的时候,向学

---

① [德] 黑格尔:《小逻辑》,贺麟译,商务印书馆1980年版,第427页。

第六章 史论结合的"中国近现代史纲要"课教学

生传授一些生动、形象的史事,或体现人物形象的事例、生活片段,以及简洁明了的名言警句等。比如在讲授清政府统治者闭关自守、骄矜自大,对世界文明不愿闻、不屑闻时,可以乾隆的诗句"间年外域有人来,宁可求全关不开。人事天时诚极盛,盈虚默念俱增哉"为例,说明清朝最高统治者的虚骄自大;也可以道光皇帝问英俘的问题"英国距中国路程几何?通中国有无旱路?'英夷'来华仅为牟利还是别有叵测居心?该国女王年甫22岁,何以推为一国之主?是否婚配?"等为例,说明鸦片战争中,作为战争一方的清朝的最高统治者——道光皇帝居然如此荒谬无知;还可以许多王公大臣认为洋人如果缺少茶叶和大黄将会腹胀如鼓而死为例,说明朝廷大臣的懵懂昏聩。

在讲授第二次鸦片战争时,也可以两广总督叶名琛的"六不"政策,即"不战不和不守,不死不降不走"为例,来说明在西方先进工业文明冲击下,在列强洋枪大炮威胁下,清朝地方官员束手无策而又故作镇静、蔑视对手的无知和悲哀。这亦说明,叶名琛的悲剧是一个时代的悲剧,它反映了两种文明之间骇人听闻的历史差距。

《辛丑条约》规定的赔款,要求中国的每一个百姓出一两白银,总共4亿5000万两白银。这些赔款分39年还清,年息4厘,本息共计9亿8200万两白银,加上地方赔款共10亿两白银,相当于清政府年财政收入的12倍。这些白银用五吨的卡车装运,可以装整整625辆汽车。由此可见,列强不仅要彻底打倒清政府,摧毁它的反抗意志,而且想侮辱中国的每一个百姓,彻底消除中国百姓的反抗心理。另外,在讲授中日关系中的敏感问题,如钓鱼岛问题时,也可以早在1893年慈禧太后就将钓鱼岛赐给当时的邮传部尚书盛宣怀做采药用地,并有诏书为证的事件为例,说明钓鱼岛主权属于中国是无可争议的。这些历史细节能生动形象地说明问题,不仅使学生在这些生动的历史细节里比较容易理解历史逻辑,而且能扩大学生的知识面,增进其进一步了解历史的愿望和兴趣。

经过与学生的广泛接触和座谈,笔者发现多数学生对上述教学实践印象深刻,反应积极。他们认为这些方法不仅增强了其对历史学科的兴趣，也增长了他们的见识和对近代中国历史发展过程的正确认识。

总之，"纲要"课教学的方式方法仍然在探索和发掘当中，随着时间的推移和经验的积累，这必将是一门大学生喜闻乐见的课程，亦必将对塑造大学生的人生观、价值观和世界观起到重要的作用。

第三节 "中国近现代史纲要"课教学中的四种意识

"纲要"课兼具思想政治教育与历史叙事双重特征和功能，是"古"和"今"的贯通、"中"和"西"的交会、"危"和"机"的并存、"史"和"论"的交融。与此相应，在"纲要"课授课过程中，教师应自觉强化四种意识：通史通识意识、世界视野意识、民族危机意识以及史论结合的方法意识。通过融入此四种意识，增强学生对历史发展贯通、世界一体融合、民族危机并存的史实把握力和理论解释力。这不仅能拓宽"纲要"课教学的时空观念和内容丰富度，也有利于从思想政治教育角度提升学生理解历史大势、把握历史规律的能力，使学生能够在熟稔历史发展过程和明晰中西发展对比中自觉认同"四个选择"，最终促进"纲要"课思想政治教育属性的真正落地。

中国近现代史是中华民族五千年历史上的一次大转折、大变局。其间，中西交通交融进而交锋交战，庞大帝国风雨飘摇，数千年礼教传承在欧风美雨影响之下弊端毕现。遭此冲击之近代国人，明显感受着"丛林法则"的社会达尔文主义，优胜劣汰、不胜则败的历史发展观深入国人心髓。于此救亡图存的"历史关头"，国人既具有"时不我待"的救亡急迫感，也深怀"东法西法管用即良法"的救亡工具性。这一过程和特征，是中国近现代史发展的独特路径，也是国人救国拯民的心路历程。近现代中国最终选择马克思主义指导、共产党

第六章　史论结合的"中国近现代史纲要"课教学

领导、社会主义道路、改革开放，既是这一现实的逻辑结果，也是这一过程的发展高峰。要想科学合理地研究中国近现代史的基本规律，进而生动鲜活地展现给学生波澜壮阔而又复杂特异之中国近现代史和国人之奋斗历程，必须要具备历史贯通的通史通识意识、世界视野意识、民族危机意识，以及通过史实和理论结合的方法意识，这是"纲要"课作为一门思想政治理论课尤其要具备的四种教学意识。

一、增强"纲要"课教学中的通史通识意识

"纲要"课是一门整体展现中国近现代史发展进程和规律的思想政治理论课程，我们应以贯通的眼光，在历史发展过程中寻求一定时间和空间之下史事的生成演化与内在联系——历史发展的规律性和历史选择的逻辑性。"通"之意识应贯穿于教学研究全过程。总而言之，教师在讲授中国近现代史时，必须具备通史通识意识。

社会是连续性的存在，"连续性是一种跨时间的一致性，它取决于同一性在某种程度上的稳定性"①。中国近现代史即各阶段历史有机联系的整体，具有连续性、同一性，以及某种程度上的共同意识。但在近代分科治学趋势引导下，出现了分门别类的断代史、专门史、区域史等。中国近现代史本已是断代史，也存在断代史之断代的微观区域史，也即进一步从时间、空间上进行分类分段，"分而治之"之史。这种"断代"现象转换了角度和视野，虽深入和有启发地进行了研究范式的创新，但也影响了历史发展连续性、整体性的宏观视野。对于"纲要"课这种贯穿中国近现代史全过程的思想政治理论课，教学时就要始终具备纵贯历史全过程，环环相扣、层层递进的主线意识和红线意识。

近代中国的两大矛盾是帝国主义同中华民族的矛盾，封建主义与人民大众的矛盾；近代中国的两大历史任务是争取民族独立、人民解

---

① [美]爱德华·希尔斯：《论传统》，傅铿、吕乐译，上海人民出版社2014年版，第181页。

放和实现国家富强、人民富裕。整个近现代中国历史发展之脉络就是围绕这一主题层层展开，依次递进的。中国长期的农业国发展模式、皇权一统的僵化体制在西方国家工业化的冲击下摇摇欲坠，最终导致第一次鸦片战争的惨败。之后农民阶级不堪双重压迫揭竿而起，发动太平天国运动，由此进一步导致清政府统治的左支右绌；丧权辱国的"庚申之变"、极其严苛的条约，让深处"城下之盟，春秋可耻"悲痛中的传统士大夫们开展了三十余载的洋务运动；当洋务运动三十多年积累的文明成果在中日甲午战争中毁于一旦后，终于"唤起了吾国四千年之大梦"，于是进而改革变法，递而进之清末新政，寄希望于通过改革来完成王朝之自我救赎，然此种努力终因中西之发展差距过大，且清政府未能放弃专制皇权政体、坚守"中体西用"，最后无疾而终。其后，虽中华民国缔造，共和体制告成，然北洋军阀复辟弄兵，国人乃不得不继续革命。经过五四新文化运动启蒙的新青年，在中西对比和时不我待的时局下，选择通过进一步的革命来救亡，风云际会，马克思主义开始在中国大规模传播并逐渐成为国人之革命指导思想。在此思想的指导下，在中国共产党的领导下，历经国民大革命、土地革命、抗日战争和解放战争，中国共产党领导中国人民取得了革命的成功。新中国的成立及其社会主义制度的建立，增强了世界社会主义阵营的力量，展现了社会主义的光明前景。但是，社会主义事业在人类历史上的实践也遇到了不少挫折，中苏之间亦因不同的实践而歧见日显，以致矛盾不可调和、社会主义阵营分化。苏联社会主义因其实践弊端而解体，中国社会主义实践却显现了社会主义事业的强大生命力。改革开放以来，中国特色社会主义事业取得了伟大的成就，获得了世界的认同。新时代，中国也由此迎来了从站起来、富起来到强起来的伟大历史契机。由上可见，中国近现代180年的发展历程既具备融会贯通而层层递进的历史发展主线，也凸显了中国共产党领导中国革命、建设和改革开放的历史红线。

毛泽东曾言："今天的中国是历史的中国的一个发展；我们是马

克思主义的历史主义者，我们不应当割断历史。"① 纵观中国近现代的发展历程，我们必须将重大历史事件、历史人物置于错综复杂的历史整体之中，更多关注长时段的历史发展大势和历史事件之间的逻辑进路，才能避免盲人摸象式的片面分析，让学生能全面而客观地认识近现代中国历史发展之主线和红线。

近现代中国历史发展的整体性和综合性，要求"纲要"课教师具备通识意识。"所谓通识，应是贯通融通之通，通透通达之通。若以道听途说、似是而非的横通为通，则势必南辕北辙。"② 近代以来，中国历史发展的主线是救亡图存的革命历史，但近代中国的发展也是社会整体转型的历史，涉及反帝反封建斗争的革命运动，也包含国家繁荣富强和人民共同富裕的现代化发展，以及传统文化的现代转型，进而一转百转，实现全面现代化。此一过程肇始于西方冲击之后"师夷长技"的器物之变、政治体制改良、思想文化的新旧嬗递，以及由旧民主主义革命到新民主主义革命的指导思想发展和中国共产党革命的成功。新中国成立后，中国逐步实现了从政治、经济到传统社会文化的全面转型。随着社会主义改造的完成，以及第一个五年计划的成功实践，中国逐步走向工业化和现代化。此后，中国的发展虽有曲折迂回，有挫折和迷茫，但"四个现代化"的口号和方向深入人心。经过改革开放后的全面发展，中国逐步走向了现代化建设的康庄大道，而社会法制文化建设亦日新月异，生态文明日进日新，人的价值日益凸显。新时代，随着"创新、协调、绿色、开放、共享"五大发展理念的提出和坚持，中国迎来了"实现中华民族伟大复兴的中国梦"的历史机遇，全面现代化的前景越来越清晰，日益成为中国社会发展的主旋律。

周予同先生曾指出，所谓通史，一是与断代史相对的纵贯古今的

---

① 《毛泽东选集》第2卷，人民出版社1991年版，第534页。
② 桑兵：《中国近现代史的贯通与滞碍》，载《近代史研究》2010年第2期，第29页。

通史，一是与专史相对的横贯政治、经济、学术、宗教等门类的通史①。然而近年来，无论是学术研究，还是教学实践，教师关注的领域往往过于偏狭，整体史的研究教学相对缺失，这不仅成为学术发展的瓶颈症结，且随着专题研究的细分深挖，历史的整体性和综合性逐渐丧失，以至坐井观天，眇域自囿，不能给学生以宏观的引导和对历史大势的把握。鉴于此，"纲要"课教学除重点关注政治史、革命史以外，也应该涉及中国近现代各个时期的经济发展史、社会进化史、文明解放史、人类自身的进步史，即尽可能在宏大的历史发展脉络和立体发展过程中去凸显政治史、革命史的主体地位。换言之，教授"纲要"课要以通识之意识，即贯通融通、通透通达之意识，全面展现中国近现代发展的整体过程和综合转变，尤其是新中国成立后的全面现代化实践过程，跳出专史的局限性，以丰富丰满的整体性、综合性展现近现代中国历史的全貌。

具有贯通性、整体性的中国近现代发展历程，要求我们以通史通识的视野来研究和教授"纲要"课，这不仅能更清楚地阐明中国近现代史的主题与主线，更能凸显中国近现代革命的红线，促使学生在了解历史进程中潜移默化地认识"四个选择"的历史合理性。

二、拓展"纲要"课教学中的世界视野意识

在近代世界历史中，中国真正地成了世界的一员，深受西方世界的影响，并和世界各国发生错综复杂的关系。恩格斯指出，工业革命"使各文明国家里发生的一切必然影响到其余各国"，"今天英国发明的新机器，一年之内就会夺去中国千百万工人的饭碗"，各国人民彼此联系在一起，"以致每一国家的人民都受到另一国家发生的事情的影响"②。李宗一曾这样描述近代中国和世界的关联："近代中国是一

---

① 朱维铮：《周予同经学史论著选集》，上海人民出版社1983年版，第535页。

② 《马克思恩格斯选集》第1卷，人民出版社1995年版，第234页。

个半殖民地国家,列强在社会生活的许多重要领域都取得了支配地位。国内发生的重大事件,无不与国外势力紧相关联。"① 从思想政治教育的角度来研究和讲授近现代中国历史走向和基本规律,必须具备宽广的世界意识,将中国历史放在更大的区域背景之下来讨论,方能明晰中华民族选择马克思主义作为思想武器,进而走向独立发展、走向与西方不同的社会主义道路的历史必然性。

首先,在近代世界历史的视野里讨论中国近现代史的源起与走向。18 世纪末到 19 世纪初,中国处于封建制度和君主专制主义的没落时期,生产力发展与科技进步阻滞不前,社会矛盾和社会危机难以解决。而英、美等西方国家之资产阶级日益发展为可以同封建势力相抗衡的强大力量,他们先后通过资产阶级革命推翻封建统治,建立资产阶级政权,进行工业革命,确立并巩固资本主义政权,走上近代化道路。与此同时,资本内部固有的扩张欲望越来越强烈,世界殖民主义体系逐渐确立,许多落后国家被卷入资本主义体系。在此背景下,鸦片战争爆发,资本—帝国主义对中国的殖民侵略由此发端,中国被挟裹进近代世界范围内,并逐渐沦为半殖民地半封建社会。面对这一境遇,一代又一代先进的中国人逐渐意识到:"如果我国遭到敌人的征服,我们就丧失一切。对于一个被剥夺民族自由的人民,革命的任务不是立即实现社会主义,而是争取独立。"② 以此肇始,国人开始了一步步的实践探索和救亡图存之革命过程,直至完成民族独立的历史任务。

其次,在近现代世界历史的视野里论析近现代世界历史上的中国及其发展选择。讲授中国近现代史,还要展现近现代亚洲史上的中国、近现代世界史上的中国,甚至人类发展史上的中国。近年,有学者以"中西对视"的研究方法来讨论近代中国在世界历史上的地位

---

① 李宗一:《海外民国史资料一瞥——访美札记》,载《近代史研究》1984 年第 6 期,第 234 页。
② [美]埃德加·斯诺:《西行漫记》,董乐山译,生活·读书·新知三联书店 1979 年版,第 374–375 页。

和发展历程,这一研究视角以比较史观把中国历史纳入世界历史范围,从世界历史的角度研究中国问题,在反对西方中心主义的同时又不排斥欧洲经验,从中西"双主体观"中超越"冲击—反应模式"和"中国中心观"模式①。这种"中西互视"的思维模式对"纲要"课教学具有启发意义。以马克思主义在中国的早期传播为例,可发现世界历史背景对国内政治发展的重要影响。20世纪20年代,各种西方"主义"在中国盛行之时,中国人民之所以最终选择了马克思主义作为救国救民道路的指导思想,正是中西互动的结果。其一,第一次世界大战后,世界范围内兴起了反资本主义的浪潮,劳工运动广泛兴起,社会主义思潮风起云涌。受此影响,中国思想界开始倾向于社会主义,并逐渐接受马克思主义。其二,与苏俄和共产国际的影响密切相关。俄国十月革命的成功,使近代以来苦苦探索救国之路而屡遭失败后陷入迷茫的中国人民看到了新的希望,作为十月革命指导思想的马克思列宁主义开始在中国广泛传播。1919年夏始,俄共(布)和共产国际先后派遣威连斯基、加蓬、维经斯基等人来华,推进中国革命工作。他们不仅在中国宣传马克思主义,还积极帮助中国建立共产党。1919年和1920年苏俄政府的两次对华宣言,表明苏俄将以平等姿态对待中国,这与列强对中国的残酷侵略形成鲜明对比,使中国人民为之动容,"以俄为师"遂成为国内知识界之风尚。通过世界史观照中国史,学生在多元视角中能更清晰地理解中国为什么需要马克思主义,五四时期中国人为什么会选择马克思主义。

  最后,在当今世界经济一体化视野中展现中西互动和依存。在全球经济一体化迅猛发展的今天,世界各国间的联系更为紧密,终将形成"你中有我、我中有你"的人类命运共同体。要实现富强、民主、文明、和谐、绿色的中国特色社会主义现代化目标,我们更应该具有全球意识、世界视野,主动融入国际社会发展,参与国际社会竞争。目前,中国在校大学生多为年青一代,身处全球化大环境之中的他

---

① 王国斌:《转变的中国——历史变迁与欧洲经验的局限》,李伯重、连玲玲译,江苏人民出版社1998年版。

们，思维活跃，视野开阔，许多同学具有国外生活经历，在观察其他国家的发展状况时，难免会反观中国之状况及双方之对比，进而产生疑惑，甚至会生出误解。历史与现实具有统一性，在"纲要"课教学中，教师应结合当前国际社会热点问题，进行相关内容的讲解，进行跨国性的比较分析，将"生活化"与"学术性"相结合，以课程的"生活化"贴近学生、贴近实际，以"学术性"增强说服力、提高实效性，从而引导学生正确认识不同国家、不同地区的不同发展道路及其各自的特殊性。

总而言之，在"纲要"课教学中，我们应具备世界视野意识，自觉用世界历史的眼光去审视中国近现代史的发展演变过程，通过横向对比，来论析一些重大历史事件的时代背景、国际环境与世界趋势，在立足中国的同时放眼世界。这有利于引导学生全方位、宽领域、多层次地理解中国历史发展的规律与经验，并增强其肩负历史使命的责任感。

三、明确"纲要"课教学中的民族危机意识

1907年，杨度在《中国新报》发表长文《金铁主义说》，该文揭示了西方国家的双面本质——文明与野蛮并存，并指出："中国所遇者为文明国，则不文明不足与彼对立；中国所居者为野蛮之世界，不野蛮则不足以图生存。"① 近代中国所遇者便为"野蛮"的资本—帝国主义，与之对应，国人被迫以"野蛮"的方式挽救民族危机。在"侵略与反侵略"的互动过程中，近现代中国历史随之生成、演变与发展。这要求教师将民族危机意识融入"纲要"课教学当中。

首先，应将民族危机意识贯穿于"纲要"课教学的全过程。从19世纪40年代至20世纪40年代，资本—帝国主义国家凭借先进的武器装备，相继对中国发动了一系列侵略战争，主要包括两次鸦片战争、中法战争、中日甲午战争、八国联军侵华战争以及日本全面侵华

---

① 刘晴波：《杨度集》，湖南人民出版社1986年版，第235页。

战争等。通过这些战争，他们制造一系列惨案，大肆屠杀中国人民，强迫近代以来之中国历代政府签订一系列不平等条约，破坏中国主权完整，控制中国经济命脉，削损中国文化传承，甚或与中国封建势力相勾结，严重破坏中国经济、社会发展，使中国人民朝不保夕、国将不国。其间，深重的民族危机极大地刺激着一代又一代中国人民为救亡图存而英勇奋斗、艰苦探索。这正是毛泽东所概括的中国近代史的"两个过程"："帝国主义和中国封建主义相结合，把中国变为半殖民地和殖民地的过程，也就是中国人民反抗帝国主义及其走狗的过程。从鸦片战争、太平天国运动、中法战争、中日战争、戊戌变法、义和团运动、辛亥革命、五四运动、五卅运动、北伐战争、土地革命战争，直至现在的抗日战争，都表现了中国人民不甘屈服于帝国主义及其走狗的顽强的反抗精神。"① 在"纲要"课教学过程中，真实地向学生表达这种危机意识并不是为了增强学生对西方的仇视，更重要的是让学生了解民族危机意识之下国人救国拯民的艰难过程，以及在此过程中中国人爱国主义的高涨和民族认同度的提升。

其次，应当以民族危机意识引导学生正确认识一些历史现象。近代中国的主题之一就是"危亡—救亡"，国将不国，时不我待。这种危机意识导致国人产生"激进心态"——为救亡图存而只争朝夕，为摆脱落后困厄"铤而走险"，以至于不惜为达独立富强目的而矫枉过正，走上极端。为达到"了解之同情"的目的，我们有必要培养学生应用"移情"的历史分析方法，提高其辨别是非的能力。比如，在讲授1927年召开的中国共产党第五次全国代表大会时，如何理解会上毛泽东提出的革命"矫枉必须过正"之言论和张国焘对他的回应——"所谓'矫枉必须过正'，为甚么必须'过正'？要'过正'多少？是暂时的'过正'，抑是永久的'过正'？"② 其时，湖南农民运动的过左、过火行为引起重视，毛泽东为此亲自回到湖南进行实地调查。他在经过一个多月的调查而撰成的《湖南农民运动考察报告》

---

① 《毛泽东选集》第1卷，人民出版社1991年版，第632页。
② 张国焘：《我的回忆》第2册，东方出版社1998年版，第215页。

中指出，在阶级斗争中矫枉必须过正，不过正则不能矫枉，农民对土豪劣绅的过分手段是必不可少的。因此，对这些过火手段必须予以包容和同情，进而他提出开展土地革命、扩大农民武装等主张。这是当时中国共产党人在饱受战争之苦后，急于摆脱民族危机，完成民主主义革命，实现民族独立之历史任务的急切表现。我们不能因此从学理上批判毛泽东"矫枉过正"的非理性价值选择，而更应该关注这一时代的背景和现实策略性。再如，在讲授新中国的"大跃进"运动时，如何理解其时国人所具有的"跑步进入共产主义""赶英超美"等急切心理。这种心理也是当时国人急于建成社会主义国家，展现社会主义优越性的一种表现，这又与近代以来日益积淀且不断延续的民族危机意识密切相关。由此出发，也就能更准确地理解"大跃进"运动之推行原因及其后的调整。

思想和政治中的走极端和激进心理是近代中国人在民族危急情绪下过激的心理反应，我们在教学过程中需要对国人之危机意识有相当的了解，才能正确把握近代中国的历史失误，引导学生以科学客观的态度评价历史事件与历史人物，尤其是对社会主义建设时期的历史更要客观地分析理解和理性归纳。

四、提升"纲要"课教学中史实和理论结合的方法意识

"纲要"课是一门以中国近现代史为基础的思想政治理论课，它不仅仅是一门历史课，更具有资政育人的功能。从课程内容来看，"纲要"课要通过详尽的历史事实，让学生了解中国近代以来的屈辱史、奋斗史和复兴史。这种"历史学"的特征，要求教师在教学过程中必须以史料为叙事基础，由以史服人达致以理服人。从教学目的看，"纲要"课不是历史学专业课，其主要任务不是传授专门的历史知识和培养专业技能，而是通过讲授历史知识，总结近现代中国发展的基本规律和基本经验，帮助学生树立正确的世界观、价值观和历史观，增强其对马克思主义、中国共产党和社会主义的信念。这种思想政治教育功能要求教师在授课过程中提升课程理论性。将史实和理论

相结合,用确凿的史料阐释中国近现代史的基本问题和相关论点,做到"于叙事中寓论断",引导学生在历史学的求"真"过程中达到思想政治理论课求"信"之目的,这是"纲要"课的特殊要求。

一方面,"纲要"课教师应具备开放的史料视野,通过史料的分析解读提升课程的历史性。著名历史学家翦伯赞曾指出,在历史研究中,"只有掌握了更丰富的史料,才能使中国的历史,在史料的总和中,显出它的大势;在史料的分析中,显出它的细节;在史料的升华中,显出它的发展法则"[1]。既然"纲要"课以历史属性为基础,那么教师在实际教学实践中,就应从历史研究的基本依据——史料出发,通过掌握丰富翔实的史料论证中国近现代史的基本问题。

中国近现代史的史料浩如烟海。整体而言,可分为两部分:文字记录的史料与非文字记录的史料。文字记录的史料包括各个时期各种政府机关、政党团体、工厂企业和重要人物的档案、文件、账册、电函、信札、日记、笔记、文集、族谱、家谱等,以及各种报纸、期刊、布告、传单、地方志,也包括某些图书、诗文、歌谣、碑刻、碑文等。非文字史料则包括口述史料、实物史料、影音史料等[2]。历史现象是在"历史合力"作用下形成的,研究中国历史,讲好中国故事,要立足于中国历史发展过程中产生的资料。然而,随着近代世界历史一体化进程的推进,仅仅靠自己的资料讨论自己的问题,显然有些画地为牢、自说自话了,强调以"他者"眼光来观察自己、审视自己成为必须。葛兆光曾经以朝鲜、日本文献来研究中国问题,并指出:"仅仅靠中国资料来解释中国,是否就已经足够?乍看上去,这个问题只涉及了处理历史资料的范围、技术和方法。实际上,背后却是一个如何'理解'或者'诠释'中国的大问题。……这些史料不仅能够给我们提供新资料、新文献,而且可以给我们反观中国提供新视角,只有关注到那些时代日本和朝鲜对中国的观察和记录,才可以真正地从'异域之眼'来观看中国。比起差异明显的中西对比,也

---

[1] 翦伯赞:《史料与史学》,北京大学出版社1985年版,第17页。
[2] 张宪文:《中国现代史史料学》,山东人民出版社1985年版,第5页。

第六章 史论结合的"中国近现代史纲要"课教学

许周边与中国的对比更加重要,因为透过原本一体的'同'和看似细微的'异',更能看清各自文化的特征,也更能够理解这一看似原本同根的文化,是如何经由历史和时间的放大,渐渐演变成难以弥合的鸿沟,这也许更加能够促进我们对于中国文化、历史和传统的自我认识。"① 以彼视己的"外围"视角,往往更能显示历史发展的复杂特征。广泛的史料征引解读,必能做到以史服人,学生自然能信以为"真",这奠定了"纲要"课的科学性。

另一方面,"纲要"课教师应具有历史哲学的理论视野,通过概括解析提升课程的理论性。"纲要"课所承担的是思想政治教育的功能,理论性是它的本质属性。马克思主义认为,历史的起点也就是逻辑的出发点,逻辑的展开必须以历史史实为依据,历史过程也只有通过逻辑的修正才能得到理论再现,即"逻辑与历史相统一"的理论概括——"历史从哪里开始,思想进程也应当从哪里开始,而思想进程的进一步发展不过是历史过程在抽象的、理论上前后一贯的形式上的反映"②。这是马克思主义唯物辩证法的基本理论之一,也是"纲要"课应坚持的指导理论。

在历史性与理论性的统一中,教师必须着力引导学生达到"纲要"课教学之目的——"两个了解、四个选择"。这些选择不源于任何个人、团体、政党的好恶,而是取决于近代中国革命形势的历史发展和时代条件的变迁。近代以来,国人经过亲身实践、反复比较和审慎思考后,认识到兼具科学性与革命性的马克思主义符合中国的实际需要,从而认定其乃救亡图存的指导思想。以之为指导思想的中国共产党,自成立之初就明确把实现民族独立、人民解放与"每个人自由而全面发展"的共产主义作为奋斗目标。秉承此初心,中国共产党人紧紧依靠人民群众,不断发展壮大,继而从各种政治力量中脱颖而出,取得领导地位,成为中国人民依赖、信赖的政党。近代中国的

---

① 葛兆光:《揽镜自鉴——关于朝鲜、日本文献中的近世中国史料及其他》,载《复旦学报》(社会科学版)2008年第2期,第2页。
② 《马克思恩格斯选集》第2卷,人民出版社1995年版,第43页。

历史实践证明，资本主义道路在中国走不通，只有社会主义道路才能发展中国，以此增强学生的中国特色社会主义道路自信、理论自信、制度自信和文化自信。这一历史过程的概括和抽象是马克思主义理论——"逻辑与历史相统一"的生动体现，也是"纲要"课史论结合的方法论意义。教师通过引导学生对史实材料进行逻辑分析和推理，提炼观点，得出结论，不但能够将严谨、深奥、抽象的历史观点变得浅显易懂、说服力强，而且有利于活跃课堂氛围，激发学生的学习兴趣，增强教学的生动性和感染力，从而在历史叙事中潜移默化地对学生进行"授业"，以"润物细无声"的方式达到让学生"真懂真信"的教学目标。

　　提升"纲要"课教学研究水平，引导学生在学习中达致爱学真信之目标并非一夕之功。在此过程中，增强"纲要"课教学中的四种意识——通史通识意识、世界视野意识、民族危机意识，以及史论结合的方法意识，将能为此工作提供一些镜鉴。这要靠理论界齐心协力，长久积累史料和抽象理论，更需要我们关注历史大势，放眼世界揽风云，在历史的特殊情势中把握国人之救国心态和历史之发展规律，以此展现一个纵深、立体、全面、客观的中国近现代历史过程，并在展示这一历史过程中，论证逻辑的力量——近代中国选择马克思主义、中国共产党、社会主义道路、改革开放的历史必然性。

后　　记

《"中国近现代史纲要"课基本问题与教学》一书是我主持的"2017年中山大学本科教学改革与教学质量工程项目'重点教材建设'项目"的进一步研究成果。

"纲要"课是落实立德树人的关键课程，作为一个联结理论研究与教学实践的学术共同体，"纲要"课"重点教材建设"团队，以打造研究型教材为目标，通过科研与教学的相互支撑，直面历史与现实问题，实现教研相长，促进"道""术"结合，力求在完成科研成果教学转化的同时，探索政治性与学理性、价值性与知识性、理论性与实践性相统一的教研方法，培养担当民族复兴大任的时代新人。

在《"中国近现代史纲要"课基本问题与教学》一书的撰写过程中，我对全书的逻辑思路、分析框架和基本内容进行了统筹和确立，并参与了第三章和第六章的写作。本书第一章"中国近现代历史进程中的思想启蒙"，主要由柳媛副教授撰写，部分内容发表在《思想政治教育导刊》《社会科学家》《兰州学刊》等刊物上；第二章"中华民族的形成与铸牢中华民族共同体意识"，主要由范君、张晓红、张梦媛博士撰写，部分内容发表在《青海社会科学》《思想理论教育》等刊物上；第三章"历史记忆建构与政治认同"，主要由我撰写，部分内容发表在《思想理论教育》《哲学研究》等刊物上；第四章"廉政建设与港澳经验借鉴"，主要由孟庆顺教授撰写，部分内容发表在《廉政文化研究》刊物上；第五章"社会主义核心价值观的价值引领"，主要由康立芳、揭锡捷、苏泽宇、李征博士撰写，部分内容发表在《青海社会科学》《高教探索》等刊物上；第六章"史论结合的'中国近现代史纲要'课教学"主要由我和沈成飞教授撰写，部分内容发表在《学术研究》《思想理论教育导刊》《教学与研究》等刊物上。

《"中国近现代史纲要"课基本问题与教学》一书的撰写，得到了"纲要"课教学团队的大力支持，沈成飞、柳媛、袁宏亮、贺希荣、张龙林、胡雪莲、胡莹、林钊、罗嗣亮、石德金等老师均对本课题的研究提出了宝贵的意见。

感谢李征和刘悦同学对本书进行的材料考证和书稿完善工作，感谢中山大学出版社为本书出版所做的大量工作，尤其感谢责任编辑王燕、廖丽玲为本书的最终定稿付出的辛勤劳动。

詹小美
2019 年 6 月 20 日